싱글몰트위스키 바이블

싱글몰트위스키 바이블

초판 1쇄 발행 2013년 2월 1일 **초판 13쇄 발행** 2023년 12월 8일

지은이 유성운
펴낸이 이승현

출판1 본부장 한수미
라이프 팀

펴낸곳 ㈜위즈덤하우스 **출판등록** 2000년 5월 23일 제13-1071호
주소 서울특별시 마포구 양화로 19 합정오피스빌딩 17층
전화 02) 2179-5600 **홈페이지** www.wisdomhouse.co.kr

ⓒ 유성운, 2013
ISBN 978-89-98010-13-3 13570

* 이 책의 전부 또는 일부 내용을 재사용하려면 반드시 사전에 저작권자와
  ㈜위즈덤하우스의 동의를 받아야 합니다.
* 인쇄·제작 및 유통상의 파본 도서는 구입하신 서점에서 바꿔드립니다.
* 책값은 뒤표지에 있습니다.

싱글몰트위스키 바이블

SINGLE
MALT
WHISKY
BIBLE

유성운 지음

위즈덤하우스

CONTENTS

CHAPTER 1
스카치위스키란 무엇인가?

스코틀랜드의 역사적 배경 008

스카치위스키의 법적 분류
영국에서의 법적 정의 012 / 우리나라의 위스키 법적 정의 014
스카치위스키의 법적 분류 015 / 스카치위스키 법상 문제점 016

싱글몰트 위스키의 분류
싱글캐스트와 싱글배럴 020 / 빈티지 020 / 캐스크 스트랭스 위스키 021

스카치위스키의 역사
증류기술의 기원 023 / 증류기술의 스코틀랜드 전파 027 / 위스키 생산의 대중화 029
18세기 영국의 위스키전쟁 031 / 밀주시대와 스카치위스키의 발전 034
19세기 스카치위스키의 전성시대 036 / 세계대전과 스카치위스키의 암흑시대 038
세계대전 이후 스카치위스키의 부활 040

스카치위스키 테루아
천(天):기후 043 / 지(地):지질 050 / 헤더(Heather) 051 / 해풍과 해초 052
이탄(Peat) 054 / 사람 057

스카치위스키의 재료
공기 059 / 물 059 / 보리(Barley) 063 / 효모:이스트(Yeast) 072

몰트위스키 생산과정
몰팅(Malting) 078 / 분쇄(Milling) 088 / 당화(Mashing) 089 / 발효(Fermentation) 093
증류(distillion) 096 / 숙성 106 / 블렌딩(blending) 122 / 도수(Strength) 123
냉각여과(Chill Filtration) 124 / 색깔(Coloring) 127 / 병입(Bottling) 127

CHAPTER 2 스코틀랜드 증류소기행

스페이사이드 지역
아벨라워 136 / 발베니 140 / 벤리악 144 / 카듀 148 / 크래간모어 152 / 글렌버기 156
글렌파클라스 160 / 글렌피딕 164 / 글렌그랜트 168 / 더 글렌리벳 172 / 글렌로시스 180
키니베 184 / 맥켈란 186 / 스트라스아이라 190

하이랜드 지역
달모어 200 / 글렌모렌지 204 / 글렌오드 208 / 하이랜드 파크 212
아일 오브 주라 218 / 스카파 220

아이라 지역
아드벡 228 / 보모어 232 / 브룩라디 236 / 부나하벤 240 / 쿨일라 244 / 커호만 248
라가불린 252 / 라프로익 256

로우랜드 지역
오크토션 262 / 글렌킨치 266

캄블튼 지역
글렌 스코티아 274 / 스프링뱅크 278 / 글렌가일 282

CHAPTER 3 위스키 이슈&트렌드

싱글몰트위스키와 블렌디드위스키와의 관계 288 / 위스키 트렌드 291
위스키도 재테크를 할 수 있다? 293 / 위스키 테이스팅 어떻게 할까? 296
위스키 마시는 방법 299 / 같은 제품인데도 위스키 맛이 다르게 느껴지는 이유 301
싱글몰트위스키에 어울리는 음식은? 302 / 위스키와 시가 306
위스키와 보이차도 잘 어울린다 308 / 추천 위스키 바 311
독립병입자 316 / 영국의 대표적인 위스키 샵 317 / SMWS 319
스코틀랜드 위스키 마스터 블렌더들이 분류한 몰트위스키 등급 320
위스키와 인물 322 / 위스키기네스 324

용어해설 329
Epilogue 332

CHAPTER 1

스카치위스키란 무엇인가?

위스키는 보리, 옥수수, 호밀 등의 곡물을 가지고 발효과정을 거쳐 증류시킨 후 오크통에 숙성을 시킨 것이다. 곡물을 사용한다는 점에서 과일을 사용하는 코냑과 알마냑 같은 브랜디, 사탕수수를 사용하는 럼, '아가베'라는 용설란의 일종인 선인장을 사용하는 데킬라와 구별되며, 증류를 거친다는 점에서는 맥주와 다르고, 오크통에서 숙성시킨다는 점에서는 보드카 혹은 우리나라의 증류식 소주와 구별된다. 단순하게 곡류로 맥주를 만들고 증류시켜 오크통에 숙성시킨 것을 위스키라고 생각하면 이해하기 쉬울 것이다. 현재 위스키는 다양한 나라에서 생산되고 있는데 그중에서도 품질을 인정하는 위스키로는 스코틀랜드의 스카치위스키, 아일랜드의 아이리시위스키, 캐나다의 캐나디언위스키, 미국의 아메리칸위스키, 일본의 재패니스위스키가 있다. 또 위스키 신흥 강국으로 떠오른 인도의 인디아위스키가 있다. 이 책에서는 세계적으로 최고 판매량을 자랑하며 절대적인 사랑을 받는 스카치위스키에 대해 주로 다루고자 한다.

스코틀랜드의 역사적 배경

SCOTLAND

Northern Ireland

Ireland

England

Wales

HISTORY OF SCOTLAND

스카치위스키를 이해하고 싶다면, 스코틀랜드의 역사적 배경을 먼저 알아두는 것이 좋다. 과거 로마인들이 세계정복의 야욕에 사로잡혀 로마제국의 영토를 왕성히 확장시키면서 브리튼제도에 도달하게 되었고, 브리튼족(British 혹은 Britions)이라 불리는 현지인들과 치열한 전투를 벌였다. 최신 무기와 강력한 전투력으로 로마인들은 지금의 잉글랜드 지역과 스코틀랜드 남쪽의 일부를 차지했다. 그러나 스코틀랜드 북부 지역은 식량이 부족하고 높은 산악지대라 전투가 곤란했고, 또한 현지인들의 거친 저항으로 더 이상 진격하지 못한 채 전투를 멈추게 되었다. 현지 스코트인들에 대한 로마의 정복이 실패하자 북쪽 산악지대의 스코트인들은 남쪽의 평지로 내려와 로마인들에게 빼앗긴 지역을 침입해 들어오기 시작했다.

당시 스코트인들은 스코트족과 픽트족으로 나뉘어 있었고 두 종족은 자기들끼리 종종 싸움을 벌였으나 로마인들에게 대항할 때에는 힘을 뭉쳤다. 북쪽의 스코트족과 픽트족의 침입이 빈번해지자 로마인들은 중국의 만리장성이나 우리나라의 천리장성처럼 긴 벽을 쌓고 침입을 막아냈다. 그러는 동안 브리튼족은 이 장벽의 보호를 받으며 로마인들에게 협조해 평화로운 삶을 영위했지만 스코트족과 픽트족은 끊임없이 이 장벽을 넘고자 시도했다. 그러다 맨 처음 이 장벽을 넘은 이가 '그레이엄'이라는 군인이었고 그의 이름을 따서 '그레이엄의 방벽'이라고 불리게 되었다.

이후 로마인들은 스코트족과 픽트족의 분노를 삭이기 위해서 점령하고 있던 지역의 일부를 그들에게 내어주고 남쪽으로 60마일을 내려와 다시 방벽을 세웠는데 이 방벽을 '하드리아누스 방벽'이라 부르며 현재도 일부 남아 있다. 이 하드리아누스 방벽에 살고 있던 브리튼족은 로마인들에게 무기를 몰수당하고 전투방법을 잊어버린 채 유약한 무리로 살아가고 있었다. 그러다가 로마 본국에서 내란과 각종 혼란으로 인해 나라가 불안해지자 브리튼제도에 있던 로마 군인들은 본국으로 소환을 당하게 되었다. 로마 군인들이 돌아가버리자 스코트족과 픽트족은 다시 풍요로운 평지로 침입하게 되었고, 이에 대항할 힘이 없던 브리튼족은 독일 북부 지역에 거주하고 있던 앵글로색슨족에게 도움을 청했다. 호전적인 앵글로색슨족은 이들을 도와 스코트족과 픽트족을 로마인들이 세워놓은 방벽 북쪽으로 몰아냈다. 그러나 힘없는 브리튼족에게 풍요로운 평야 지역을 얌전히 돌려줄 그들이 아니었다. 앵글로색슨족은 땅을 빼앗고 심지어 브리튼족을 노예로 만들고자 했다. 브리튼족은 끈질기게 저항했으나 결국 패하고 웨일즈라는 구릉지대로 옮겨 지속적으로 앵글로색슨족에게 대항했다. 그러는 동안 앵글로색슨족은 브리튼제도의 남쪽 여러 곳으로 정착하면서, 이 땅의 이름을 브리튼에서 잉글랜드로 바꾸었는데 '앵글로색슨족의 땅'이라는 의미를 지니고 있다. 브리튼족과 앵글로색슨족이 싸우는 동안 하드리아누스방벽 북쪽에서는 스코트족과 픽트족이 전쟁을 벌이고 있었다. 그 결과 스코트족이 픽트족을 섬멸하고 북쪽 땅을 차지했으며 그 땅의 이름을 '스코트족의 땅'이라는 의미의 스코틀랜드라고 지었다. 이런 역사적 배경으로 현재 브리튼 섬은 잉글랜드, 웨일즈, 스코틀랜드로 구분된다.

스카치위스키의 법적분류

LEGAL CLASSIFICATION OF SCOTCH WHISKY

영국에서의 법적 정의

2009년 영국에서는 스카치위스키를 다음과 같은 법으로 규정해놓았다.

(1) In these Regulations "Scotch Whisky" means a whisky produced in Scotland—
  (a) that has been distilled at a distillery in Scotland from water and malted barley (to which only whole grains of other cerealsmay be added) all of which have been—
    (i) processed at that distillery into a mash;
    (ii) converted at that distillery into a fermentable substrate only by endogenous enzyme systems; and
    (iii) fermented at that distillery only by the addition of yeast;

스코틀랜드에 위치한 증류소에서 물과 맥아(여기에 여타 통곡물을 첨가할 수도 있음)를 원료로 해 내재적 효소 시스템에 의해 당화과정을 거쳐 발효성 기질로 변화된 혼합물에 이스트만 첨가해 발효시켜야 한다.

  (b) that has been distilled at an alcoholic strength by volume of less than 94.8 percent so that the distillate has an aroma and taste derived from the raw materials used in, and the method of, its production;

발효된 물질은, 그 원재료와 제조 과정에서 최대한 맛과 향이 우러나도록, 알코올 도수 94.8도 이하로 증류시킨다.

  (c) that has been matured only in oak casks of a capacity not exceeding 700 litres;
  (d) that has been matured only in Scotland;
  (e) that has been matured for a period of not less than three years;
  (f) that has been matured only in an excise warehouse or a permitted place;

증류된 원액을 700리터가 넘지 않는 오크통에 사용해 스코틀랜드 내에서 3년 이상을 숙성시켜야 하며 숙성시키는 장소는 소비세 창고나 허가받은 장소여야 한다.

  (g) that retains the colour, aroma and taste derived from the raw materials used

in, and the method of, its production and maturation;
(h) to which no substance has been added, or to which no substance has been added except—
(i) water;
(ii) plain caramel colouring; or
(iii) water and plain caramel colouring; and
(i) that has a minimum alcoholic strength by volume of 40%.

원재료, 제조방식, 생산과 숙성과정에 얻어진 색상과 향과 맛을 지키기 위해서 어떠한 물질도 첨가할 수 없으나, 예외적으로 물과 캐러멜 색소는 첨가할 수 있다. 그리고 그 결과물의 알코올 도수는 최소 40도 이상이 되어야 한다.

쉽게 정의하자면, 스코틀랜드 증류소에서 곡물을 당화, 발효, 증류시켜 3년 이상 숙성시킨 40도 이상의 원액을 스카치위스키라고 한다. 그런데 이토록 간단한 스카치위스키에 대한 법 규정은 다음의 한 사건으로 인해 더욱 복잡하고 엄격해졌다.

과거 영국의 식민지였고 지금도 영국과 멀고도 가까운 관계를 유지하고 있는 인도는 세계 10대 위스키소비국은 아니더라도 한 해 소비되는 위스키 양이 엄청난 나라이다. 게다가 위스키 한 병당 525%라는 어마어마한 관세를 붙이고 있어 영국이 관세 인하를 줄기차게 요구하고 있는 나라이다. 그런데 인도의 한 위스키 회사에서 위스키 신제품을 출시하면서 'Red Scot'이라는 이름을 붙였다. 스카치위스키도 아니면서 스코틀랜드의 느낌을 주는 '스콧'이란 단어의 사용 때문에 영국의 스카치위스키 이익을 대표하는 단체인 SWA(The Scotch Whisky Association)를 비롯한 영국 정부의 무역 기관 등이 강력하게 항의해 결국 상표권분쟁 소송까지 이르게 된 것이다. 결국 2006년 4월 델리의 인도 최고 법원은 Red Scot의 상표권 침해를 인정했으며, 소비자의 혼란을 유도할 만한 제품이라고 하여 더 이상 그 상표를 사용하지 못하도록 판결했다.

이 사건을 계기로 영국은 스카치위스키 관련법을 엄격하게 개정해 스카치위스키 분류상의 용어 정리, 프랑스의 AOC 제도처럼 스코틀랜드의 지리적 구분에 따른 지역표시제를 확립했고, 2012년 11월부터는 스카치위스키 병입까지도 스코틀랜드에서 실행해야 한다는 규정을 신설했다. 위 개정은 2가지 취지를 담고 있는데 스카치위스키에 대한 상표권을 강화하면서, 철저하게 스카치위스키 업계의 이권을 추구하려는 것이다. 현재 우리나라를 비롯한 많은 나라들이 원액을 벌크로 수입해 자국에서 병입하거나 인건비가 저렴한 제3국에서 병입해 수입해왔는데, 2012년 11월 말부터 그같은 방식으로는 생산할 수 없다. 벌크로 수입해서 병입하던 방식의 제품에는 '스카치'라는 단어를 사용하지 못한다. 참고로 현재도 스카치위스키 법에 규정된 알코올 도수 40도의 규정 때문에 2009년 우리나라에서 출시된 '골든 블루'는 스카치위스키 원액을 가지고 만들었음에도 불구하고 스카치라는 단어를 사용하지 못한다.

우리나라의 위스키 법적 정의

우리나라에서는 주세법으로 위스키에 대한 정의를 규정했는데 내용은 다음과 같다.

주세법 별표 - 주류의 종류별 세부 내용(제4조 제2항 관련)

위스키(불휘발분이 2도 미만이어야 한다)
1) 발아된 곡류와 물을 원료로 해 발효시킨 술덧을 증류해서 나무통에 넣어 저장한 것.
2) 발아된 곡류와 물로 곡류를 발효시킨 술덧을 증류해 나무통에 넣어 저장한 것.
3) 1) 또는 2)에 따른 주류의 술덧을 증류한 후 이를 혼합해 나무통에 넣어 저장한 것.
4) 1)과 2)에 따른 주류를 혼합한 것.
5) 1)부터 3)까지의 규정에 따른 주류에 대통령령으로 정하는 주류 또는 재료를 혼합하거나 첨가한 것.

*불휘발분은 발효된 술을 증류했을 때 증류되지 않고 남는 잔여물을 말함.

우리나라 주세법에는 위스키에 대한 정의 중에 알코올 도수와 위스키 숙성기간에 대한 규정이 없는 것이 특징이다.

스카치위스키의 법적 분류

2009년 스카치위스키 법에 따르면 스카치위스키는 5가지로 분류된다.

1. **싱글몰트 스카치위스키**(Single Malt Scotch Whisky)
   단일증류소에서 물과 몰트(보리를 발아 건조시킨 것)만을 가지고 단식증류기를 사용해 생산된 위스키를 말한다.
2. **싱글그레인 스카치위스키**(Single Grain Scotch Whisky)
   단일증류소에서 물과 몰트 그리고 그 외 곡류와 발아시키지 않은 보리(Unmalted Barley)를 가지고 만든 위스키를 말하는데 이때 사용되는 증류기는 특별히 규정되어 있지 않다. 대부분 연속식 증류기를 사용하고 있다.
3. **블렌디드몰트 스카치위스키**(Blended Malt Scotch Whisky)
   최소 2곳 이상의 증류소에서 생산된 몰트위스키를 혼합해 만든 위스키이다.
4. **블렌디드그레인 스카치위스키**(Blended Grain Scotch Whisky)
   최소 2곳 이상의 증류소에서 생산된 그레인위스키를 혼합해 만든 위스키이다.
5. **블렌디드 스카치위스키**(Blended Scotch Whisky)
   스카치 몰트위스키와 그레인위스키를 혼합해 만든 위스키이다.

원문
"Single Malt Scotch Whisky" means a Scotch Whisky that has been distilled in one or more batches—
   (a) at a single distillery;
   (b) from water and malted barley without the addition of any other cereals; and
   (c) in pot stills;
"Single Grain Scotch Whisky" means a Scotch Whisky that has been distilled at a single distillery except—
   (a) Single Malt Scotch Whisky; or
   (b) a Blended Scotch Whisky;
"Blended Malt Scotch Whisky" means a blend of two or more Single Malt Scotch Whiskies that have been distilled at more than one distillery;
"Blended Grain Scotch Whisky" means a blend of two or more Single Grain Scotch Whiskies that have been distilled at more than one distillery; and
"Blended Scotch Whisky" means a blend of one or more Single Malt Scotch Whiskies with one or more Single Grain Scotch Whiskies.

스카치위스키 법상 문제점

1. 위스키를 만들 때 사용되는 재료의 산지에 대한 규정이 없다. 다시 말해 스코틀랜드산 곡물이 아니더라도 스카치위스키를 만드는 데 사용될 수 있다.
2. 위스키를 숙성시킬 때 사용되는 오크통 관련 규정에서 오크통의 크기에 대한 규정만 있을 뿐 종류에 대한 기준이 없다. 따라서 새 오크통을 사용해도 무방하다.
3. 블렌디드 스카치위스키를 만들 때 사용되는 몰트위스키의 함량을 규정하지 않았다. 다시 말해 1% 몰트위스키와 99% 그레인위스키의 혼합이라 하더라도 블렌디드 스카치위스키로 불릴 수 있는 맹점이 있다.

2009년부터 스카치위스키 분류와 관련된 규정이 몇 가지 신설되었는데 그중의 하나가 싱글몰트 스카치위스키의 단식 증류기 사용이 명문화되었다는 점이다. 일부 증류소에서는 단식 증류기 외에 로몬드 스틸(Lomond Still)이라는 독특한 증류기를 통해 몰트위스키를 생산하고 있었는데 전통적인 생산방식에서 벗어난다는 지적이 많았고 결국 2009년 이후에 이 증류기를 통해서 생산된 몰트위스키는 몰트위스키라는 용어를 사용할 수 없게 되었다.

또 한 가지 주목할 점은 기존에 두 곳 이상의 몰트위스키 증류소에서 생산된 몰트위스키를 혼합한 위스키를 Vatted Malt Whisky라고 하거나 혹은 Pure Malt Whisky라는 용어를 사용했으나, 2009년 법 이후로는 Blended Malt Scotch Whisky로 통일되었고 배티드 몰트위스키 혹은 퓨어 몰트위스키라는 용어는 더 이상 사용할 수 없게 되었다. 이는 용어 규정을 통일해 소비자들의 혼돈을 막기 위해서 적용된 것이다. 실제로 퓨어몰트와 싱글몰트의 용어 사이에서 혼란이 일어났던 사건도 있었다(Cardhu 사건). 스페인에서 인기가 높은 싱글몰트 위스키였던 카듀 증류소에서 시장에 공급하던 위스키의 양이 부족해지자 다른 증류소의 원액을 혼합 병입 상품으로 출시하면서 라벨에 Single Malt라는 용어 대신에 Pure Malt라는 용어를 사용해 제품을 출시했던

위스키를 제조하고 마지막에 해초를 함께 넣었기에 위스키라 표현하지 못하고 '스피릿(Spirit)'으로 판매하는 CELP.

것이다. 이는 명백히 소비자들을 혼동시키는 일종의 사기 행위였기에 수많은 단체들의 강력한 항의가 잇따랐다. 이후 스카치위스키 업계에서는 Pure Malt라는 용어에 대해 규제를 시작했다.

위 규정들은 기존 스카치위스키의 용어에 대한 정리를 명백히 해 스카치위스키의 상표권, 그중에서도 특히 싱글몰트 스카치위스키의 상표권을 보호하고자 하는 목적이라고 보면 될 것이다.

싱글몰트 위스키의 분류

CLASSIFICATION OF SINGLE MALT WHISKY

왜 유독 싱글몰트 스카치위스키가 인기를 끌고 있을까. 일반적으로 기존의 스카치위스키 하면 조니워커, 시바스 리갈, 발렌타인, 듀어스, J&B 같은 블렌디드 스카치위스키들을 떠올렸다. 사실 얼마 전까지만 해도 스카치위스키는 대부분 이런 블렌디드위스키들이 소비되고 있었는데, 1990년대 후반부터 전 세계적으로 싱글몰트 위스키 붐이 일어났다. 과거 몰트위스키는 너무 진한 풍미 때문에 일반 소비자들 사이에서 외면 받고 있었다. 그러나 1990년대 들어 고소득층들이 소비의 고급화를 추구하면서 위스키에 있어서도 기존의 블렌디드위스키보다 훨씬 진한 맛과 향을 선사하는 싱글몰트 위스키를 즐기기 시작한 것이다. 서로 비슷한 맛과 향을 지닌 블렌디드위스키보다 각자의 개성이 확연히 드러나는 싱글몰트 위스키가 고유의 변별력으로 소비자들을 매료시키고 있다.

몰트위스키는 성격이 매우 강해서 자신만의 뚜렷한 색깔을 가지고 있다. 일반적으로 우리가 쉽게 접하는 블렌디드위스키는 몰트위스키 함유량이 30%에서 많아야 50%이며, 어떠한 몰트위스키를 섞느냐에 따라 블렌디드위스키의 성격이 라이트할 수도 있고 강한 맛이 날 수도 있다. 이런 몰트위스키는 증류소마다 다른 특색을 가지고 있다. 보리의 종류, 보리를 가지고 몰트를 만드는 방법, 증류기의 모양, 숙성되는 통의 종류, 숙성 창고의 위치 등 갖가지 요소들이 위스키 맛에 작용한다. 스코틀랜드에 있는 약 100여 개의 증류소들은 각 증류소마다 다른 특징과 개성을 지닌 싱글몰트 위스키를 생산한다. 이런 강한 성품 때문에 싱글몰트 위스키 중에 일부 제품들은 마시는 순간 지역과 심지어 증류소까지 알아맞힐 수 있다. 이 얼마나 소비자들에게 매력적인 요소인가?

그런데 이러한 요소가 더 강화되는 분류가 있다. 싱글캐스크(Single Cask), 싱글배럴(Single Barrel), 빈티지(Vintage), 캐스크 스트랭스 제품이다.

싱글캐스크와 싱글배럴

싱글캐스크 위스키와 싱글배럴 위스키는 한 오크통에서 숙성시킨 원액만으로 병입했다는 점에서 거의 같은 의미를 지니고 있다. 이 제품들은 1병부터 많게는 700병까지도 생산되지만 전부 한정품이라는 것이 특징이다. 후에 숙성과정을 자세히 이야기하겠지만 같은 날, 같은 크기, 같은 종류의 오크통 속에 증류원액을 담아 나란히 옆에 두고 숙성을 시켜도 신비로울 정도로 통마다 각기 다른 맛이 난다. 그래서 같은 통 안의 위스키 원액으로만으로 만든 제품은 한정품이 모두 개봉되면 더 이상 같은 술맛을 맛볼 수 없다. 그런 이유로 싱글캐스크, 싱글배럴 제품은 더 귀하게 대접받는 경향이 있다. 증류소에서 정기적으로 출시하는 제품 중에서는 발베니(Balvenie) 15년 제품이 대표적이다.

대표적인 싱글캐스크 제품인 SMWS

빈티지

위스키도 와인처럼 빈티지가 있다. 최근 싱글몰트 위스키를 찾는 이들이 많아짐에 따라 다양한 종류의 빈티지 제품들이 쏟아져 나오고 있는데, 특히 오래 숙성된 빈티지 제품들이 큰 인기를 끌고 있다. 와인은 포도를 재배한 해의 와인을 말하지만 위스키는 증류시킨 해가 빈티지가 된다. 빈티지는 특정 해를 의미하기 때문에 자신 혹은 친구의 생년을 기념하거나, 결혼 기념, 혹은 자녀가 성년이 되면 함께 마시기 위해 자녀의 생년 빈티지를 구매하는 경우가 종종 있다. 필자의 경우에는 군 시절 함께했던 전우들과 함께 마시기 위해 군입대년 빈티지를 구입했던 적이 있었다. 그런데 이 빈티지 제품이 위스키 증류소의 특별한 사연을 담고 있는 경우에는 값이 매우 높게 뛰는 경향이 있다. 증류소에서 위스키를 만들 때 사용했던 보리의 품종을 바꿨다든지, 증류기를 새로 추가했다든지, 증류소의 책임자가 바뀌었다든지, 혹은 보리를 몰

1964년에 증류시켜 42년을 숙성시킨 블랙 보모어

글렌피딕 1974

토로 바구는 작업인 몰팅 과정을 더 이상 자체적으로 하지 않고 대량으로 만들어진 몰트를 사용했다든지 등 위스키를 만들 때 영향을 미치는 요소들의 변화를 빈티지 제품에서 느낄 수 있기 때문이다. 대표적인 제품이 최근 출시된 맥켈란(Macallan) 18년 제품들이 빈티지 싱글몰트 위스키이다.

독창성과 개성의 비율을 따지자면 Singe Cask Whisky 〉 Vintage Malt Whisky 〉 Single Malt Whisky 순으로 볼 수 있다.

캐스크 스트랭스 위스키

AUCHENTOSHAN
VALINCH 57.5%

MACALLAN WHISKY
LIVE 10주년 57.5%

GLENDRONACH 1995 56.2%

ABERLOUR A'BUNADH 60.4%

일반적인 위스키의 알코올 도수 40%, 43%의 제품과 달리 오크통 속의 도수 그대로를 간직한 순수 위스키 원액을 병입한 제품을 말한다. 대부분의 위스키는 오크통에서 꺼내 병 속에 들어가기 전 물을 첨가해 도수를 조절하는데 캐스크 스트랭스 제품은 그 과정이 생략되어 어떠한 첨가물도 없이 출시하기 때문에 위스키 도수가 50도를 훌쩍 넘는 경우가 태반이다. 대신 캐스크 스트랭스 위스키는 위스키 그 자체를 즐길 수 있는 제품이다. 간혹 위스키 샵에서 어떤 위스키를 골라야 하는가에 대한 질문을 받는데, 위스키 라벨에 '캐스크 스트랭스'라는 문구가 적혀 있으면 장바구니에 넣으라고 조언하는 편이다. 캐스크 스트랭스 위스키가 반드시 좋은 위스키라고 단언할 수만은 없지만 위스키를 즐기는 사람에게 증류소에서 만들어진 상태 그대로를 즐길 수 있다는 것은 매우 행복한 일이기 때문이다.

스카치위스키의
역사

HISTORY OF SCOTCH WHISKY

맥주가 만들어지고 나서야 위스키가 만들어진다는 점을 고려한다면 위스키의 역사를 거론하기 전에, 맥주의 역사를 되짚어보는 것이 좋을 듯하다. 원시 시대부터 술이 만들어졌다고 많은 이들은 주장한다. 과일들이 익어 저절로 땅에 떨어지고 자연 속에 날아다니던 효모들이 과일의 당을 흡수해 술로 변화시켰고 그걸 원시인들이 먹고 취했을 것이라 추정되고 있다. 맥주도 거의 비슷한 기원을 가지고 있을 것이다. 보리가 땅에 떨어지고 비를 맞아 싹이 트고 다시 햇빛에 건조가 되어 몰트로 변했고, 원시인들이 그걸 갈아 물을 부어 곤죽을 만들어두면 공기 속의 효모들이 술로 변화시켰으리라는 예측이다. 지금도 아프리카의 어느 부족마을에서는 고대의 맥주와 비슷한 알코올성 곡물죽을 마시고 있다.

증류기술의 기원

체계적인 양조 기술은 유프라테스와 티그리스 강 사이의 메소포타미아(지금의 이라크)에서 이루어졌다. 이 문명의 발상지에서는 예수 탄생 4000년 전부터 맥주를 마셔왔다. 파리 루브르 박물관에 보존된 푸른 기념비(Monument Bleu)에는 맥주 만드는 법이 약간 기형적인 그림으로 남겨져 있다. 수메르 사람들이 기원전 7천 년경 에머(Emmer)라는 고대 밀 품종으로 맥주를 만들고 있는 그림으로 추정하고 있다. 이 석판의 그림에는 닌카시(Ninkasi)에게 제물

에든버러 도시 전경

을 바치는 그림이 그려져 있는데 닌카시는 엔키(Enki)와 닌티(Ninti)에서 태어난 맥주의 여신이다. 이런 기원을 가지고 있는 맥주는 이집트, 바빌로니아 등으로 퍼졌으며 농경시대의 산물로 자리 잡았고 후대에 수도원 문화와 접목되었다. 지금까지도 맥주로 유명한 지역들은 대부분 위도가 높아 과일농사보다는 곡류 재배에 유리한 지역들이다. 이런 배경들이 증류기술과 만나 새로운 술이 탄생하게 되는데 곡물 재배가 용이한 지역은 위스키, 보드카 등 곡물을 사용한 증류주가 만들어지고 포도 재배가 용이한 지역에서는 와인을 증류한 브랜디(Brandy)가 탄생하게 되는 것이다.

증류기술은 고대 그리스, 아랍, 이집트에서 사용되고 있었고 특히 중국의 경우 보리, 쌀 등 곡물을 이용한 증류기술을 활용하고 있었다. 중국의 신비한 기술이 10세기경 스페인계 아라비아인들을 통해 아라비아로 전파되었고, 12세기 무슬림 의사였던 알부카시스(Albucasis)의 기록에 의하면 그 증류기술을 곡물 외에도 비니거(Vinegar, 서양식초의 일종. 보리의 엿기름, 사과주, 포도주, 증류 알코올 또는 맥주, 당밀 따위를 발효해 만든 것), 물와인에도 적용했다고 한다. 당시 아랍인들은 중국에서 전래된 증류기술을 획기적으로 변화시켰는데 중국에서 전해진 기술은 우리나라의 소주고리와 비슷하게 증류기 상단에 물을 올려놓는 냉각 방식이었다. 그 냉각 방식을 지금의 증류 방식과 비슷한 튜브 형태의 냉각 방식으로 바꾸어 증류의 효율성을 증대시켰다.

그리스의 유명한 철학자 아리스토텔레스(BC 384-322)가 증류에 관한 화학적인 연구를 기록했음에도 불구하고 유럽에는 11~12세기가 되어서야 증류기술이 전파되었는데, 아랍의 무어인들과 십자군 원정대에 의해서 전파되었다는 설이 일반적이다. 이 증류기술로 만들어진 증류주들은 십자군 전쟁 때 상처를 치료하거나 부상병들에게 마시게 해 고통을 완화시키는 데 사용되기도 했다. 그 이후로 유럽 전역에 증류기술이 전파되면서 각 지역마다 증류주가 탄생하게 되었다.

과일이 잘 자라는 지역에는 브랜디가, 곡류 생산지역에서는 곡물을 발효 증류시킨 술들이 등장했다. 재미있는 것은 당시 그 증류주들의 이름이 스코틀랜드의 경우에 usque baugh, 아일랜드는 uisce beatha, 슬라브 지역은 보드카, 노르만 지역은 아쿠아비트(Aquavit), 프랑스에서는 오드비(eau-de-vie)로 탄생하게 되었는데, 이는 전부 '생명의 물(water of life)'이라는 어원을 지니고 있다는 것이다. 어원에 걸맞게 리큐르의 여왕이라 불리는 샤르트뢰즈(Chartreuse)로 유명한 프랑스 샤르트뢰즈 수도원에서는 한때 이 생명의 물(증류주)로 죽은 사람을 살리는 실험을 하기도 했다고 한다.

증류기술의 스코틀랜드 전파

스코틀랜드에 증류기술이 전파된 시점은 5세기경으로 보고 있다. 이 시기에 아일랜드 수도사였던 성 패트릭 혹은 성 콜롬바가 스코틀랜드에 기독교를 전파하는 과정에서 아일랜드의 문화와 증류기술을 함께 전달했을 것으로 추정한다. 그러나 이에 관한 문서나 기록은 전무한 상태이다. 스코틀랜드의 증류기술에 관한 기록은 현재 스코틀랜드 에든버러에 있는 국립기록보관소(National Archives of Scotland)에 있는 한 문서에 잘 나타나 있다. 1449년 국왕 제임스 4세의 명령을 기록한 이 문서는 1994년에 마지막으로 대중에게 공개되었을 정도로 매우 중요한 문서로 취급받는데, 파이프 지역에 있는 린도레스 수도원의 존 코어에게 아쿠아비트를 만들 8볼의 맥아를 제공하라는 내용이었다(eight bolls of malts to Friar John Cor of Lindores Abbey, with which to make aqua vitae). 8볼은 현재 무게 단위로 바꾸면 약 1,100kg으로 상당한 양의 위스키 미숙성 증류주인 아쿠아비트를 증류했음을 알 수 있다.

아일랜드인은 스코틀랜드보다 아일랜드가 먼저 증류를 시작했다고 주장하고 있는데, 1170년 헨리2세가 아일랜드를 침공했을 때 아일랜드인들이 증류주 마시는 걸 발견했고, 1276년 토마스 세비지경이 잉글랜드 군대의 침공에 맞서 싸울 때 자신의 군대에 uisce beatha를 마시게 한 역사적 사실을 감안하면 스코틀랜드보다 아일랜드에서 먼저 위스키가 만들어졌다는 것이다.

The Irish Whiskey Still - David Wilkie

특히 아일랜드에서 스코틀랜드로 전파되는 경로를 헤브리디즈(Hebrides) 제도와 킨타이어(Kintyre) 반도를 통해 들어갔다고 주장하고 있지만 대부분 추정일 뿐 확실한 증거는 없다. 다만 14세기에 아일랜드 수도사들이 증류를 이용해 의학용 치료제를 만들었고, 엘리자베스1세가 왕위에 오른 1558년에는 아일랜드 전역에서 위스키를 만들어 마셨다는 것은 확실하다. 스카치위스키 업계 사람들의 이야기로는 아일랜드가 스코틀랜드보다 위스키를 먼저 만들기는 했지만 그 용도는 대부분 의학용 치료제(liniment)로 사용하기 위해서였으며, 스코틀랜드야말로 사람이 마시기 위한 위스키를 가장 먼저 개발한 곳이라고 한다.

　스코틀랜드에서 초기 증류기술은 수도사들과 이발사들이 주로 다루고 있었

SHEEP HEAD INN
14세기에 개업한 에든버러에서 가장 오래된 바

는데 1505년 에든버러의 이발사 길드들은 초기 위스키 생산과 유통에 독점권을 갖고 있었다. 초기 위스키가 의료용으로 사용되었던 점과 당시 이발사들이 외과 의사를 겸했다는 사실을 감안하면 수긍할 만한 사실이다. 그러다 증류 기술이 점점 보급되어 일반 농민들도 자신의 잉여 농산물로 위스키를 만들기 시작했고, 16세기에 접어들자 스코틀랜드 전역에서 위스키를 생산하게 되었다. 또한 증류기술도 발전해 작은 원통형 모양의 증류기가 등장했고, 차가운 물을 이용해 냉각시키는 기술까지 발전해 위스키 생산의 효율성이 증대되었다. 스코틀랜드의 거의 모든 농장에서 위스키를 만들었을 정도라고 한다.

위스키 생산의 대중화

1579년 흉년으로 보리 생산이 줄자 스코틀랜드 의회에서는 1년 동안 곡물을 이용한 증류를 금지시킨다. 이것이 최초로 정부에서 위스키 생산에 규제를 가한 사건이다. 위스키 생산이 일반화되자 정부에서는 세금으로 규제를 시작했는데 1644년 최초로 위스키 생산에 세금을 붙였다. 당시의 세금은 위스키 1파인트당 2실링 8페니를 받았으며 이 세금은 17세기 말까지만 시행되었다. 18세기 들어와 위스키 수요가 점점 더 늘어나자 그에 맞춰 위스키 생산도 늘어났는데 특히 로우랜드 지역에서 활발하게 위스키를 생산했다. 1707년 연합법(Act of Union)이 시행되어 스코틀랜드와 잉글랜드가 합병되면서 잉글랜드의 주류 세금규정이 스코틀랜드까지 적용되었다. 급기야 1713년 스코틀랜드인들의 완강한 반대에도 불구하고 일명 '맥아세'라는 명칭으로 세금을 붙이기 시작했다. 게다가 잉글랜드의 정치가 월폴(Walpole)은 스코틀랜드에서 자신의 권위를 세운다는 정치적 목적을 위해서 세금을 늘리기까지 했다. 결국 1725년 맥아세에 불만을 가진 이들이 폭동을 일으켰고, 이 폭동 이후 평화로운 주세 체계가 잡히는 데 100년 가까운 시간이 소요되었다.

이 시기에 맥주 생산량은 급격히 줄고 위스키 생산량이 크게 늘어, 1708년

하이랜드 지역 밀주꾼들의 모습

에 100,000갤론(약 378,541리터)이었던 위스키 생산량이 30년 뒤에는 275,000갤론(약 1,000,000리터)으로 증가했다. 바로 이때 위스키의 이름이 uisge beatha에서 uiskie, usky, 그리고 최종적으로 whisky로 변했다. 원래 위스키는 겨울철 농가에서 자가소비용이나 약간의 부수입 용도로 생산했다. 그래서 대부분의 농가, 특히 하이랜드 지역의 농가에서는 거의 집집마다 하나씩 증류기를 가동시키고 있었다. 이렇게 생산된 위스키들은 자가 소비한다는 조건하에서, 다시 말해 판매를 하지 않는다는 조건으로 생산한다면 주세관련 법 규정으로는 1781년까지는 완벽하게 합법적이었다.

1740~1750년대에 스코틀랜드 전역에서 위스키 생산이 드라마틱하게 늘

었다. 게다가 1736년에 발효된 진(Jin) 생산에 무거운 세금을 부과하던 진 세법(Jin Act)이 위스키(아쿠아비트)에는 적용되지 않았기 때문에 위스키 생산이 더욱 증가했다. 1757년 스코틀랜드와 잉글랜드가 합병한 대영제국에서는 곡물의 흉작으로 증류주 생산을 3년 동안 금지시켰는데, 개인의 자가소비용 생산까지는 막지 않았다. 증류주 생산이 금지되자 스코틀랜드인들은 잉글랜드 시장에 눈을 돌리게 되었다. 물론 법으로 자가소비 외 판매가 금지된 상황이었다. 그래서 일부는 서서히 밀주시장을 형성하기 시작했고, 밀주꾼(Smuggler, 밀주를 생산하는 사람들뿐만 아니라 운반하는 사람들의 총칭)들은 점점 큰 규모로 위스키를 생산 운반했으며, 1760년대 들어 거의 10배에 가까운 규모로 성장해 오히려 증류면허를 가진 증류소에서 생산하는 것보다 더 많은 위스키를 생산하게 되었다. 그로 인해 합법적 판매용 위스키를 생산하는 많은 증류소들이 문을 닫거나 생산량을 줄이거나 속여서 세금을 신고했다.

18세기 영국의 위스키전쟁

1777년 에든버러에 400개의 불법 증류기가 가동되었던 반면에 합법적인 면허를 지닌 증류소는 단 8곳에 불과했다. 이에 1770년대 밀주업자들이 판매한 저가의 위스키들이 넘쳐나는 상황에서 합법적 위스키 생산업자들은 밀주업자들에게 대항하기 위해 힘을 합치기 시작했다. 합법적 위스키 생산업자들은 의회의 지지를 받아내 1779년 당시 자가소비용으로 위스키를 제조하던 농가들의 보편적 증류기 크기 10갤론(약 37리터)을 2갤론(7.5리터)으로 제한시켰고, 2갤론 크기 이상의 증류기를 파괴할 수 있는 권한을 단속 세관원들에게 부여했다. 결국 1781년 개인의 위스키 생산을 완전히 금지시키는 법안을 통과시키면서 세관원들에게 증류기와 위스키 생산을 단속할 수 있는 권한을 주었고, 1783년에는 밀주업자들의 밀주 운반 수단이었던 말과 마차까지 압수할 수 있도록 했다.

Tussle for the keg

당시 스코틀랜드인들은 개인이 증류하는 것은 절대 빼앗길 수 없는 권리라 생각했기 때문에 정부로부터 부과되는 가혹한 벌칙은 절대 받아들일 수 없는 것이었다. 게다가 밀주꾼들이 만들어낸 위스키가 워시(곡물을 발효시킨 액체)의 도수와 증류기의 크기 때문에 허가를 받아 만들어진 위스키들보다 훨씬 품질이 좋았다. 이 법들이 통과되는 순간부터 1824년까지 잉글랜드 쪽에서는 '위스키 반란'이라고 하며, 스코틀랜드에서는 '위스키 혁명', 그리고 제3자가 볼 때는 '위스키 전쟁'이라 할 만한 시기가 도래했다. 지금 우리가 마시고 있는 위스키는 경제적 이윤을 추구하려는 인간의 본성과 그로 인해 흘린 피를 담고 있다고 해도 무방하다. 이 당시의 세관원을 지금의 세관원과 비슷하게 생각하면 안 된다. "단속 나왔습니다!"라고 외치는 순간 가슴에 커다란 총구멍을 갖게 되는 시기였는데, 스코틀랜드 애버딘 미술관(Aberdeen Art Gallery & Museums)에 전시 중인 존 페티(John Pettie)의 〈Tussle For The Keg〉라는 그림을 보면 한손에 칼을 들고 몸싸움을 펼치고 있는 두 사내를 통해 당시의 험악했던 분위기를 짐작하게 만든다.

반면 정식 제조면허를 가진 위스키 증류제조업자들은 독과점 체제의 보호와 농업혁명을 통해 늘어난 곡물 생산량 덕분에 점점 더 번성하게 되었다. 블렌디드 스카치위스키 딤플로 유명한 헤이그(Haig)와 스테인(Stein) 집안의 경우 로우랜드 지역에 큰 규모의 합법 증류소를 건설해 위스키 생산 규모를 늘렸고, 잉글랜드로 수출하기 시작해 1770년 2천 갤론(약 9천 리터)에서 1784년에는 45만 갤런(170만 리터)을 수출하는 규모로 크게 성장했다.

1782~1783년 스코틀랜드 특히 하이랜드 지역에 극심한 흉년이 들자 전국이 황폐했고 인심은 흉흉해졌다. 로우랜드 지역의 몇몇 증류소들은 굶주린 대중들로부터 습격을 받기도 했다. 이를 계기로 1784년 윌리엄 피트(William Pitt)에 의해 주세를 낮게 책정한 워시법(Wash Act)이 발효되었는데 덕분에 하이랜드 지역의 불법 증류소들이 정식면허를 갖게 되었다. 결과적으로 이 법이 위스키 합법화의 기틀을 닦았다고 해도 과언이 아니다. 이 법은 증류기의 크기를 20갤론 이하로 제한하고 1년에 증류기 크기 1갤론당 1파운드의 세금만 내면 되었다. 1785년 법안이 추가되어 곡식은 그 지역에서 생산된 보리만을 사용해야 했고, 그 지역 판매 외에는 수출을 금지했다. 두 법안으로 많은 불법 증류소들이 합법화로 길로 접어들게 되었다.

하지만 영국의 증류업자들도 가만있지 않았다. 그들은 자신들의 영향력을 발휘해 스코틀랜드 위스키에 높은 주세를 매기도록 했던 것이다. 게다가 1793년 프랑스의 루이16세가 처형되자 유럽 각국으로 퍼지는 왕정폐지운동에 맞서 영국과 스페인, 네덜란드, 이탈리아가 프랑스에 맞서 전쟁을 벌였는데 이때 전쟁 자금을 얻기 위해서 영국은 주세를 3배나 올렸다. 때문에 많은 합법 증류소들이 스코틀랜드 전역으로 숨어들면서 다시 불법 밀주 생산체제로 바뀌게 되었다. 하이랜드는 구릉과 언덕, 산이 많아 숨기에 용이하고 특히 스페이강 유역은 물이 풍부해서 위스키 생산에 적합했다. 몰래 위스키를 생산하기 위해서 밤의 달빛 아래서 작업을 해야 했기에 밀주업자들을 'Moonshiner'라 부르기도 했다.

밀주시대와 스카치위스키의 발전

이런 역사적 배경 속에서 스카치위스키의 상징이라고 할 수 있는 이탄(Peat)의 사용과 오크통의 숙성이 생겨났다. 보리를 발아시킨 후 건조시키는 과정에는 화력이 필요한데, 합법적으로 위스키를 만들던 때는 석탄을 사용했으나 몰래 숨어서 밀주를 만들어야 했으므로 석탄의 수급이 원활하지 않았다. 그래서 주위에서 쉽게 구할 수 있었던 이탄을 석탄 대신 사용하게 되었는데, 이탄의 독특한 성질 덕분에 이때부터 스카치위스키는 특유의 훈제향을 지니게 되었다. 위스키 숙성도 마찬가지였다. 원래 초기 위스키는 숙성시키지 않은 상태로 마셨는데 단속원들이 들이닥칠 것을 대비해 술을 저장할 필요가 생겼고, 마침 식전주로 가장 인기 있던 스페인의 세리주 운반 통을 쉽게 구할 수 있어 그 통에 담아 동굴 같은 비밀장소에 보관했다. 밀주시대에 어쩔 수 없이 취한 조치 덕분에 새로운 타입의 위스키로 발전하게 된 것이다.

당시 하이랜드에서는 밀주가 성행했는데 이는 영주들의 적극적인 후원이 있어 가능했다. 영주들은 자신의 임차인들로부터 더 많은 수입을 받아내기 위해 임차료를 올렸고, 대신 임차인들이 밀주를 팔도록 장려했다. 덕분에 하이랜드의 밀주들이 거침없이 스코틀랜드 도시로 밀려들어왔고 로우랜드의 합법 증류소들은 심각한 경영난에 봉착했다. 1800년대 초부터는 거듭된 흉년으로 1801~1802년에 증류주 생산을 금지했고, 증류가 허가된 1803년에는 세금이 세 배로 올라갔다. 이 시기에 하이랜드에서는 단속원들의 밀주단속이 강화되었다. 당시 단속원(Exciseman, 혹은 Gauger) 중에는 'King of the Gauger'라고 불리는 전설적인 인물 말콤 길레스피(Malcolm Gilespie)가 있었는데, 그는 밀주업자들의 극렬한 저항으로 42번이나 부상을 당했음에도 불구하고 6,535갤론의 위스키, 407개의 증류기, 165마리의 말, 85개의 마차, 그리고 62,400갤론의 증류 직전 워시액을 압수했다. 이런 성과의 비결은 위스키 향을 맡도록 잘 훈련된 개 때문이었다고 한다.

단속원들의 맹활약에도 불구하고 하이랜드에서 만들어진 밀주 위스키들이 에든버러, 글래스고처럼 대도시가 있는 로우랜드 지역으로 계속해서 들어오고 있었다. 1814년, 1816년, 1818년 세 차례에 거쳐 법을 개정해 밀주를 규제하려고 했으나 좀처럼 해결의 실마리가 보이지 않았다. 도로가 발달하고 도시가 발달할수록 밀주로 생겨나는 이익은 점점 더 커져가는 상황이었다.

더 글렌리벳 증류소의 합법적인 증류 면허

합법화의 물꼬도 생겨나기 시작했다. 1822년 에든버러를 방문한 조지 4세를 위해 『스코틀랜드 역사 이야기』로 유명한 작가 월터 스콧이 개최한 환영 연회에서 조지 4세는 '글렌리벳(Glenlivet)'이라는 밀주에 반해 그 자리에서 글렌리벳을 왕실건배주로 지정했다. 1823년에는 애버딘샤이어(Aberdeenshire)의 대지주이자 정치인이었던 고든 공작이 밀주생산업자들에게 경제적 이윤을 주어 합법화시키는 방안을 내세워 시행하게 되었는데, 이 법이 바로 유명한 소비세법(Excise Act)이다. 당시 밀주를 생산하던 증류기의 수는 1만4천 개에 이르는 상황이었는데 소비세법(Excise Act)의 핵심 규정은 위스키 생산에 면허세로 1년에 10파운드만 내면 해결되었고, 주세는 40갤론 이상의 증류기에 대해 1갤론당 12페니만 내면 되었으니 과거에 비하면 획기적인 세제안이었다. 이 세제안을 제일 먼저 받아들인 증류소가 바로 더 글렌리벳(The Glenlivet), 두 번째는 맥켈란(Macallan)이다. 그리고 수많은 증류소들이 합법적인 면허를 취득하게 되는데 1824부터 1827년까지 329개의 합법적인 면허 증류소가 생겨났다. 특히 스코틀랜드 남쪽에 있는 킨타이어 반도인 캄블튼 지역에서만 1837년까지 37개의 증류소가 생겨날 정도였다. 소비세법 시행 이전에 1만 4천 개이던 불법 증류소는 이 세법 시행 이후 400개 이하로 줄어들었다.

19세기 스카치위스키의 전성시대

스카치위스키는 또 한 번 도약의 계기를 만나게 된다. 1827년 로우랜드의 증류업자 로버트 스테인(Robert Stein)이 만든 연속식 증류기 때문이다. 기존 단식 증류기는 작업과정이 증류와 응축이 1회씩 진행되지만 연속식 증류기는 증류와 응축과정이 연속적으로 일어나기 때문에 위스키 생산의 효율성이 증대되었다. 대신 풍미가 가벼운 단점이 있었다. 로버트 스테인이 발명한 연속식 증류기는 1831년 전직 밀주단속 세관원이었던 애니어스 코페이(Aeneas Coffey)에 의해서 더욱 개량된다. 덕분에 이 증류기를 코페이 스틸(Coffey Still)이라고도 한다.

로우랜드 지역의 대규모 위스키 생산업자들은 수요 초과 상태의 위스키 시장에 맞서 투자를 늘려 위스키 생산을 늘렸는데 뜻밖의 악재를 만나게 된다. 절제와 금주를 추구하는 그룹이 생겨나면서 의회가 그들의 요구에 따라 맥주에 부과되던 세금을 없애는 대신 증류주의 세금을 올린 것이다. 그와 더불어 1840년대의 흉년으로 위스키 증류소 특히 하이랜드 지역에 있던 많은 증류소들이 문을 닫게 된다. 그나마 로우랜드 지역 증류소들은 사정이 나은 편이었다. 위스키를 만드는 석탄의 수급이 원활해 위스키 생산 비용을 줄일 수 있었고, 철도가 개통됨에 따라 곡물수송 비용도 줄일 수 있었다. 거기에 1845년 선박운항법(Navigation Act)이 폐지되어 자유롭게 해외로, 특히 식민지로 수출할 수 있었다. 게다가 증기선의 발명은 먼 나라 미국, 인도, 캐나다, 호주, 남아프리카까지도 수출 길을 열어주었다.

스코틀랜드 토속주를 세계로 널리 퍼져나가게 만든 것은 블렌디드위스키 때문이다. 연속식 증류기를 통해서 생산된 위스키는 맛이 밋밋하고 별다른 특징이 없는 반면 단식 증류기를 통해 생산된 몰트위스키는 너무 맛이 강하다는 평을 지니고 있었다. 당시에는 대부분 한 통 단위로 판매되거나, 같은 숙성 년수의 위스키를 판매했는데 에든버러에서 잘나가는 글렌리벳 증류소 판매 대리인이었던 앤드류 어셔(Andrew Usher)가 숙성 년수가 다른 몰트를 섞어 판매하면서 술의 이름을 '어셔스 올드 베티트 글렌리벳(Usher's Old Vatted Glenlivet)'이라고 지었다. 어셔의 방식은 1860년 주정법(Spirits Act)으로 인정받게 되어 다른 증류소의 원액끼리도 혼합할 수 있게 되었다. 예전에는 같은 증류소 원액끼리만 혼합할 수 있었지만 바뀐 법으로 인해 몰트위스키와 그레인위스키를 혼합한 블렌디드위스키가 탄생할 수 있었다. 블렌디드위스키는 값싼 그레인위스키를 몰트위스키에 혼합해 향은 그전보다 부드러워지고 생산 비용은 줄어들어 가격 경쟁력을 갖추게 되었다. 이 생산방식이 급속도로 퍼져 수많은 블렌디드위스키들이 탄생했는데, 부캐논(Buchanan), 벨(Bell's), 듀어스(Dewar's), 헤이그(Haig), 조니워커(Johnnie Walker) 등 지금도 쉽게 만날 수 있는 블렌디드위스키들 대부분이 이 당시에 만들어졌다.

1863년 스카치위스키에 신의 축복이 내리는 사건이 일어났다. 와인 생산국들에게는 지옥과 같았던 포도나무의 페스트라 불리던 필록세라(Phylloxera)가 발병한 것이다. 당시 와인은 유럽의 대표적인 술이었다. 많은 사람들이 와인을 즐겨 마셨고 특히 영국은 와인 때문에 프랑스와 전쟁을 치를 정도로 대표적인 소비 국가였다. 포도나무에 진딧물이 발생해 죽는 필록세라 때문에 유럽의 모든 포도나무들이 전멸을 하면서, 와인 생산은 물론 코냑과 같은 브랜디 생산도 할 수 없게 되었던 것이다. 그러자 사람들 눈에 들어온 것이 바로 스카치위스키였다. 마실 술이 스카치위스키밖에 없었다고 해도 과언이 아니었다. 블렌디드위스키의 탄생, 영국 식민지의 확대로 인한 시장 형성, 교통의 발달과 더불어 필록세라는 스카치위스키가 세계적인 술이 되는 데 큰 역할을 하게 되었다. 이를 '스카치위스키 전성시대'라고 칭하고 있다(2000년대는 '스카치위스키 르네상스'라고 부른다).

스카치위스키 소비 붐을 타고 수많은 증류소들이 생겨나면서 다양한 블렌디드위스키들이 탄생했다. 그러나 1890년, 스코틀랜드의 리스(Leith) 지역에서 가장 잘나가던 블렌디드위스키 회사 패티슨(Pattison's)의 파산으로 이 회사와 관계를 맺고 있는 거의 모든 증류소와 위스키 회사들이 금융위기를 맞았다. 또, 1890년대 보어전쟁이 시작되면서 위스키 소비가 줄어들고 경기가 극도로 악화되었다. 많은 증류소들이 어려움을 겪고 있던 1877년, 6개의 그레인위스키 생산회사들이 자신들의 이익을 지키기 위해 합병한 The Distillers Company Limited(DCL)는 위스키 값이 떨어지는 걸 막기 위해 여러 증류소들을 사들이기 시작했다. 이에 대응해 하이랜드의 위스키 생산업자, 즉 몰트위스키를 주로 생산하는 업자들은 값싼 블렌디드위스키를 무기로 위협해오는 로우랜드 위스키 제조업자들을 상대로 시위를 벌였다. 단식 증류기를 통해 생산하지 않은 위스키는 스카치위스키라고 할 수 없다는 주장이었다. 결국 1908년 왕립위원회(Royal Commission)에서는 단식증류기에서 생산된 위스키와 연속식 증류기에서 생산된 위스키 모두 스카치위스키라고 명명할 수 있다는 결론을 내려 블렌디드위스키 생산업자들의 손을 들어주었다.

세계대전과 스카치위스키의 암흑시대

1900년대 초부터 나라 내부적으로는 금욕적인 분위기와 외부적으로는 전쟁으로 인해 스카치위스키는 암흑기에 접어들게 된다. 1차 세계대전으로 독일과 한창 전쟁 중이던 시절, 영국의 재무부 장관 로이드 조지(Lloyd George)는 "위스키 같은 독한 술을 마시는 것은 독일의 잠수함보다 더 피해가 크다"라고 말하고 다닐 정도로 술을 혐오한 사람이었다. 그는 위스키 생산의 전면 금지를 주장했는데 받아들여지지 않자, 주세를 두 배로 늘릴 것을 호소했고 이 역시 하원의 반대로 뜻을 이루지 못했다. 대신 주류 판매를 통제하는 중앙통제국(Central Control Board)을 설립했다. 그와 비슷한 시기인 1915년 미숙성주정법(Immature Spirit Act)이 발효되어 스카치위스키를 최소 3년 이상 숙성시키도록 규정하는 법이 생겨났다. 하지만 이 규정 덕분에 스카치위스키의 품질은 놀라울 정도로 향상되었다.

1차 세계대전의 여파로 영국 정부에서는 식량 자원과 석탄 등의 전쟁 물자 부족을 이유로 위스키업계에 규제를 가하기 시작했다. 1916년 중앙통제국은 위스키 생산을 30% 축소할 것을 지시했고, 단식증류기를 통한 주류생산을 금지시켰다. 또 알코올 도수 60도로 판매되던 위스키를 28.6도까지 낮출 것을 요구하는 사태가 발생하기도 했다(영국 Proof는 낮추기를 원했고 그러다 결국 절충안으로 37.2도로 출시함). 1917년에는 위스키 생산을 잠시 중단했다가 1918년 생산을 재개하면서 주세를 두 배로 늘렸다.

전쟁이 끝나자 위스키 업계는 위스키 시장의 회복을 기대했으나 결과는 반대로 흘러갔다. 위스키 수출시장에서 상당 부분을 차지하고 있던 미국에서 수정헌법 18조 금주령이 발효되어 스코틀랜드 위스키 수출시장이 큰 타격을 입게 된 것이다. 당연히 밀주시장이 형성될 수밖에 없었다. 미국으로 밀주를 수출하는 데 가장 유명했던 인물이 윌리엄 맥코이(William McCoy)라는 선장이었다. 그는 스카치 블렌디드위스키 중에 유명했던 커티삭(Cutty Sark)을 미국에 공급하던 사람이었는데 그가 운반한 커티삭이 밀주시장에서 워낙 인기가 좋아 그 커티삭을 주류 밀매점에서 은어 형식으로 '맥코이 선장이 가져온 술이다'라는 의미에서 '리얼 맥코이(real McCoy)'라고 불렸다. 물론 이 암흑기에도 커티삭처럼 밀수 형식으로 미국에 수출된 술 외에 의약품 소독약으로 속여서 정식 수입됐던 술이 두 가지가 있는데, 하나는 스코틀랜드 아이라 섬의 라프로익 증류소에서 만든 몰트위스키였고, 다른 하나는 스카치 블렌디드위스키이지만 아이라 섬의 라가불린 몰트위스키의 영향으로 소독약 냄새가 나는 화이트호스(White Horse)였다.

1920년대 어려운 대외 여건 속에 많은 증류소와 위스키 회사들이 쓰러져갔고 그 회사들을 전부 사들인 회사가 DCL이었다(현 디아지오그룹). 당시 스코틀랜드 위스키 산업은 미국의 금주령과 함께 불어닥친 대공황의 여파로 정신없이 흔들리고 있을 때였다. 심지어 금주령이 끝난 1933년에는 오직 두 개의 몰트 증류소만이 가동되고 있는 상황이었다. 엎친 데 덮친 격으로 미국의 주세마저 무겁게 부과되고 있어 도저히 회복의 기미가 보이지 않았다. 그러다 1935년 잠깐 미국의 경제 상황이 나아져 위스키시장이 되살아나려 했으나 2차 세계대전이라는 또 한 번의 복병을 만나게 된다. 전쟁이 발발하자 부족한 세원을 위해 주세를 늘리고 대부분의 물자들을 전쟁물자 체제로 전환한 것이다. 1939년부터 2년 동안은 전쟁 기간 중에도 미국의 시장에서 달러를 벌어올 수 있었지만 1942년 이후부터는 곡물 공급이 중단되어 대부분의 위스키 증류소들이 문을 닫아야 했다. 그리고 전쟁의 승리가 보이기 시작한 1944년 8월에서야 서서히 곡물 공급이 재개되고 증류소 가동을 시작했지만 상황은 녹록하지 않았다. 1945년 영국 노동당이 선거에서 내건 슬로건은 '위스키보다 음식 먼저(Food before Whisky)'였고 전쟁 전과 비교하면 위스키 생산량은 절반에도 못 미쳤다. 모든 물자가 그렇듯 정부에서 규제를 심하게 하면 블랙마켓이 형성되기 마련이다. 위스키도 마찬가지로 암시장이 형성되어 암암리에 거래되고 있었다.

세계대전 이후 스카치위스키의 부활

1946~1947년 영국이 큰 경제위기(Sterling crisis)에 봉착하자 정부는 위스키 수출로 외화를 벌어들이기 위해 곡물을 증류소에 풀게 된다(지금도 위스키는 영국의 5대 수출품 중의 하나이다). 예전 위스키 수출시장은 아이리시 위스키가 큰 부분을 차지하고 있었지만, 2차 세계대전 이후에는 스카치위스키가 강세였다. 특히 미국의 경우 2차 세계대전 당시 영국에 머물던 미군들의 입맛이 스카치위스키 쪽에 길들여졌기 때문에 스카치위스키 수출에 큰 호재로 작용했다. 1949년에는 영국 정부에서 곡물시장에 대한 통제까지 풀어 위스키 생산은 더욱 원활해졌다. 1953년부터는 위스키 생산량이 과거 수준을 회복했으며 증류소들은 점점 대형화되고 새로운 증류소들도 속속 세워지기 시작했다. 1960년대 들어 조니워커(Johnnie Walker), 듀어스(Dewar's), 커티삭(Cutty Sark), 제이앤비(J&B), 이 네 개의 브랜드들이 스카치위스키 시장의 절반을 차

스프링뱅크 증류소 전경. 위스키 르네상스라 불리는 요즘 증류소를 직접 방문하는 관광객이 늘고 있다.

지하게 되었다. 점점 대형화된 증류소에서 몰트위스키와 그레인위스키들이 막대한 생산량을 자랑하면서 쏟아져 나오기 시작했다. 그 와중에 블렌디드 회사에 자기 증류소의 운명을 맡길 수 없다며 독자적으로 몰트위스키를 출시하는 증류소가 있었는데, 바로 글렌피딕 증류소이다.

1970년에 들어와 오일 쇼크 등 악재들이 발발해 세계 경제가 어려움에 처하게 되자 위스키 시장도 축소되었다. 엎친 데 덮친 격으로 미국과 영국 소비자들의 선호가 바뀌어서 화이트 럼이나 보드카를 찾기 시작했고 위스키는 올드맨(Old Man)의 술로 전락하기 시작했다. 위스키 회사들은 새로운 신흥 시장을 찾게 되었고, 남아프리카, 일본, 홍콩 그리고 독일을 비롯한 유럽 지역으로 판매망을 확장한다. 1980년 세계 경기의 후퇴로 위스키 회사들은 급격히 문을 닫게 되었고, 1986년에는 29개 증류소만이 가동할 지경에 이르렀다. 많은 증류소들이 문을 닫거나 철거되었다. 그러다가 1990년대 말부터 신흥 국가, 특히 브릭스(브라질, 러시아, 인도, 중국, 남아프리카공화국)를 중심으로 위스키 소비가 되살아나면서 약 95개 증류소들이 다시 가동하게 되었다. 이 시점에 스카치위스키 중에서 특히 싱글몰트 위스키의 인기가 하늘을 치솟았다. 이때를 가리켜 스카치위스키협회는 '위스키 르네상스'라는 표현을 사용할 정도였다. 그리고 2000년 후반 미국의 리먼브라더스 사태로 세계경기가 급속도로 위축되어 스카치위스키의 전체 소비는 감소한 반면, 싱글몰트 위스키의 인기는 점점 더 올라가는 추세이다.

스카치위스키 테루아

TERROIR OF SCOTCH WHISKY

위스키는 재료와 제조과정에서 나오는 특성 이외에 술이 만들어지는 환경에서도 영향을 받게 되는데 이를 테루아(Terroir)라고 한다. 와인에서의 테루아는 토양의 습성, 포도밭의 경사, 지리학적 특성과 기후 등 여러 외부적인 변수를 말한다. 그 변수가 와인에 영향을 미쳐 그 와인만의 개성을 만들어내는 것이다. 와인에서 테루아가 중요하듯 스카치위스키에서도 테루아가 위스키에 많은 영향을 미친다. 특히 싱글몰트 스카치위스키에는 독특한 개성이 있다. 보리가 자라는 토양의 성질, 보리밭의 지리적 위치와 대기의 습성, 보리가 마신 물의 성질, 증류소의 지형적 영향 등 많은 부분들이 위스키 생산에 관여하고 있다. 그 요소들 중에서 눈에 보이지는 않지만 서서히 위스키에 맛과 향에 스며드는 천지인(天地人) 요소들을 살펴보자.

천(天); 기후

스코틀랜드의 위도는 매우 높은 편이라 추울 것 같지만 의외로 대서양의 따뜻한 해류 덕분에 해양성 기후의 온화한 날씨이며, 여름철에는 일조시간이 길어 위스키의 재료가 되는 보리가 자라기에 이상적인 기후조건을 지녔다. 간혹 긴 일조시간과 적은 강수량으로 땅이 건조해져 보리가 너무 일찍 익어버리거나, 수확기에 폭우가 내려 작황이 좋지 않을 때도 있다. 스카치위스키

스코틀랜드의 전형적인 풍경

의 역사를 보면 여러 해 날씨가 좋지 않아 작물이 흉년일 때 위스키를 만들지 못했던 시절도 있었다. 특히 최근에는 지구 온난화 때문에 보리 수확기가 9월에서 8월로 심지어 7월로 당겨지는 경우까지 생겨났다. 변화무쌍한 날씨는 위스키에 속속들이 영향을 미친다. 일조량이 많은 해에는 광합성 작용이 활발해지고 그 덕분에 보리 알갱이 속의 전분 함량도 높아져 나중에 위스키를 생산할 때 알코올 생산량도 증가한다. 이런 차이점이 어떤 보리 품종과 어떤 오크통을 사용해, 어느 숙성창고에서 숙성시켰는지와 같은 세세한 요소들과 함께 빈티지 싱글몰트 위스키에 개성을 만들어준다.

스코틀랜드 속담에 '오늘 내린 비는 내일 위스키가 된다'는 말이 있는데 이것은 아마 좋지 않은 날씨를 위로하기 위해 만들어진 말일지도 모른다. 스코틀랜드에서는 햇빛이 눈부신 날씨에 누군가를 만나면 첫 번째 인사가 날씨 감탄사일 정도로 날씨가 좋은 편이 못 된다. 게다가 비라도 내릴라치면 줄기차게 수직으로 내리는 것이 아니라 가랑비처럼 바람에 흩날리며 내리기 때문에 우산도 별 소용이 없다. 스코틀랜드 여행자에게 방수 점퍼는 필수다. 이런 궂은 날씨 속에 내린 비는 땅속으로 흘러들어가 지하수관을 타고 강과 바다로 흘러가지만, 이 물 중의 일부는 전 세계인의 코와 입을 즐겁게 하는 데 사용된다. 스코틀랜드의 물맛은 좋기로 유명하고 그들의 자랑거리이다.

물

위스키를 만드는 여러 과정 속에서 물의 영향력은 지대하다. 우선 계절이 변하는 시기의 물은 몰트를 만드는 과정에 민감한 영향을 끼친다. 보리를 발아시키기 위해서는 물을 담그는 침맥(Steeping) 과정이 필요한데, 이때 기온이 낮아 물의 수온이 식으면 보리가 물을 흡수하는 시간이 길어지게 되어 평소보다 많은 물이 사용되기 때문이다. 수온은 증류과정에서도 영향을 미친다. 스코틀랜드 대부분의 증류소들은 증류된 기체를 다시 액체로 만드는 응축과정에 벌레 모양의 웜튜브(Worm tube)를 사용하는데 증류된 기체가 이 관을 통과하면서 온도가 낮아지고 다시 액체로 변하게 된다. 이 관은 물에 잠겨 있

스코틀랜드의 물

는데 이 물의 수온에 따라 만들어지는 증류액의 양과 질이 달라지는 것이다. 때문에 증류기술자들은 위스키 주정의 일정한 품질을 유지하려고 증류할 때 뜨거워진 냉각수의 물을 식히기 위해 증류 속도를 늦추기도 한다. 그리고 여름철에는 물이 부족하고, 물의 수온이 뜨겁기 때문에 증류에 적합하지 않아 증류소 가동을 멈추기도 한다.

응축 과정에 사용되는 물의 온도에 따라 위스키의 질이 달라지는 이유는 다음과 같다. 증류되어 기체 상태였던 증발액이 다시 액체가 되기 위해 일정 온도 이하로 내려가야 한다. 그런데 온도를 낮추기 위해 사용되는 물의 온도가 높으면 액체로 변하지 않기 때문에 증류 시에 사용되는 화력을 조절해 증류 속도를 천천히 할 필요가 있게 된다. 증류 속도가 느려질수록 물이 증류기에 접촉하는 시간이 많아지기 때문이다. 증류기는 구리로 만들어져서 증류기와 접촉하는 시간이 길어질수록 증류과정에 생성되는 불순물들이 증류기에 흡착되어 정제되는 시간이 많아진다. 여기서 말하는 불순물에는 황 같은 인체에 유해한 불순물뿐만 아니라 위스키의 맛과 향을 좌우시키는 성분(congener, fugel oil)까지 포함된다. 따라서 증류업자들 사이엔 증류 속도가 느린 여름철에 생산되는 위스키가 조금 가볍다는 인식이 있어, 위스키에서 자신들의 증류소 특색이 잘 살아나는 겨울철에 만들기를 선호한다고 한다.

습도와 바람

대기의 습도와 바람 또한 위스키 생산에 큰 영향을 끼친다. 예를 들어 위스키 생산의 마지막 단계인 숙성 과정에서 대기의 온도와 습도는 오크통에서 증발되는 위스키 양과 질에 막대한 영향을 끼친다. 일반적으로 스코틀랜드에서는 1년에 약 2%의 위스키가 숙성 과정에서 대기 중으로 증발된다. 이를 천사의 몫(Angel's Share)이라고 한다. 위스키 숙성창고에 들어가면 공기 중에 증발된 위스키의 알코올 기운을 가득 느낄 수 있는데, 대기 중 알코올 함유량이 매우 높다는 것을 뜻하므로 숙성창고는 늘 화재의 위험을 안고 있다. 숙성창고 안에서 담배를 피운다는 건 거의 자살행위로 여기면 된다. 증류소 방문객들의 관람 코스 마지막은 대부분 숙성창고인데 일부 증류소들은 관람객의 카메라 플래시 스파크가 발화의 위험성이 있다며 사진 촬영을 금지시킬 정도이다. 참고로 미국의 버번위스키를 생산하는 켄터키 지역에서의 증발량은 3~5%이며 이 때문에 위스키가 빨리 숙성되는데, 이는 역설적으로 버번위스키를 장기간 숙성시키지 않는 이유이기도 하다(대만의 경우 1년에 15%가 증발된다).

천사가 오크통 속에서 몰래 빼먹은 위스키는 물과 알코올 성분으로 구성되는데 숙성창고의 온도가 높을수록 알코올 성분보다는 물이 더 많이 증발된다. 때문에 보다 낮은 온도의 숙성창고 속에서 같은 년수를 숙성시킨 위스키보다 알코올 도수가 더 높아진다. 위스키가 오크통의 나무 부분에서 추출

오크니 제도의 커크웰 앞바다. 대기의 습도와 바람까지도 위스키에 큰 영향을 끼친다.

하는 성분 중에는 수용성 물질과 알코올 용해성 물질 두 가지가 있는데, 위스키 속의 물과 알코올의 비율에 따라 오크통에서 추출되는 성분이 달라져 위스키 오크통마다 맛과 향 역시 달라진다. 위스키가 숙성되면서 오크통 속의 공기와 만나 반응하는 산화작용도 영향을 끼친다. 특히 과거 단층 높이의 위스키 숙성창고와 달리 2~3층 높이의 위스키 창고는 높은 층일수록 천장에서 받는 열 때문에 숙성창고의 온도가 높아지고, 그 결과 산화작용이 느려지면서 꽃향기와 과일향이 강한 위스키가 만들어진다고 한다. 반대로 대기 중에 습기가 많으면 산화작용이 빨라진다.

지(地); 지질

스코틀랜드 증류소를 방문해보면 그 증류소에서 만들어진 싱글몰트 위스키의 맛과 향에 어울리는 자연환경을 지니고 있다는 걸 금방 깨닫게 된다. 하이랜드 파크 증류소 주변의 헤더군락을 보면, 하이랜드 파크의 헤더 벌꿀향을 이해할 수 있고, 화산으로 형성된 스카이(skye) 섬의 탈리스커 증류소에서 생산된 탈리스커를 마시면 입 안에서 화산처럼 퍼지는 폭발감을 이해하게 된다. 바로 지질의 영향 때문이다.

하늘에서 내린 비는 대지에 흡수되고 지하의 물길을 따라 흘러가게 되는데 가는 동안 땅속에 있는 바위나 암석을 만나게 된다. 이때 암석의 경도(硬度, 단단함의 정도)가 낮을수록 지하수에 잘 용해되어 미네랄 성분을 많이 함유하게 된다. 그리고 용해되는 암석의 종류별로 물의 성질이 달라지며 물맛도 달라진다. 특히 단단한 화강암을 통과하는 물은 미네랄 함유가 낮아져 부드러운 연수(soft water)의 성질을 지니게 되어 위스키 만들 때 발효와 증류과정에 있어 유리하다. 부드러운 퇴적층을 통과한 물로 맥주를 만들면 견고하면서도 산뜻한 맛을 지니게 된다. 그러한 물은 대부분 경수(hard water)의 성질을 지니고 있으며 경수를 사용해서 위스키를 만드는 대표적인 증류소는 글렌모렌지와 하이랜드 파크이다.

그동안 이 이론은 하나의 가설로 여겨지다가 1990년대 지질학자인 스테판 크립(Stephen Cribb)과 줄리 데이비슨(Julie Davison)에 의해 공식적인 연구 결과가 발표되었는데, 스코틀랜드의 위스키 생산지역에 형성된 암석들과 위스키 맛과의 연관성에 대한 것이었다. 그 연구의 핵심은 지역이 서로 가까운 증류소들 사이의 지하 암석이 비슷한 암석 구성물로 이루어졌다면 그 지역에서 생산된 위스키의 맛이 비슷하다는 주장이었다. 예를 들어 로우랜드 지역의 글렌킨치 증류소와 로즈뱅크 증류소 지하의 암석은 같은 석탄기의 암석으로 구성되어 있고, 이들 증류소에서 만들어진 위스키의 맛은 둘 다 드라이하며 바삭한 느낌을 특징으로 한다. 아이라의 보모어와 브룩라디 증류소의 지하는 6~8억 년 전에 생성된 바위로 구성되어 있는데, 두 증류소에서 생산된 위스키 맛에서 미묘하게 쇠의 맛을 느낄 수 있다는 것이다. 또한 스코틀랜드 중심부 스페이사이드의 그램피언 지역의 경우 전형적인 화강암으로 구성되어 이 지역 일대에서 나오는 물은 대부분 연수의 성질을 지니고 있으며, 스코틀랜드 북동쪽은 사암질로 이루어져 그곳을 통과한 물은 글렌모렌지 같은 견고한 바디감을 지닌 위스키를 만들어내고 있다.

헤더(Heather)

북유럽에서 건너온 바이킹들이 스코틀랜드의 어느 성을 밤에 몰래 기습하기 위해서 담을 넘어 잠자고 있는 스코틀랜드인의 막사로 접근하려던 중이었다. 그런데 마침 성 밑에 있던 엉겅퀴의 가시를 밟아 비명을 질렀고 그 비명 소리에 스코틀랜드인들은 잠에서 깨어 적을 물리칠 수 있었다. 그 사건 이후로 엉겅퀴는 나라를 지키는 꽃이라 하여 공식적인 스코틀랜드 국화로 정해졌다고 한다. 그런데 스코틀랜드의 국화는 엉겅퀴이지만 스코틀랜드를 상징하는 꽃은 어쩌면 헤더일 수도 있다. 스코틀랜드를 방문해 보면 노지에 흔하게 볼 수 있는 헤더는 무릎 정도의 높이에 연보랏빛의 관목이다. 헤더가 스카치위스키에서 중요한 이유는 이 헤더가 있는 곳에 바로 이탄(peat)이 존재하기 때문이다. 이탄은 스카치위스키의 가장 중요한 풍미인 훈제향을 만들어내는 데 큰 역할을 한다. 스카치위스키 규정에는 이탄이 재료로 명시되어 있지 않지만 이탄 없는 스카치위스키를 생각할 수 없을 정도로 이탄의 역할은 중요하다. 스코틀랜드의 이탄은 헤더가 죽어 땅속에 파묻혀 생성되는 것이므로 헤더와 이탄은 결코 분리해 생각할 수 없다.

일부 증류소에서는 하늘에서 비가 내리면 헤더의 꽃망울에 맺혔다가 땅속으로 들어가 헤더향을 머금고 지하수로를 따라 증류소로 흘러들어가 발아를 시키거나 발효액을 만들 때 사용되어 위스키에서 헤더향 혹은 헤더벌꿀

헤더

향이 난다는 주장을 펼치기도 했다. 실제로 지금도 자체적으로 몰팅 과정을 실시하고 있는 하이랜드 파크에서는 1960년대까지 몰트를 건조시킬 때 아궁이에 이탄과 석탄을 넣고 태우면서 헤더를 함께 태워 헤더향이 섞인 훈제향을 내기도 했다고 전해진다.

해풍과 해초

스코틀랜드 증류소 중에 바닷가와 해안 근처에 위치한 증류소에서 생산된 위스키들에서는 해초향, 요오드향이 나거나 바다를 연상시키는 아로마를 느낄 수 있다. 실제로 스코틀랜드 남서쪽의 섬 아이라에 가보면 대부분의 증류

바다 옆에 위치한 아드벡 증류소

소들이 바다 옆에 위치해 있다. 특히 바다와 붙어 있는 숙성창고들의 벽은 하얀색으로 칠해져서 푸른 바다와 조화롭게 어울린다. 그 증류소들에서 생산된 위스키들은 대부분 해양성 특징을 지니고 있는데 바닷바람과 해초의 영향으로 만들어진다. 물론 명확하게 과학적으로 규정되지는 않았지만, 그동안 위스키를 만들어온 경험과 논리로 유추되고 있다.

전통적인 이론에 따르면 싱글몰트 스카치위스키가 출시되기 위해서는 대부분 최소 10~12년의 시간을 필요로 한다. 그 기간 동안 위스키를 숙성시키는 오크통은 끊임없이 숨을 쉬는데 그때마다 바닷바람을 들이마시면서 위스키에 바다내음을 품게 된다. 또한 바다의 습기는 오크통의 미세한 구멍 속으로 흡수되어 영향을 미친다. 덕분에 그 지역 위스키에서 갯내음, 요오드향, 크레졸향, 짠맛을 느낄 수 있게 된다. 이런 위스키를 마신다는 것은 한가롭고 여유로운 스코틀랜드 바닷바람과 스코틀랜드 공기를 들이마신다는 의미와도 같다.

바닷바람과 더불어 위스키에 해양성 성질을 불어 넣은 것이 해초이다. 스코틀랜드 해안의 물속에서는 다양한 해초를 볼 수 있다. 해초와 스카치위스키가 무슨 상관이 있을까 하겠지만 해초는 스카치의 재료가 되기 위해 수백 수천 년부터 준비하고 있었다. 라가불린 증류소의 위스키와 함께 해초를 직접 병에 담아 한시적으로 판매한 'Celp The Seaweed Experience Single Malt'라는 위스키가 있지만, 해초가 직접적으로 위스키를 만드는 데 사용된 적은 없다. 대신 바닷가와 섬 지역에 위치한 증류소에서 특유의 개성이 만들어지는 공정은 몰팅과 숙성과정이다. 몰팅과정에 사용되는 중요한 재료가 이탄인데 이탄의 재료는 수많은 유기물의 집합체이다. 이탄이 만들어지는 수많은 시간 속에 해초가 유기물에 섞여서 이탄의 구성물이 되었고 그 이탄이 몰팅과정에서 태워져 몰트에 영향을 미쳐 해양적 특징인 요오드, 짠맛 등을 가지게 한다고 전해진다. 실제로 아이라 지역의 몰트위스키를 마셔보면 그들의 주장이 이해되기도 한다.

이탄(Peat)

스카치위스키에서는 다른 나라에서 생산된 위스키와 달리 스카치위스키를 상징하는 독특한 훈제향이 나는데 이것은 이탄을 사용했기 때문이다. 과거 몰래 밀주를 만들던 시대에 석탄을 구하기 어려워지자 근처 습지에서 채취한 이탄을 말려 태워서 몰트를 건조시킨 것이 기원이었다. 이탄 혹은 토탄의 사전적 정의는 죽은 식물 등의 유기물이 습지의 과도한 수분, 산소의 결핍, 무균 상태, 산성 성질로 석탄화가 되지 못하고 땅속에 축적되어 있는 상태를 말한다. 5~7천 년 전에 생성되어 지구 지표상의 3% 정도는 이탄이 덮고 있는데, 지역마다 각기 다른 특징을 보인다. 울창한 삼림의 브라질, 캐나다 지역의 이

스카치위스키의 독특한 훈제향은 이탄 때문이다.
스코틀랜드의 이탄은 지표 가까이에 묻혀 있다.

탄과 알래스카 지역의 이탄은 성격이 많이 다르다. 세계에서 가장 넓은 이탄 지역은 러시아의 시베리아에 있는 것으로 알려져 있으며, 스코틀랜드의 경우 1만 제곱킬로미터의 넓이를 차지하고 있으며 스코틀랜드 영토의 12%가 이에 해당된다.

　이탄은 식물 성장에 이로울 뿐만 아니라 최근 연료로서의 활용도에 대해 연구가 활발하다. 환경단체에서도 이탄을 보호하기 위해 활발히 활동하고 있을 정도다. 스코틀랜드의 경우에도 이탄 채취를 할 때 환경단체의 감시를 받기도 한다. 아이리시위스키는 위스키를 만들 때 이탄을 사용하지 않는데, 예외적으로 이탄을 사용해 훈제향이 강한 위스키 코네마라(Conemara)를 출시한 적이 있다. 그러나 코네마라의 훈제향과 스코틀랜드의 훈제향은 엄연히 다르다. 스코틀랜드의 이탄은 죽은 헤더로 이루어져 있는데, 아일랜드의 이탄은 죽은 잔디로 이루어져 있기 때문에 두 이탄을 가지고 각자의 위스키를 만들었을 때 그 풍미가 다른 것이다. 최상의 위스키를 만들어낼 수 있는 조건으로만 볼 때 스코틀랜드는 신으로부터 축복을 받은 셈이다. 스코틀랜드의 이탄은 지표에서 가까이 분포하고 있는 담요형이 특징이다. 그래서 삽으로 지표면만 살짝 파도 쉽게 이탄을 채취할 수 있다.

이탄의 채취 시기는 4~9월까지인데 수공이나 기계로 모두 채취할 수 있다. 사람이 직접 이탄을 채취하는 작업은 실제로 무척 힘든 노동이다. 삽을 포함한 4가지 기구가 필요하며 지표에 있는 이끼와 풀을 제거하고 삽으로 깊이 찔러 넣어 60×15cm 정도 크기의 직육면체 덩어리를 잘라 들어낸 다음 차곡차곡 쌓아두고 햇빛에 자연 건조시킨다. 최근에는 트랙터 모양의 기계로 이탄을 채취하는데 땅을 파는 것과 동시에 방앗간에서 가래떡을 뽑아내듯이 쭉 뽑아낸 다음 건조시킨다. 이때 기계로 채취한 이탄을 건조시키는 기간이 한 달 정도 소요되고, 손으로 채취한 이탄은 6주 정도 소요되는 것으로 알려져 있다.

채취된 이탄은 두 가지 방식으로 위스키에 영향을 끼친다. 첫 번째로는 하늘에서 내린 비가 땅으로 흡수되어 이탄 지대를 통과하면서 이탄 성분을 지닌 지하수로 변해 증류소로 흘러들어갈 때, 증류소의 보리가 이 물을 흠뻑 머금으면서 발아가 되고 이탄의 성분이 몰트에 흡수된다. 둘째로는 보리를 발아 건조시키는 과정에서 수분을 제거하는 열기를 만드는 데 이탄이 사용되는데, 이때 몰트에 영향을 미쳐 나중에 위스키로 만들어졌을 때 흙내음, 그을음향, 타르냄새, 훈제향을 풍기게 한다.

사람(人)

사람이 흘린 땀보다 중요한 테루아는 없다.

테루아에는 위스키를 만드는 자연 환경만 들어가는 것이 아니다. 위스키를 만드는 마을을 가보면 마을 사람들에게 증류소가 어떤 존재인지 깨닫게 된다. 매일 아침 몰트를 만들면서 석탄과 이탄을 태우는 냄새, 곡물을 발효시킬 때 나는 냄새, 증류기를 가동할 때 나는 술 냄새, 그리고 숙성창고에서 끊임없이 풍겨 나오는 위스키향이 마을에 가득 찬다. 마을 사람들은 어릴 적부터 그 증류소와 함께한 기억들을 가지고 있다. 그리고 그들 중 일부는 증류소에서 일하게 된다. 증류소 설립 때부터 설치된 설비시설에서 선배 작업자들로부터 물려받은 레시피를 가지고 변함없이 호박색의 위스키를 만든다. 그들이 이탄을 채취하면서 흘린 땀이 이탄에 스며들고, 보리를 발아시킨 후 바닥에 깔아 무거운 나무 삽으로 뒤집으면서 흘린 땀이 몰트에 스며들고, 위스키 담은 통을 운반하면서 흘린 땀이 오크통에 스며드는 것이다. 결국 그들이 흘린 땀은 혼(spirit)이 되어 위스키 원액(spirits)으로 만들어진다. 아마 이보다 더 중요한 테루아는 없을 것이다.

스카치위스키의 재료

INGREDIENTS OF SCOTCH WHISKY

공기

사람이 공기 없이 살 수 없듯 술도 공기 없이 만들어질 수 없다. 몰트위스키에서는 보리에 싹을 틔우는 발아단계와 건조시키는 과정에서 니트로사민 같은 불필요한 물질이 섞이는 걸 방지하기 위해 항상 깨끗하고 신선한 공기가 필요하다. 화학기호와 생물학기호를 동원해 설명할 필요 없이 상식선에서 이야기를 하더라도 더러운 도시환경에서 만든 술이 좋을 것인가, 깨끗한 자연 환경 속에서 만든 술이 좋을 것인가? 전 세계 유명한 명주들이 만들어지는 환경이야말로 세상에서 인간이 가장 살기 좋은 곳이다.

물

물이 한 방울도 안 들어가는 와인과 달리 맥주와 위스키는 제조에 있어 물을 많이 필요로 한다. 좋은 물은 좋은 위스키를 만들기 위한 필수조건이다. 증류소 세울 곳을 물색하면서 가장 먼저 고려하는 것이 바로 물이다. 특별히 다음의 제조 과정에서 물을 필요로 한다.

1. 보리를 몰트로 만드는 과정의 첫 단계인 발아단계(Steeping).
2. 몰트를 분쇄해 뜨거운 물과 혼합하는 당화과정(Mashing).
3. 증류기를 가동할 때 열에 의해 증발되었던 기체를 액체로 환원시키는 액화과정에서 기체가 갖고 있던 열에너지를 빼앗는 응축단계(Condensation).
4. 2차 증류과정을 통해 나온 원액을 오크통에 넣기 전 일정한 알코올 도수로 낮출 때.
5. 위스키를 병에 담아 출시하기 전에 일정한 알코올 도수로 맞추기 위해.
6. 증류소에서 위스키를 제조했던 설비들을 청소할 때.

라프로익 증류소의 수원. 양들이 접근 못하도록 철조망이 설치되어 있다.
라가불린 증류소에서 위스키 만들 때 사용되는 물
보모어 증류소에서 위스키 만들 때 사용되는 물

또한 증류소를 가동할 전력을 구하기 쉬운 지금과 달리 과거에는 수력을 이용해 증류소를 가동시켰다. 지금도 시바스 리갈의 핵심 블렌딩 몰트위스키를 생산하는 스트라스아이라 증류소를 방문해 보면 증류소 건물 벽에 붙어 여전히 돌아가고 있는 아름다운 물레방아를 볼 수 있다.

이렇게 위스키 생산의 전 과정에 물이 사용되기 때문에 모든 증류소들이 수원(水原) 보호에 만전을 기울인다. 대부분의 증류소들은 수원 일대의 부동산을 매입해 오염 물질로부터 수원을 지키고 있으며, 라프로익 증류소의 경우 수원 일대에 양들이 침범하지 못하도록 철조망으로 둘러싸고 있다. 아이라 지역과 하이랜드 지역의 몇몇 증류소는 수원에서 증류소까지 물을 끌어오는 과정에서 이탄 지대를 통과하기 때문에 물은 자연스럽게 이탄 성분을 지니고 증류소까지 도달한다. 라프로익 증류소 수원의 작은 댐에서 흘러나오는 물, 라가불린 증류소의 큰 수관을 타고 내려오는 물, 보모어 증류소의 중앙에서 끊임없이 흘러나오는 물들을 자세히 살펴보면 물의 색깔이 황토색을 띠는데 처음엔 먹어도 되는지 염려스러운 마음을 갖게 한다. 그러나 증류소 관계자들의 말에 따르면 식용으로 전혀 상관없으며 오히려 단맛이 나는 맛있는 물이라고 한다.

최근 위스키 업계에 물에 대한 화두가 하나 있다. 이탄 성분이 함유된 물이 사용되었을 때 위스키에서 스모키한 위스키가 나온다고 주장하는 쪽이 있는가 하면, 이탄이 함유된 물을 사용했음에도 글렌그랜트 위스키의 경우 스모키하지 않다며 반대의 주장을 펼치는 사람들도 있다. 그러나 글렌그랜트는 증류소에서 직접 보리를 발아시키지 않아 이탄이 함유된 물을 몰팅 과정에 사용하지 않기 때문에 그 영향이 미비한 것이라고 필자는 생각한다.

위스키 제조 공정상에 물이 미치는 영향을 하나씩 살펴보자. 우선 물의 성분에 따라 연수인지 경수인지 구분된다. 경수인 경우에는 물속에 칼슘, 마그네슘, 철분, 아연 등의 미네랄 성분을 다량으로 함유하고 있다. 그러나 대부분의 스코틀랜드 물은 연수의 성질을 지니고 있다. 연수와 경수의 구별 기준은 물 1리터당 녹아 있는 미네랄 중 특히 칼슘과 마그네슘의 양을 탄산칼슘(CaCO3)의 중량(mg)으로 환산한 수치(mg/L=PPM)로 구분하는데 0~40ppm(강연수), 40~80ppm(연수), 80~120ppm(약연수), 120~180ppm(약경수), 180~300ppm(경수), 300ppm이상(강경수)으로 구분하고 있다. 스코틀랜드 대부분의 증류소는 연수 상태의 물을 사용하며, 글렌모렌지, 글렌킨치, 하이랜드파크 증류소에서는 경수를 사용한다.

일반적으로 증류소에서 경수 사용을 꺼리는 이유는 경수 속에 함유된 다량의 미네랄로 인해 증류기와 증류소 설비에 녹이 쉽게 슬고 이물질이 끼어 유지 보수에 많은 비용이 들기 때문이다. 반면 경수를 사용하는 증류소에서는 경수에 녹아 있는 칼슘, 마그네슘, 인산염 등의 조합이 발효과정에서 효소의 활동을 증가시켜 복합적인 향을 만들어낸다는 주장도 한다. 칼슘의 경우 발효과정에서 발효의 속도와 향의 형성에 영향을 끼친다고 알려져 있는데, 칼슘 함유량이 낮은 연수의 경우 발효과정 초기에 효모가 활발해 발효 속도가 매우 **빠른** 장점이 있다. 그러나 일부에서는 이미 발아 건조된 몰트 자체에 충분한 양의 칼슘, 마그네슘, 아연 등을 가지고 있기 때문에 경수의 사용은 무의미하다는 반론도 있다. 그럼에도 경수 속에 포함된 미네랄들이 위스키에 특별한 양념 역할을 수행한다는 주장이 좀더 우세하다.

물은 발효과정에 만들어지는 알코올의 양보다는 발효액의 풍미에 더 영향을 미친다. 물론 이 둘은 매우 밀접한 관계가 있다. 위스키 전문가인 찰스 맥클린의 주장에 따르면 발효과정 때 알코올 도수를 높게 생산하면 위스키의 풍미가 약해진다는 것이다. 또한 물속에 있는 미생물들이 보리와 이스트에 작용해 발효과정 후 생성된 발효액의 알코올 도수는 낮게 하는 반면 풍미를 증가시킨다고 주장한다. 특히 물속에 함유된 박테리아와 미네랄의 수치가 높을수록 발효과정에 영향을 준다고 한다. 물론 맥주에서도 마찬가지라고 말한다.

위스키 생산에 있어 물이 깨끗해야 함은 두 말할 필요가 없다. 그래서 일부 증류소에서는 대장균 등의 미생물을 살균하기 위해 자외선 발생기계를 사용하기도 하지만 그렇다고 하여 위스키를 만드는 데 증류수를 사용하는 증류소는 한 곳도 없다. 그러나 이 부분은 잠재적으로 EU의 음료시장에 관한 적용규정의 단일화로 인해 규제의 가능성이 남아 있는 부분이다.

보리(Barley)

보리는 와인의 포도처럼 최종 결과물에 막대한 영향을 끼치지는 않더라도 위스키 생산에 있어 매우 중요한 재료이자 위스키 맛을 결정짓는 요소이다. 일부에서는 보리가 최종 결과물인 위스키에 있어 작용하는 요인이 매우 미비한 요소라고 말하지만 위스키와 맥주 전문가였던 마이클 잭슨(Michael Jackson)의 표현을 빌리자면 이런 의견에 "가당치도 않은 소리"라고 일축했다. 여기서 잠깐 마이클 잭슨을 소개하자면 팝스타 마이클 잭슨과 동명이인으로 최초로 위스키와 맥주를 체계적으로 정리했을 뿐만 아니라 〈비어헌터〉라는 TV 프로그램을 통해 와인에 비해 저평가되어 있던 맥주의 진가를 소비자들에게 알렸고, 『The Single Malt Whisky Companion』이라는 책으로 싱글몰트 위스키의 진가를 알린 위스키 평론의 선구자이다. 특히 그 책에서는 싱글몰트 위스키에 대한 평점을 최초로 도입해 75점 이상이면 구입할 만한 가치가 있으며, 90점 이상의 위스키들은 매우 훌륭한 위스키들이라 소개하고 있다. 맥주와 위스키를 단순히 술로만 여기지 않고 하나의 문화로서 세상에 알리고자 노력했으며, 그 공로로 벨기에 정부로부터 명예기사 작위를 받기도 했다. 2007년 8월 파킨슨병으로 사망하기까지 그는 술에 대한 열정으로 인생을 불태운 사람이었다. 전 세계 많은 위스키 팬들이 그를 사랑했고, 그가 태어난 3월 27일을 '월드 위스키 데이'로 지정했다. 그리고 이날이 되면 전 세계 위스키 팬들은 마이클 잭슨을 그리며 자신들이 이날 위스키를 마시고 있다는 사실을 사진으로 찍어 페이스북 등 SNS에 올리는 행사를 펼치고 있다.

마이클 잭슨의 주장에 따르면 같은 증류소에서 보리 품종을 바꾸고 생산했다면 이전 제품과 다른 맛을 가지게 되며 블라인드 테이스팅을 통해 충분

스코틀랜드의 보리밭

히 구별할 수 있다는 것이다. 또한 소비자들이 보리 품종에 따른 차이를 느낄 수 없다 하더라도 그 보리 산지가 어디인지 정도는 알 권리가 있다고 주장했다. 보리가 위스키 향에 미치는 영향과 관련해 수많은 증류업자들과 과학자들 사이에 격렬한 논쟁이 펼쳐졌는데 그 핵심 내용은 두 가지다. 첫째, 보리 품종에 따라 위스키 풍미가 달라진다는 것이고, 둘째는 겨울보리가 봄보리에 비해 위스키 풍미가 떨어진다는 것이다. 논쟁은 건설적인 결과를 불러왔다. 병충해에 강하고, 위스키 생산량을 높이는 보리 품종의 개량이 이어졌기 때문이다.

스코틀랜드의 보리농업과 위스키산업의 관계

스코틀랜드의 보리농업과 위스키산업은 밀접하게 관련되어 있는데, 스코틀랜드에서 생산되는 곡물 중에 가장 많이 재배되는 작물은 오트밀이고, 그 다음이 바로 보리다. 스코틀랜드에서 1년에 생산되는 맥주·위스키용 보리의 생산량은 2010년 자료에 의하면 166만 톤(이중에 봄보리가 80%, 나머지는 겨울보리)이며 그중에 50만 톤이 위스키 제조에 사용된다. 2008년도 자료에 비해 봄보리의 사용 비중이 5% 증가한 이유는 하이랜드 증류업자들이 겨울보리에 비해 봄보리가 위스키의 풍미에 좋다고 생각해 사용량을 늘린 것이다. 봄보리 품종은 Chalice, Chariot, Decanter, Delibes, Optic, Prisma이며 겨울보리 품종은 Regina, Pearl, Halcyon, Fnafare이다.

스코틀랜드에서 생산되는 보리는 총 9등급으로 나뉘는데 그중에 상위 3등급만이 맥주와 위스키의 재료로 사용된다. 맥주와 위스키를 만드는 데 사용되는 보리는 대부분 줄기에서 두 줄로 이삭이 열리는 두줄보리(2조종, two-row barely, 학술용어로 Hordeum distichum)가 사용된다. 통상 음식용으로 많이 사용되는 여섯줄보리(6조종, six-row barely 학술용어로 Hordeum vulgare)는 두줄보리보다 단백질의 영양분이 많아 발효 시 부영양화가 생겨 술을 만들기에 부적합하므로 양조할 때는 잘 사용하지 않지만, 미국에서는 여섯줄보리로 라거 맥주를 생산하고 있다. 현재 스카치위스키와 맥주를 만들기에는 스코틀랜드에서 생산된 보리만으로는 부족해 인접한 잉글랜드를 비롯한 앙골라, 덴마크, 프랑스, 독일 그리고 심지어 호주에서까지 수입해 와서 사용하고 있다. 최근에는 앙골라 수입의 비중이 확대되고 있다. 대략적인 사용비율을 확인해보면 스코틀랜드산 보리가 90%, 수입산은 10%가 사용되고 있지만 점점 수입산의 사용비율이 늘고 있는 추세이다.

이러한 상황은 하나의 논쟁을 야기했는데, 그 논쟁의 불씨는 위스키 정의에 관해 규정을 지은 1909년부터 시작되었다. 당시 몰트위스키 제조업자와 그레인위스키 제조업자들 사이의 다툼이 커지자 위스키 정의에 대한 법정 공방전이 펼쳐졌다. 몰트위스키 제조업자들은 위스키를 만들 때 사용되는 곡물의 원산지를 스코틀랜드산으로 한정해야 한다고 주장했다. 당시 증류소 주변의 지역 농장, 혹은 개인 농장에서 위스키 재료를 공급받던 몰트위스키 제조업자들과 달리, 그레인위스키 제조업자들은 밀과 옥수수 등을 미국, 덴마크, 호주 등에서 값싸게 수입해 위스키를 제조했기 때문이다. 몰트위스키 제조업자들은 프랑스 와인을 예로 들며 프랑스산 와인에는 프랑스에서 재배된 포도를 사용해야 진정한 프랑스 와인이듯 스카치위스키도 스코틀랜드산 곡물을 사용해서 만들어야 진정한 스카치위스키라는 주장을 펼쳤다. 이에 대한 반론으로 그레인위스키 제조업자들은 1860~70년대 와인과 코냑 산업을 몰락시켰던 필록세라의 경우를 예로 들며, 만약 스코틀랜드에서 보리가 흉년이 들거나 병충해로 인해 스코틀랜드산 곡물로 위스키를 만들 수 없을 경우에는 위스키산업이 망할 수도 있다는 반증을 들었다.

결국 그레인위스키 제조업자들의 주장이 받아들여져 현재까지도 스카치위스키를 생산할 때 사용되는 곡물의 원산지에 대한 규정은 없다. 메이저급 회사에서 만들어진 싱글몰트 스카치위스키 중에 판매량 상위 10위 제품들은 100% 스코틀랜드산 보리로 위스키를 만들고 있다. 그럼에도 불구하고 비용이 적게 드는 수입산 곡물의 수입이 증가 추세이기 때문에 현재 스코틀랜드 농업 관련 단체들은 꾸준하게 스카치위스키는 스코틀랜드산 곡물로 만들어야 한다고 주장하고 있다.

전 세계 보리 품종은 30만 가지에 이르지만 그중에서 위스키와 맥주 제조에 가능한 품종은 몇 종류 안 된다. 스코틀랜드에서는 매년 새로운 보리 품종들이 개발되고 있는데 새 품종의 개발 목적은 보리를 재배할 때 발생할 수 있는 병충해, 강풍과 같은 자연환경의 위험으로부터 건강하게 자라고, 단위 면적당 생산성을 높이고, 위스키 제조 시 증류의 전단계인 발효과정에서 더 많은 알코올을 생산해 낼 수 있도록 하기 위해서다. 이것은 가장 기본적인 조건으로 위스키 생산량에 보리가 얼마나 밀접한 관련을 맺고 있는지를 보여준다. 스코틀랜드의 보리 수확량과 위스키 산업의 관계는 과거 위스키 역사에서 흉작 때 위스키 생산을 금지시켰던 예만 봐도 확연하게 드러난다. 최근에는 2006년 스코틀랜드의 보리 흉작이 위스키 생산 비용에 반영되어 위스키 가격이 전반적으로 인상된 경우도 있었다. 물론 위스키 생산은 오랜 시간을 필요로 하기 때문에 위스키 가격의 인상 비율이 보리 가격의 인상처럼 급격하지는 않으며 시간을 들여 천천히 반영시킨다. 그리고 위스키 제조 시 증류 전단계인 발효 중 알코올의 생산량도 위스키 생산량과 밀접한 관련이 있다. 만약 1% 정도의 알코올을 더 생산해 낸다면 대략 110만 파운드의 생산비용을 절약할 수 있다는 통계 결과까지 있을 정도이다.

　위스키를 만들 때 이상적인 보리의 조건에 관해 많은 연구 자료들이 발표되었는데 그중 가장 권위 있는 단체 중의 하나인 IGB(Institute and Guild of Brewing)에서 정한 기준을 참고하자면 다음과 같다.

1. 알갱이의 크기가 적당하고 일정해야 한다.
2. 보리껍질이 좋아야 한다.
3. 어떠한 조건에서도 쉽게 부서지지 않아야 한다.
4. 파삭파삭한 상태여야 하며 물에 담갔을 때 빨리 흡수할 수 있어야 한다.
5. 보리가 성장할 때 질소 비료를 적게 사용해 질소 함량(1.7%)이 낮아야 한다. 많은 수확량을 얻기 위해서는 질소를 영양분으로 주어야 하지만 질소 함량이 많은 보리는 몰팅에 적당하지 않다.
6. 전분 함량이 높아야 한다. 당으로 변환되는 전분이 높다는 것은 결국 더 많은 알코올을 생산할 수 있다는 의미이다.

7. 조기발아가 되어서는 안 되며 발아시킬 때 발아작용이 활발해야 한다.
8. 단백질의 함량은 1.5% 미만이어야 한다. 단백질이 많다는 것은 전분 함량이 낮다는 의미이며, 발효 시에도 좋지 않은 영향을 준다.

또한, 적당한 양의 수분을 지녀야 하는데 수분 함량이 많을수록 곰팡이가 필 우려가 있으며, 수분 때문에 무거워져서 다루기에도 어렵다.
스코틀랜드에서 재배하는 이상적인 보리 품종의 조건은 다음과 같다.

1. 스코틀랜드의 짧은 재배 가능시기를 고려하면 특성상 알갱이가 빨리 여물어야 한다.
2. 바람이 강한 기후의 특성상 줄기는 짧고 강해야 하며, 특히 수확시기에 불어오는 강한 바람에 알갱이가 떨어지지 않아야 한다.
3. 휴면기간이 짧아야 한다.
4. 병충해에 강해야 한다.

스카치위스키에 사용되는 보리의 품종

과거 맥주를 생산하던 비어(bere)는 보리의 전통적 야생품종으로 셔틀랜드(Shetland) 같은 스코틀랜드의 북쪽 지역과 일부 섬 지역에서 재배되어 위스키 제조에 사용되기도 하며, 가끔씩 맥주회사에서 특별 한정품으로 생산되는 경우가 있다. 특히 브룩라디 증류소, 스프링뱅크 증류소에서 비어와 타 보리 품종과 혼합해 사용하고 있다. 이 보리는 오래전부터 위스키와 맥주 생산에 사용되었으며 네줄(four-row)로 열매가 맺어지는 것을 특징으로 한다. 그러다 1678년 농업전문가들이 두줄보리의 알갱이가 더 굵다는 사실을 깨닫게 되었고, 19세기 초에는 잉글랜드 지역에서 재배되던 두줄보리 품종인 랜드레이스(landraces), 스카치 코몬(Scotch Common) 품종을 스코틀랜드의 몇몇 지역에서 재배하기 시작했다. 이 두줄보리 품종은 줄기가 약하고, 생산량이 적은 대신에 휴면기간이 적어 발아가 빨랐다. 휴면(dormancy)이란 성숙한 종자에 발아의 조건이 갖춰졌음에도 발아하지 않고 일정 기간 정지해 있는 상태를 말한다. 휴면 기간이 적을수록 씨앗을 수확할 수 있는 기간이 짧아질 뿐만

전통적인 야생보리 품종 bere

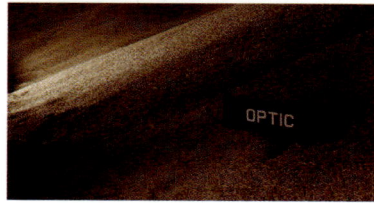

발베니 증류소에서 사용하는 옵틱

아니라, 위스키를 제조할 때 보리를 발아 건조시킨 몰트로 바꾸는 작업 시간이 단축될 수 있어 생산성에 큰 영향을 미친다.

20세기 들어와서는 보리 품종에 대한 연구가 활발해지면서 이종교배를 통한 품종개량이 시작되었다. Archer 품종과 핀란드 품종 Spratt을 교배시켜 Spratt-Archer를 만들어냈고, Archer와 스칸디나디아 품종 Plumage를 교배시켜 Plumage-Archer를 만들어냈다. 이 두 품종이 1950년까지 주로 재배되던 품종이 었고, 품종 개량 이후 50년 동안 보리 생산량을 20%나 증가시켰다. 2차 세계대전 이후에는 교통이 발달하면서 스코틀랜드 이외의 지역에서 Maris Otter와 Proctor 품종이 많이 재배되었고, 스카치위스키 생산을 위해 스코틀랜드로 운반되어 왔다. 그러다 운송비용이 증가하고 위스키 수요가 많아지면서 스코틀랜드 현지에서 생산할 보리 품종의 개발이 필요했다. 이러한 요구에 부응해 1966년 스카치위스키 역사상 가장 많은 인기를 끌었던 골든 프라미스(Golden Promise) 품종이 재배되기 시작했다. 이 품종은 보리가 빨리 성숙되어 재배가 빠르고, 추운 지역에서도 잘 자라며, 위스키로 만들었을 때 풍미가 좋아서 많은 증류소들의 선택을 받았다. 특히 맥켈란 증류소의 경우에는 다른 신품종들이 계속해서 개발되었음에도 1994년까지 100% 골든 프라미스 품종만을 사용했다(현재는 약 30% 정도 사용하며 나머지는 Minstrel 품종이 사용되고 있다). 골든 프라미스 등장 이후 트라이엄프(Triumph)가 개발되었으며, 1985년에 Camargue, 1992년에 Derkado, Chariot, 1995년에 옵틱(Optic), 2000년에 디캔터(Decanter)가 개발되었다. 2002년 자료에 보면 가장 많이 사용되는 품종은 스코틀랜드에서 재배되는 보리의 3/4을 차지하는 옵틱 품종이며 그 다음이 디캔터 품종이다.

최근 EU에서는 거의 모든 술에 포함되어 있는 에틸카바메이트 및 발암물질을 규제하기 시작했다. 위스키를 포함한 모든 술의 제조과정에서는 자연스럽게 발암물질이 생겨난다. 물론 출시되는 모든 위스키는 허용 기준치를 품고 있다. 보리와 관련해서는 보리가 몰팅되는 과정에서 싹을 틔울 때 자연적으로 효모의 가수분해 활동에 의해 epiheterodendrin(EPH)이라고 알려진 일종의 식물독인 청산글리코시드(cyanogenic glycoside)가 생겨나는데, 이 청산글리코시드의 생성 수치가 낮은 보리 품종인 디캔터, 트룬(Troon), 옥스브릿지(Oxbridge)가 주목받고 있다.

Whisky: Technology, Production and Marketing - Inge Russell, Graham Stewart Academic Press 2003 참조

보리 품종의 변화와 그에 따른 알코올 생산량의 증가

시기	보리 1톤당 알코올 생산량(리터)	증가량(리터)	품종과 비고
1910	300		Spratt Archer, Plumage Archer
1950	350	50	Proctor Maris Otter
1965	390	40	Golden Promise
1970	410	20	위생적인 처리 공정 등장
1990	430	20	Triumph
1995	445	15	Chariot
1997	460	15	품질이 좋은 Chariot

• 가장 인기 있는 Optic(1995년)의 경우 420리터를 생산한다.

싱글 에스테이트(Single Estates)

와인에서 유래한 마케팅으로 특별한 포도밭에서 유래한 제품들을 싱글 빈야드라고 해 특별 제품으로 한정 출시하고 있는데 싱글몰트 위스키에서도 마찬가지로 싱글 에스테이트라는 이름으로 특정 보리밭에서만 나는 보리를 가지고 위스키를 만든다. 그 대표적인 증류소가 발베니와 글렌모렌지이다. 발베니는 자신들이 소유하고 직접 경작하는 보리밭 발베니 메인스 에스테이트(Balvenie Mains estate), 글렌모렌지의 경우에는 카드볼 에스테이트(Cadboll estate)에서 나는 보리만을 가지고 한정품 위스키를 만드는 경우가 있는데 그

한정품과 일반제품을 비교해 맛보는 것도 좋을 듯하다.

친환경 유기농 보리

최근 브룩라디, 벤로마흐 등 여러 증류소들이 친환경 유기농 보리를 사용해 위스키를 만들고 있다. 물론 높은 비용 때문에 모든 제품에 사용하는 것은 아니고, 일부 특별한 제품을 만들 때만 사용한다. 일각에서는 농약과 비료 생산 이전의 시기에 위스키를 만들던 시절로 회귀하는 것이라고들 말하지만, 최근에 개발된 품종을 사용했으므로 과거의 위스키와 다른 건 분명하다. 하지만 인간과 자연에게 서로 유익한 방향으로 시도한다는 취지 자체를 좋게 보는 시선들도 많다. 유기농 보리를 사용해 위스키를 만들 때엔 기존 비유기농 보리를 만들 때 사용하던 시설들을 깨끗하게 씻어 비유기농 보리를 만들 때의 요소들이 영향을 미치는 것을 차단한다. 2000년에는 벤로마흐, 2003년에는 브룩라디에서 챌리스(Chalice) 품종의 유기농 보리를 만들어 위스키를 생산하기 시작했다. 위스키에 관심 있는 사람이라면 기존의 이 증류소들이 생산했던 위스키와 비교 시음해도 흥미로울 것이다.

효모; 이스트(Yeast)

전세계 모든 술들이 만들어질 때 반드시 거쳐야 하는 과정이 바로 알코올 발효 과정이다. 그리고 알코올 발효의 가장 기본 조건이 바로 당(糖, sugar)과 효모(yeast)이다. 당과 효모가 만나면 효모가 당을 섭취하고 그 부산물로 알코올과 이산화탄소를 만들어낸다.

$$C_6H_{12}O_6 = 2CH_3CH_2OH + 2CO_2$$
포도당 　　　알코올　　　이산화탄소

이 간단한 공식은 술에 있어서 절대적이다. 이 과정을 거치지 않고서는 어떠한 알코올도 생성될 수 없다. 원시시대 술의 탄생도 땅에 떨어진 과실 속의 당이 공기 중의 효모를 만나 발효를 거치면서 생겨났을 것으로 추정하고 있다. 효모는 단순히 알코올만을 만들어내는 것이 아니다. 그 알코올로 인해 효모 자신이 죽어가면서 만들어지는 방향물질이 술에 향을 부여한다. 이때 효모의 유전적 특징, 발효과정에서의 효모 상태, 투입된 효모의 양, 그리고 발효과정의 온도에 따라 향이 달라진다. 그러나 맥주와 달리 위스키 발효과정에서는 어떠한 인위적인 첨가물도 사용할 수 없다.

나카넨(Nakanen)이라는 학자는 효모가 알코올 발효과정에서 생성하는 향기 관련 물질에 대해 맥주, 사이다, 와인, 증류주의 향기에 영향을 줄 수 있는 물질이 400여 가지나 된다고 밝혔다. 이중에서 효모의 알코올 발효 시에 생겨나는 가장 기본적인 물질들만 나열하면 다음과 같다.

알코올류 에탄올, 프로파놀, 부타놀, 아밀알코올, 글리세롤, 페닐 에탄올
산류 초산류, 카프로익산, 카프릴릭산, 젖산, 피부빈산, 호박산
에스테르류 에틸아세트테이트, 알코올과 산류의 합성물
기타 물질 탄산가스, 아세트알데히드, 디아세틸, 황화수소

그렇다면 효모는 동물인가, 식물인가, 아니면 무생물인가? 19세기 이전까지 어떠한 과학자들도 결론을 내리지 못했다. 심지어 폰 리비히(Von Liebig)라는 독일의 과학자는 무생물이라는 의견도 제시했다. 그러나 결론은 미생물의 아버지 파스퇴르에게서 나왔다. 현대 생물과학은 파스퇴르 이전과 이후로 크게 나뉜다. 파스퇴르 이전에는 미생물의 존재조차도 잘 모르던 시절이었다. 물론 파스퇴르 이전인 1838년 마이엔(Meyen)에 의해 사카로마이시스(Saccharomyces, 라틴어, 사카로마이시스 당 의존균 – sugar fungus)를 사용했지만 본격적인 미생물 활동에 대한 연구는 파스퇴르 이후에 이루어졌다. 1856년 양조업자들은 자신들의 포도주가 상하는 이유에 대해 파스퇴르에게 연구를 의뢰했다. 발효공정에 대해 단순한 화학반응으로만 보던 당시의 학자들과 달리 파스퇴르는 미생물 연구에 매진했고, 결국 정상적인 알코올 발효는 효모

에 의해 발생하지만 비정상적인 발효, 그러니까 술이 상하는 이유는 젖산균 같은 미생물에 의해서 일어난다는 사실을 발견했다.

1880년대 양조학의 아버지라 불리는 에밀 한센에 의해 효모는 더욱 체계적으로 연구된다. 당시 에밀 한센은 덴마크의 맥주회사인 칼스버스의 연구소에서 근무하고 있었다. 에밀 한센은 효모 중에서 양조용 이스트만을 구별해 만들었다. 영국의 에일, 벨기에와 북독일 지역의 상면발효 맥주에 사용하는 Saccharomyces cerevisiae, 낮은 온도에서 발효하는 라거 타입에 사용하는 Saccharomyces carlsbergenisis, 그리고 알코올 도수가 높은 와인 제조에 사용하는 Saccharomyces ellipsoideus라는 효소를 만들어냈으며 이들 모두는 식물분류법에 의해 인정받았다. 효모와 곰팡이는 식물이며 학문적 분류로는 진균 식물문에 해당된다. 초기 위스키 제조업자들은 에밀 한센이 만든 에일 맥주용 효모를 사용했다가 기존의 에일 맥주 통에서 효모를 얻어 쓰던 제빵업자들이 제빵용 인스턴트 건조 효모를 만들었다는 사실에 자극을 받아 위스키용 효모를 개발했다. 그가 바로 애들피(Adelphi) 증류소의 설립자였던 아키발드 워커(Archibald Walker)이다. 워커는 1900년 맥주 양조장에 산업스파이로 들어가 효모 배양기술을 빼내와 위스키 생산에 맞는 효모를 탄생시켰다. 위스키용 효모의 특징은 다음과 같다.

1. 좋은 풍미를 생성시켜야 한다.
2. 맥즙에서 발효 속도가 빠르고 당을 완벽하게 알코올로 변환시켜야 한다.
3. 맥즙 상태의 당 농도에 의해 발생하는 강한 삼투압이 내성을 지니고 있어야 한다.
4. 맥즙을 발효시켜 발효액을 만들 때 알코올 도수를 8~10도까지 만들어야 한다.
5. 발효 시에 응집물이 발생하지 않아야 하며 거품이 적어야 한다.
6. 30도 이상의 상태에서도 발효 작용이 활발해야 한다.

맥주용 효모의 경우에는 위스키에 더 다양한 캐릭터를 줄 수 있을지 모르지만 위스키를 생산하는 주변 환경에 너무 민감하기 때문에 다루기 곤란하다는 주장이 있다. 게다가 최근 개량된 위스키용 효모들은 맥즙에서 더 많은 알코올을 생산해 내어 생산성을 높였을 뿐만 아니라, 발효액 속에 당분과 에

오큰토션에서 위스키 제조 시 사용하는 효모

스테르를 남겨 증류 후 만들어지는 원액에 풍미를 더해주기도 한다.

현재 몰트위스키용 효모는 1952년도에 현 디아지오의 전신인 DCL 측이 개발한 M 계통, 식료품회사로 유명한 Kerry그룹(1998년 Quest를 인수)에서 생산된 MX 계통, 그리고 AB Marui 회사에서 생산되는 Marui 계통, BFP(British Fermentation Products) 계통, 그리고 Anchor 계통이 사용된다. M 계통은 1960~80년대까지 위스키업계에서 주로 사용되었지만, 위스키 생산업자들은 전적으로 M 계통만을 사용하지 않고 맥주용 효모와 제빵용 효모를 혼합해 사용했다. 1990년대 개발된 MX 계통은 기존 M 계통과 비슷한 풍미를 만들어내면서 발효시간을 단축시키는 이점을 지니고 있어 위스키 생산 비용을 절감시키는 효과를 가져왔다. Marui에서 생산된 효모의 경우에 MX 계통에 비해 발효 속도가 1시간 정도 빠르고 풍미가 좋아 선호한다. BFP와 Anchor

의 경우에는 주로 그레인 위스키업체에서 많이 애용되고 있다.

위스키 증류업자들은 위스키용 효모를 선호하지만 대부분 위스키를 만들 때 한 가지 효모만을 사용하지 않고 두세 가지 효모를 섞어서 사용한다. 물론 이때 섞어 쓰는 효모의 경우 위스키용 효모끼리 섞어 쓰는 경우도 있지만 생산비용 절감의 이유로 에일 맥주용 효모와 혼합하는 경우도 있다. 또한 보다 더 높은 도수의 알코올을 생산할 수 있으며 발효과정상 발생할 수 있는 오염 확률도 줄일 수 있다고 주장한다.

증류소별 사용 효모의 종류

M	MX	MAURI	BREWER'S + DISTILLER'S	ANCHOR / BFP
Aultmore	Bowmore 25% (+Mauri)	Aberlour	Ben Nevis (50/50)	Auchentoshan (+Mauri)
Blair Athol	Bruichladdich	Ardbeg	Balblair	Daftmill
Bruichladdich (+Mauri)	Bunnahabhain	Auchentoshan (+Anchor)	Benromach	Grain distilleries
Bunnahabhain	Craigellachie (+Mauri)	Benrinnes	Cardhu	
Glengoyne (+MX)	Glengoyne(+M)	Bowmore 75% (+MX)	Glenburgie	
Glen Scotia	Lagavulin (+Mauri)	Bruichladdich (+M)	Glenmorangie (5dist, 2brew)	
Highland Park	Speyside (+M)	Caol Ila	Imperial	
Lagavulin (+Mauri)		Craigellachie (+MX)	Jura	
Macallan (+Mauri+brewers)		Dalwhinnie	Longmorn	
Speyside (+MX)		Glenfiddich	Macallan (+M+Mauri)	
		Lagavulin (+M)	Miltonduff	
		Laphroaig	Oban	
		Macallan (+M+brewers)	Speyburn	
		Strathmill (+brewers)	Strathmill (+Mauri)	

•whiskyscience.blogspot.com 에서 발췌

몰트위스키
생산과정

MALT WHISKY **MAKING PROCESS**

몰팅(Malting)

몰팅 과정은 우리말로는 제맥이라고 하는데 맥아를 만드는 과정을 말한다. 이 과정은 보리 속에 있는 전분질을 효소작용을 통해 당(sugar) 성분으로 변환시키는 과정이다. 효모 부분에서 설명했듯 당이 있어야 알코올 발효가 가능하기 때문이다. 이 과정을 좀더 쉽게 설명하자면 보리의 싹을 틔운 다음에 더 이상 싹이 자리지 못하도록 건조시켜 버리는 것을 말한다. 보리는 크게 껍질(겨, husk)과 배아(Germ), 그리고 배유(Endosperm)로 구분되는데 몰팅은 배유조직의 전분질을 효소들이 작용해 발효성 당으로 변환시키는 것을 말한다.

이때 작용하는 효소들은 α, β 아밀라제와 덱스트리나제, α-글루코시다제 등이다. 보리 100kg으로 몰트(맥아)를 만들면 20%는 발아과정에 문제가 있거나, 기타 부적합해 최종적으로는 80kg의 몰트만을 얻을 수 있다. 최근에는 몰팅 과정에 변화를 주어 위스키의 풍미에 새로운 맛을 입히는 경우가 있는데 초콜릿 몰트, 로스티드 몰트, 크리스탈 몰트 등이 사용되기도 한다. 대표적인 제품으로 글렌모렌지에서 출시한 시그넷(Signet)이 있다.

몰팅 방법은 크게 3가지로 나뉜다. 전통방식에 의한 바닥몰팅, 근대화과정에 생겨난 살라딘박스, 그리고 현대적인 대량생산 몰팅 방식이 있다.

1. 전통적인 바닥몰팅(Floor Malting)

전통적인 바닥몰팅은 크게 담그기, 발아, 뒤집기, 건조의 단계로 진행된다.

① 담그기(Steeping)

보리를 물에 담가 수분을 흡수시키는 단계로 침지(沈漬)라고도 한다. 이 단계는 보리를 물에 담가두어 발아를 유도하고 배아가 변형되기 좋은 조건으로 수분을 흡수시키는 단계이다. 이 단계에서는 단순히 보리 알갱이를 물에 담가두기만 하면 되는 것이 아니라 적정 온도의 물과 신선한 공기도 함께 제공해야 한다. 물에 담가진 보리에 수분이 흡수되는 과정에서 열과 부산물인

발아를 위해 물에 담근 보리

탄산가스, 에탄올 등이 발생하기 때문이다. 초기 위스키 제조업자들은 단순하게 철로 된 큰 탱크에 물을 채우고 보리를 담가두기만 했다. 물도 교환해주지 않고 탄산가스를 제거해주지도 않았을 뿐만 아니라 물의 온도 또한 냇가에서 끌어온 물을 그대로 사용했기 때문에 매우 낮은 온도였다. 덕분에 보리의 발아율이 떨어져 생산성도 좋지 않았다. 지금은 Nordor 같은 개량형의 탱크가 사용되기 때문에 물과 공기의 공급이 원활하므로 발아율이 훨씬 높아졌다.

물에 담그기 전 건조된 보리의 수분함유량은 12% 미만이다. 보리를 14~17도 사이의 물에 8시간 동안 담가놓으면 수분함유량이 32~35%가 된다. 그 다음 물을 빼고 공기 중에 12시간 동안 자연스럽게 놓아둔다. 그리고 다시 물을 공급해 16시간 동안 물속에 담가두었다가 물을 제거하면 수분함량이 46%까지 증가해 96% 이상 발아가 균일하게 일어난다. 이때 수분함량은 물의 온도, 보리의 크기, 보리의 질소함유량, 보리의 수분흡수능력, 배아의 경도에 따라 달라진다. 만약 물의 흡수가 덜 되었다고 생각되면 맥아제조인(Maltster)은 물을 뿌려 더 흡수시킬 수 있고, 너무 많은 물이 보리에 흡수되었을 때에는 회전식 건조기에 넣어 건조시키기도 한다. 이처럼 맥아 제조인은 수확년도에 대한 차이, 혹은 같은 수확년도라고 하더라도 재배지역에 따라 보리의 성질이 다르기 때문에 수분의 흡수와 발아가 균등하도록 노력해야 한다. 이 담그기 과정 동안에 효소의 활동이 일어난다. 시타아제(Cytase)가 세포막 분해를 시작하면서 노출된 전분에 아멜라제가 작용해 전분질을 당으로 변환시킨다. 이 과정을 쉽게 설명하자면, 밥이나 빵을 입 안에 머금거나 씹을 때 침의 성분인 아밀라제에 의해 밥이나 빵에서 단맛을 느낄 수 있는 것과 같은 이치이다.

　이 담그기 과정에서 사용되는 물에 따라 위스키의 풍미가 영향을 받는데, 사용되는 물이 이탄 습지대를 통과해 오는 경우, 물속에 이탄을 함유하게 되어 이탄 성분이 보리에 자연스럽게 흡수된다. 이때 물속에 함유되는 이탄의 함량은 조절할 수 없다. 수원지에서 증류소까지 오는 과정 중에 날씨에 따라 유속이 달라지고 그 유속에 따라 이탄의 함유량 또한 달라지기 때문이다. 물속에 함유된 이탄이 위스키 풍미에 영향을 미치는가에 대한 논란은 있지만 그 논란을 증명할 수 있는 방법 역시 만만치 않다. 이탄이 함유된 물을 사용했던 증류소에서 이탄이 함유되지 않은 물로 바꿔서 위스키를 만들어 비교실험을 해야 하는데, 증류소에서 사용하는 물을 끌어오는 방식을 바꾸는 일은 대단히 어렵고 비용이 많이 들기 때문이다. 게다가 물을 바꾸었다가 그 증류소가 기존에 가지고 있던 독창성이 어떠한 영향을 받을지 미지수이기 때문에 그런 모험을 감수할 리가 없는 것이다. 결국 물을 바꾼다는 것은 증류소 위치를 바꾸는 것과 동일한 효과이기에 이 논란은 영원히 증명할 수 없을 것으로 생각된다.

발아 과정 중인 보리

② 발아(Germination)

말 그대로 보리에서 싹이 나는 단계이다. 물에서 건져낸 보리를 돌이나 콘크리트 시멘트 바닥에 30cm 두께로 펼쳐두고 싹이 나기를 기다리는 단계로 뿌려놓은 지 하루 정도 지나면 발아를 시작해서 최종적으로 약 7~10일 정도 기간이 소요된다. 발아되는 과정에서 성장호르몬이 발생하고 세포벽이 허물어지면서 배젖을 영양성분으로 해 배아의 뿌리가 나오기 시작한다. 이때 알파 아밀라제와 베타 아밀라제를 포함한 디아스타제 효소가 활발하게 활동을 하면서 보리 속에 있는 전분질을 발효성 당 성분으로 변환시킨다.

③ 뒤집기(Turning The Barley)

발아되는 과정의 보리를 그린몰트(Green Malt)라고 하는데 이 그린몰트가 발아하면서 자연스럽게 열이 생겨난다. 또한 아래쪽이 위쪽보다 수분이 많은 편이라 열과 수분에 의해서 부패하는 것을 방지하고 또한 그린몰트에서 자라난 뿌리들이 서로 엉겨 붙지 않도록 나무삽으로 하루에 두세 번씩 뒤집어주어야 한다. 이 과정을 뒤집기(Turning thhe Barley 혹은 Turning the piece)라고 한다. 이때 사용하는 나무삽이 꽤 무거워서 이 과정의 일이 매우 고된 것으로 알려져 있다. 증류소에 가서 뒤집기를 한나절만 직접 해보면 허리와 어깨가 엄청나게 아플 정도로 힘들다. 그러나 과거 전통방식을 고집하는 증류소들에게는 상징적인 과정이다. 아직도 이 과정을 직접 사람의 손으로 수행하는 발베니 증류소에서는 그들의 노고를 기념하는 의미에서 몽키 숄더(Monkey shoulder)라는 위스키를 만들었다. 맥아 제조인들이 뒤집기 과정을 매일같이 하다 보니 일종의 직업병이 생겨 어깨를 원숭이처럼 구부정하게 숙이고 다니는 것에서 유래했다. 뒤집기 과정이 이루어지면서 그린몰트는 하루에 0.5%씩 수분이 건조된다.

그린몰트를 건조시키는 이유는 계속해서 그냥 두면 발아된 뿌리가 당으로 바뀐 전분을 소비해버리기 때문에 적당한 선에서 자연스럽게 성장을 멈추도록 유도하기 위함이다. 자연스러운 건조과정과 더불어 뿌리도 서서히 말라가는데

뒤집기

이때쯤 맥아 제조자는 그린몰트가 얼마나 발아되고 건조되었는지를 씹어보고 문질러서 판별해내는데 씹었을 때 단맛이 나야 하고, 문질렀을 때 분필처럼 부서져야 한다. 발아와 건조 정도에 따라 위스키향이 영향을 받기 때문에 다음 과정인 건조과정에 들어가는 시기를 결정하는 일은 매우 중요한 일이다.

　사람의 노동력이 들어가는 전통적인 바닥몰팅을 하는 증류소는 보모어, 라프로익, 스프링뱅크, 커호만, 하이랜드 파크, 발베니만이 남아 있고 나머지 증류소들은 상업적인 대량생산을 하는 몰트 플랜트에서 몰트를 저렴하게 사와서 위스키를 만들고 있다. 그러나 바닥몰팅을 하고 있는 증류소에서도 오직 스프링뱅크만이 100% 모든 몰트를 증류소 자체 바닥몰팅를 이용해서 위스키를 생산하고 있으며, 보모어는 40%, 라프로익은 15%, 커호만은 약 33%, 하이랜드 파크는 20%, 발베니는 10%만이 자체생산 몰트를 사용하고

건조과정에서 환풍기 역할을 하는 증류소 지붕의 파고다

있다. 일주일이면 몰트가 완성되는 상업적 대량생산 몰트에 비해 12일이나 걸리는 바닥몰팅 생산기간의 비효율성 때문이다. 생산비용이 많이 들고 비효율적이지만, 가장 자연적인 방법으로 천천히 위스키를 만들기에 이 바닥몰팅을 수행하는 증류소 제품들은 전반적으로 좋은 평가를 받고 있으며, 가격 또한 더 비싸게 거래된다.

④ 건조(Kilning)

위스키 증류소를 방문하면 건물 지붕 위에 정사면체 모양의 탑처럼 생긴 꼭대기가 보일 것이다. 파고다(Pagoda)라고 불리는 지붕은 연기와 열기가 나가는 일종의 굴뚝으로 생각하면 되는데, 이 형태는 1889년 찰스 크리 도이그(Charles Chree Doig)에 의해 만들어졌다. 달위니(Dailuaine) 증류소를 계량하는

건조실 바닥에 뿌려진 그린몰트들은 1층 아궁이에서 피워올린 열기와 연기로 건조된다.

과정에서 건조과정을 좀더 효율적으로 고안하다 처음 만들어진 것이다. 도이그 환풍기(Doig Ventilator)라고도 불리는 이 디자인은 지붕보다 더 높은 곳에서 환풍기 역할을 수행하는 탑 모양인데 공기의 흐름에도 좋고 미적인 감각까지 겸하고 있어 많은 증류소에서 이 디자인을 채택해 증류소를 개조하기 시작했다. 그리고 시간이 흐르면서 일종의 증류소 상징물처럼 자리 잡게 되었다. 오리지널 도이그 환풍기는 근대화 과정에서 많이 사라졌지만 녹캔두, 카듀, 라프로익, 라가불린 등 일부 스코틀랜드 증류소들은 과거 오리지널 도이그 환풍기 탑을 유지하고 있으며 일본 증류소에서도 이 형태를 추종해 증류소 탑을 같은 방식으로 건설했다.

발아된 몰트가 적당히 싹이 자라고 건조가 되면 그린몰트의 전분질 성분이 효소작용에 의해서 발효성 당으로 변환되는데, 그 당의 최고 절정 시점에서 더 이상 싹이 자라지 못하도록 그린몰트를 건조시킨다. 우선 콘크리트 바닥에 있던 그린몰트들을 삽과 기구로 쓸어 모아 증류소 건물의 꼭대기 층에 있는 건조실로 이동시킨다. 건조실 바닥은 수많은 미세 구멍들이 뚫려 있는 쇠로 되어 있는데, 그 바닥 위에 그린몰트를 펼쳐 뿌려놓는다. 그리고 1층의 아궁이(Kiln)에서 불을 피워 열기와 연기를 위의 건조실로 올리면 건조실 바닥의 구멍을 통해 들어와 그린몰트들을 말리면서 증류소 건물 꼭대기의 환풍기 탑으로 빠져 나간다. 이때 건조실의 온도는 45~75도 사이이며 75도를 넘지 않도록 해야 한다. 연료로 석탄만 사용하는 증류소가 있는 반면 훈제향을 입히기 위해서 이탄을 함께 사용하는 증류소도 있다. 한때는 스코틀랜드 노지에서 흔히 볼 수 있는 헤더도 채취해서 같이 태웠는데 최근에는 오히려 위스키 품질을 떨어뜨린다 하여 사용하지 않고 있다. 이 건조과정은 보통 하루 이틀 정도 걸리는데 그린몰트의 두께, 양에 따라 달라진다. 물론 이에 대한 판단은 사람의 감각에 의지한다.

   스모키한 성격의 위스키는 이 과정에서 만들어지는데 스모키한 성격을 강하게 만들고 싶으면 석탄보다는 이탄을 더 태운다. 석탄만으로 연료를 사용하면 전혀 스모키하지 않은 부드러운 성격의 위스키가 만들어진다. 스모키한 성격의 위스키를 만들 때 이탄은 건조 초기의 그린몰트 수분함량이 40~45%일 때 태워지는데 이는 그린몰트의 겉껍질 표면이 수분을 머금고 있을 때 이탄의 페놀 성분을 입히기 위해서다. 그리고 그린몰트의 수분함량이 18~24% 정도가 되면 이탄은 그만 태우고 석탄만을 사용해 건조시켜 최종 4% 정도의 수분함량을 가질 때까지 건조시킨다. 이탄을 사용해서 건조시킬 때 몰트에 흡수된 페놀 수치로 위스키 성질이 구분되는데 1-5ppm은 라이트피트, 5-15ppm은 미디엄피트, 15-50ppm은 헤비피트로 구분된다. 글렌고인은 이탄을 사용하지 않는 대표적인 증류소이고, 하이랜드 지역 증류소의 경우 이탄을 사용했다면 페놀 수치가 2ppm 정도 나타난다. 미디엄피팅의 대표적인 증류소는 하이랜드 파크와 탈리스커가 15ppm, 그리고 아드모어 증류소가 20ppm 정도이다. 일반적인 아이라 스카치 싱글몰트 위스키들이 35-

50ppm을 나타내는데 이 수치가 높으면 높을수록 화제를 만들어낸다. 최근 브룩라디에서는 169ppm의 괴물적인 페놀 수치를 가진 몰트로 만든 옥토모어(Octomore) 5를 출시해 스모키한 위스키를 즐기는 이들을 흥분시켰다.

건조과정이 끝나면 몰트에 남아 있던 뿌리는 제거된다. 이 뿌리도 톤당 150리터의 알코올을 생성할 수 있는 전분질을 갖고 있지만, 뿌리에는 많은 단백질이 있어 술로 만들기엔 부적합하고 오히려 소에게 먹이는 고급 사료로 사용된다.

증류소에서 직접 몰팅을 하기 위해서는 일단 보리 창고가 필요하며 담그기에 사용할 설비, 넓고 평평한 콘크리트 공간, 건조시킬 때 사용할 석탄과 이탄을 보관할 공간이 필요하다. 그리고 가장 중요한 것이 경험이 많은 일꾼들이다. 보모어와 스프링뱅크의 경우에는 4~6명이 이 작업에 동원된다. 실제 증류소를 방문해보면 몰트를 만드는 공간은 외부 자연환경에 많이 노출되어 있는 편이라 스코틀랜드의 자연 기후에 따라 그에 적절하게 요령껏 만들 수 있는 노하우를 가지고 있어야 한다. 예를 들어 맨 처음 보리를 담글 때 사용하는 물의 이상적인 온도는 14~15도이지만 겨울철에는 증류소에 들어오는 물이 매우 차갑기 때문에 적절하게 물의 온도를 올려서 사용해야 한다. 또한 맥아 제조인들은 경우에 따라 담그는 시간과 젖은 보리를 공기 중에 그냥 놔두는 시간 등을 조절할 수 있는 능력이 필요하다.

바닥몰팅의 경우 1년 내내 가동이 가능한 상업적 대량생산 몰트에 비해 여름철에는 높은 온도 때문에 몰팅작업에 실패할 위험이 있으므로 작업을 중단한다. 위에 나열된 여러 가지 이유 때문에라도 전통적인 바닥몰팅은 비생산적이고 비효율적이어서 위스키의 값을 올리는 요인이 된다. 하지만 그만큼 사람 냄새 나는 위스키이기에 비싼 값을 감수할 만한 매력이 있다.

2. 상업적 대량 생산 몰트

20세기 초부터 미국(밀워키, 시카고), 캐나다 그리고 많은 유럽국가에서 상업적 대량생산 몰팅 공장들이 들어서기 시작했다. 예전에는 위스키 증류소나 맥주 양조장에서 직접 보리를 가공해서 몰팅을 만들었는데 아예 몰트만 전문적으로 만드는 공장이 생겨 그 공장에서 생산된 몰트를 공급받아 위스키와 맥주를 만들게 된 것이다. 스코틀랜드의 맥아 제조인들은 1970년까지 그 중요성을 깨닫지 못했다. 비가 자주 오는 스코틀랜드는 수확기에 강우량이 많으면 수확한 보리의 수분함량이 20%나 된다. 수분함량이 많은 보리는 몰트를 만들기에 부적합했고 보리를 말릴 건조기가 필요했음에도 불구하고 증류소에서는 투자할 여력이 없었다. 그 틈을 파고든 것이 상업적 대량생산 몰트업자들이다. 그들은 건조기를 들여와 깔끔하게 그 문제를 해결했던 것이다.

1968년에 심어지기 시작한 골든프라미스 품종이 스코틀랜드 전 지역으로 퍼지면서 많은 상업용 대량생산 몰트업체들이 생겨나기 시작했다. 1970년대 많은 증류소들이 발효조, 증류기 등 위스키 생산설비를 확충하면서 공간이 부족해지자 전통적인 바닥몰팅 방식을 중단하고, 대량생산 몰트업체로부터 몰트를 공급받게 된 것이다. 생산 설비를 늘리는 것과 동시에 저렴한 비용으로 몰트 공장에서 생산된 몰트를 구입해 사용했기 때문에 오히려 증류소 측에서는 환영할 일이었다. 그래서 많은 증류소들이 바닥몰팅을 중단하게 되었다. 뿐만 아니라 증류소 쪽에서는 자신들이 원하는 보리품종, 알갱이 사이즈, 질소함유량, 수분함량을 원하는 대로 주문할 수 있었다. 결국 이러한 주문은 위스키 생산량까지 예측, 계량할 수 있게 만들었으며 그 예측과 계량은 수치로 데이터화되기에 이르렀다.

대량생산 방식은 크게 다음의 3가지로 나뉜다.

　1) 19세기 후반의 발명가였던 찰스 살라딘에 의해 만들어진 살라딘 박스.

　2) 회전식 드럼통 방식(Rotary Drums).

　3) 담그기부터 건조까지 한꺼번에 해결되는 SGKVs(Steep, Germinate and Kilning Vessels) 방식.

살라딘 박스는 콘크리트나 철제로 만들어진 4피트 정도 깊이의 넓은 틀에 자동으로 돌아가는 나선형의 회전 날로 뒤집기 작업을 해낸다. 기계의 힘으로 할 수 있으니 바닥의 작은 구멍을 통해 뜨거운 바람을 불어 넣어 자동으로 온도를 조절할 수 있다. 한 번 작업할 때 200톤의 그린몰트를 만들 수 있다. 현재는 맥켈란에 몰트를 공급하는 탐듀 증류소에 가면 볼 수 있다.

1960년대 만들어진 회전식 드럼통 방식은 50톤의 그린몰트를 하루에 9번 회전시키면서 자연스럽게 뒤집기 작업을 하는 기계이다. 수분과 온도를 자동으로 조절할 수 있다.

1970년대 모레이 퍼스 몰팅(Moray Frith maltings)에서 개발한 SGKVs는 보리로 몰트를 만드는 전 과정을 한 기계 내에서 자동으로 수행하는 기계로 최근에는 한 번 작업할 때 500톤의 몰트를 만들어내기도 한다.

분쇄(Milling)

몰팅과정을 통해 만들어진 몰트는 발효과정을 거치기 전에 필수적으로 분쇄와 당화과정을 거친다. 우선 몰트와 몰트가 만들어지거나 운반되는 과정에서 함께 섞인 작은 돌들을 제거하면서 몰트에 남아 있던 발아된 뿌리들이 제거된다. 뿌리가 남아 있으면 단백질과 기타 비타민들의 발효를 방해할 수 있기 때문이다. 이 과정에선 약간의 긴장감이 감도는데, 보리 분쇄 시 곱게 갈린 보리가 공기 중에 떠다니면서 불꽃이 튀면 자칫 분진폭발이 일어날 위험성이 있다. 따라서 밀링머신(분쇄기)에는 항상 금속을 제거할 수 있는 자석이 필수적이다. 몰트가 분쇄기로 들어가면 두 개의 롤러에 의해서 3가지로 분리가 되는데 겉껍질(husk), 중간 정도 갈린 엿기름(grist), 그리고 곱게 갈린 몰트 가루(flour)로 나뉜다. 대부분의 증류소에선 겉껍질 20%, 엿기름 70%, 곱게 갈린 몰트가루 10%의 비율로 분쇄한다. 곱게 갈린 몰트 가루의 비율이 높으면 과일향이 나고, 이탄을 사용하는 증류소에서는 스모키 향을 더 강하게 내고자 할 때 겉껍질의 비율을 높인다. 이때 부서진 몰트 가루를 그리스트(grist)라고 통칭한다.

밀링머신을 통해 겉껍질, 엿기름, 몰트가루로 구분된다.

당화(Mashing)

당화 과정은 분쇄된 몰트에서 당분을 추출해 내는 과정이다. 당화과정은 매쉬툰(mash tun)이라는 원형 금속 당화조에서 이루어진다. 한때 매쉬툰은 나무로 만들었지만 최근에는 청소와 위생의 이유 때문에 금속으로 만들고 있다. 매쉬툰 아래에는 당화과정이 끝나면 용액들을 뺄 수 있는 구멍이 있으며 자동으로 회전하면서 물과 그리스트가 잘 혼합되도록 회전 날이 갖추어져 있는데 이를 라우터 툰(Lauter tuns)이라고 부르며 독일의 양조회사에서 개발되어 현재 스코틀랜드의 많은 증류소들이 채택하고 있다. 매쉬툰의 크기는 1톤 용량(에두라도 증류소)에서부터 15톤(밀톤더프 증류소) 사이즈까지 다양한데, 이 매쉬툰의 크기가 당화의 다음 과정인 발효와 밀접하게 연관되어 있다.

용해성 전분과 당분을 추출하기 위해서 분쇄된 그리스트를 뜨거운 물과 함께 매쉬툰에 넣으면 건조과정에서 활동을 멈췄던 아밀라제 효소들이 다시

글렌피딕 증류소의 몰트분쇄기

당화과정이 일어나는 매쉬툰과, 매쉬툰에서 당화과정을 위해 뜨거운 물과 몰트를 혼합하는 과정

한 번 작용해 전분을 당으로 변환시킴으로써 그리스트 속에 남아 있던 전분이 당으로 완전하게 바뀐다.

당화과정은 세 번에 걸쳐 이루어지는데 첫 번째는 지난 당화과정에 사용하고 남은 물을 63~64도 사이로 끓여서 그리스트와 혼합한다. 당화의 최적 온도와 조건에서 효소가 전분질을 분해시키는데 이때를 스트라이크 포인트(Strike point)라고 한다. 물의 온도가 너무 뜨거우면 효소가 죽어버리게 되고, 너무 차가우면 당화가 제대로 되지 않는다. 혼합 후, 약 20여 분간 회전 날로 회전시킨 후 바닥에 있는 구멍을 열어 언더백(underback)이라는 저장고로 우러난 맥즙(wort)을 보낸다. 두 번째 물은 펌프로 끌어올려 약 70도의 온도로 가열한 뒤 첨가해 회전 날로 저은 후 약 30분 동안 놔두었다가 첫 번째와 마찬가지로 언더백으로 보낸다. 세 번째 물은 스파지(sparge)라고 불리는데 85도로 가열한 물을 매쉬툰에 붓고 약 15분 정도 놔둔 후 펌프로 퍼올려 뜨거운 물탱크로 저장하는데, 전체 용액 중에 당분을 1%로 함유하고 있는 이 물은 다음 당화 과정 때 첫 번째 물로 사용하기 위해 저장한다. 당화가 끝나고 물을 빼면 바닥에는 드래프(draff)라는 지게미가 남는다. 이 지게미는 잘 건조시

엿기름에 뜨거운 물을 첨가하여 얻은 맥즙

당화과정이 끝나고 남은 지게미

켜 소의 사료로 사용하는데 대단히 훌륭한 사료로 취급받는다. 일부에서는 이 사료를 먹고 자란 소를 최고로 치는 경우도 있다. 당화과정을 거쳐 만들어진 맥즙은 온더백에 저장되었다가 열교환기를 거치면서 약 20도 이하의 온도로 낮춰져서 워시백(washback)으로 보내진다. 만약 20도 이하로 내려가지 않으면 맥아당(maltose)은 분해되고, 효모는 죽어버리기 때문이다.

발효(Fermentation)

발효 스테인리스 워시백을 사용하는 글렌버기

맥주에서 발효과정은 맥주공정의 꽃에 해당되는 과정이지만 위스키에서는 중간 단계쯤 해당된다. 위스키 공정에서 발효는 워시백이라는 발효조에서 일어나게 되는데 이 워시백의 크기는 가장 작은 사이즈인 에두라도 증류소의 1천 리터부터 탐나불린 증류소의 6만 9천 리터 사이즈까지 다양하다. 워시백의 사이즈는 발효 다음 단계인 증류과정에서 증류기 크기와 밀접한 연관이 있다. 워시백의 재질은 나무와 스테인리스 두 가지이며 나무의 종류는 오레곤 소나무와 낙엽송이 주로 쓰인다. 사용연한은 40년이다.

나무 재질로 만든 워시백에서 만들어진 위스키의 풍미가 더 좋다는 게 정설로 전해지는데, 나무 구멍 사이에 자리 잡고 있는 미생물들이 발효과정에서 유익하게 작용한다는 주장이 있는가 하면, 오히려 그 미생물 때문에 발효를 망칠 수 있는 위험이 있다며 청소가 빠르고 편한 스테인리스 워시백을 권장하는 이도 있다. 발효에 도움이 된다고 믿는 대표적인 증류소에는 보모어가 있는데, 이 증류소에서는 위스키 맛을 좋게 하기 위해 나무로 만든 워시백에서 스테인리스 워시백으로 교체했다가 다시 나무 재질로 바꾼 경험을 갖고 있다.

발효는 앞에서도 설명했듯이 효모가 당을 소비하고 그 부산물로 이산화탄소와 알코올을 만들어내는 것을 말한다. 우선 열교환기를 거쳐 맥즙의 온도를 낮춘 후 워시백에 펌프로 채우는데 이때 2/3가량만 채운다. 만약 더 높이

워시백에서 발효되는 모습 . 쿨일라 증류소
워시백에서 발효되면서 이산화탄소가 발생하기 때문에 거품이 많이 일어난다.

채우면 발효과정에서 발생하는 이산화탄소 때문에 워시백이 넘쳐버릴 수 있기 때문이다. 발효과정에서 발생하는 이산화탄소의 강도는 워시백에 코를 넣고 크게 들이쉬면 코피가 날 정도로 강력하다. 코를 주먹으로 맞은 듯한 충격을 느끼게 된다.

워트를 채운 후 효모를 투입하는데 이때 들어가는 효모의 양은 몰트 1톤당 위스키 효모 18kg이 필요하다. 효모 투입 후 발효과정을 통해서 점점 알코올을 함유한 액체로 만들어지는데 이를 워시(wash)라고 한다. 실제로 맛을 보면 시큼하고 별로 맛이 좋지 않다. 상해서 시큼해진 막걸리 정도로 생각하면 될 것 같다. 34시간 동안 지속되는 이 과정을 잘 들어보면 워시백에서 워시가 만들어질 때 거의 울부짖는 것과 비슷하게 부글부글 소리가 난다. 이 소리가 잦아들 때쯤 알코올이 만들어지고 알코올 도수가 높아질수록 효모의 활동은 점점 줄어들게 된다. 반면 박테리아 수가 급격히 증가하는 시점부터 또 다른 발효가 시작된다. 박테리아는 몰트에서 생겨나는데, 이 박테리아와 기본적으로 발생하는 젖산균(lactic acid-lactobacillus)의 영향으로 pH는 낮아지고, 산성도는 높아져 풍미가 점점 좋아지게 된다. 그러므로 박테리아 발효에 충분한 시간을 주어야 한다. 이 발효를 젖산발효(malolactic fermentation)라고 한다. 발효에 걸리는 시간은 대략 60시간인데 발효가 완료되면 알코올 도수 5~8도 사이의 워시가 만들어진다. 발효가 끝나면 점점 산성 성질이 증가하면서 워시 용액 85%는 알코올을 가진 용액으로 변환하게 되고 나머지 15%는 워시와 함께 1차 증류기로 들어가게 된다.

워트의 맑음 정도에 따라 위스키 색깔이 달라지는데 워트가 탁한 경우 곡물향이 강한 워시가 만들어지고, 나중에 곡물향이 강하고 황내음이 나는 위스키가 된다. 반면 맑은 워트의 경우에는 곡물향보다 과일향이 두드러진 위스키가 만들어진다.

발효가 되면서 효모는 알코올뿐만 아니라 맛과 풍미를 좌우하는 착향물질(congeners)까지 만들어내는데 이는 워시의 도수와도 관계가 있다고 한다. 맥켈란의 경우에는 낮은 도수의 워시를 고집하고 있으며 덕분에 과일향과 복합적인 향을 지닌 위스키를 만들어낸다고 한다. 착향물질은 4가지로 구분되는데 산도(acids), 알데히드(aldehydes), 에스테르(esters), 고급알코올(high alcohols)로 분류된다. 이 4가지 모두 중요한데, 알데히드가 너무 많을 경우에는 위스키에서 기분 나쁜 향을 만들어내며 자칫 위스키를 망칠 수도 있다. 산도와 고급알코올의 경우 위스키 바디감에 영향을 주며 에스테르는 꽃향기와 아로마에 관련이 있다.

발효시간이 얼마일 때가 가장 좋은가 하는 질문에는 단정지어 대답하기 어렵다. 워시백의 크기, 효모의 종류, 워트의 당 함유량 등 수많은 변수가 있기 때문이다. 대부분 40~50시간 동안 발효시키며 심지어 100시간 동안 발효시키는 증류소도 있다. 발효시간이 짧으면 아로마와 알코올이 충분히 생성되지 않고, 너무 길면 박테리아가 과도하게 증식하게 되어 알코올 생산량이 줄어들 수 있다.

증류(Distillion)

증류기 모양

증류야말로 위스키 생성과정의 꽃이라고 할 수 있는 단계이다. 증류의 사전적인 의미로는 끓는점의 차이를 이용해 두 액체를 분리해내는 방식을 말한다. 액체를 끓여 기화시켰다가 다시 그 기체를 액체로 만드는 액화 과정을 일컫기도 한다. 다시 말해 열과 응축이 핵심이라고 할 수 있다. 위스키에서 증류과정은 알코올 도수 5~8도 내외의 워시액에서 알코올을 분리하는 과정을 말한다. 증류를 위해서는 증류기가 필요한데 영국 법에 따르면 몰트위스키는 반드시 단식 증류기를 사용해 증류를 시켜야 한다. 단식 증류기의 모양은 구리로 만든 큰 솥 윗부분에 위로 올라갈수록 가늘어지는 원뿔 모양의 관을 연결시켜 놓은 것처럼 생겼다. 증류기의 재질은 구리로 만드는데 증류과정에서 불순물과 기타 오염물질 특히 황 같은 물질을 증류기에 흡착시키고 야채

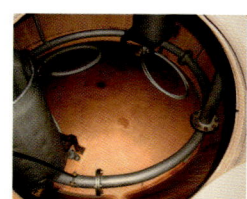

증류기 내부

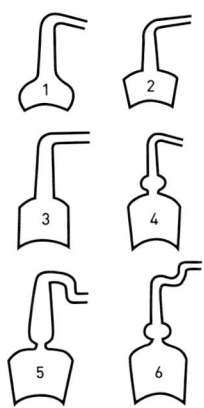

1. 양파형: 하향 라인암
2. 플레인형: 상향 라인암
3. 스트레이트형: 수평 라인암
4. 볼형: 하향 라임암
5. 랜턴형: 하향/수평 라인암
6. 볼형: 수평/상향 라인암

삶은 냄새 같은 불쾌한 냄새를 없애는 데 효과가 있다.

각 증류소에서 사용하는 증류기의 모양과 크기는 다양한데 글렌파클라스의 경우 3만 리터짜리 증류기를 가동하며, 아이라 섬에 새로 생긴 커호만 증류소의 경우에는 2,700리터 용량의 증류기를 가동한다. 대부분 용량 전부를 채우지 않고 2/3만 채워서 증류시킨다. 스카치 몰트위스키의 경우 2차 증류를 기본으로 하고 있어 대부분의 증류기들이 워시 스틸과 스피릿 스틸 한 쌍씩으로 구성되어 있다. 일부 오크토션 혹은 스프링뱅크 증류소의 경우 3회 혹은 2.5회 증류를 하기 때문에 3개의 증류기가 설치되어 있다.

증류기의 구성은 가열장치, 본체(pot), 어깨(shoulder), 스완넥(swan neck), 머리(head), 라인암(lyne arm), 웜튜브(worm tube) 혹은 응축관(codenser)으로 구성이 된다. 증류기의 모양은 크게 6가지로 나뉘는데 양파형(Onion), 플레인형(Plain), 스트레이트형(Straight), 두 가지 볼형(Ball), 랜턴형(Lantern)으로 구분된다.

증류의 결과물에는 증류기의 모양, 크기, 높이, 증류기 가열방식, 증류관의 각도, 증류기 머리 모양 등 수많은 변수들이 작용한다. 일반적으로 글렌모렌지 증류소처럼 증류기의 높이가 높을수록, 혹은 라인암이 위로 향할수록 가벼운 타입의 위스키가 만들어진다. 증발된 기체가 증류기 위로 올라가 라인암을 거쳐 응축기로 넘어가야 하는데 증류기가 높거나 라인암이 위로 향하고 있으면 증발된 기체 중에 무겁거나 온도가 낮은 기체는 응축관으로 쉽게 넘어가지 못하고 다시 아래로 떨어지게 된다. 휘발성이 강하고 가벼운 기체만이 응축관으로 가기 때문이다. 증발되지 못하고 아래로 떨어지는 것을 환류(reflux)라고 하며, 어떤 증류소에서는 환류를 증가시키기 위해서 증류기 머리 부분에 일종의 정화장치(purifier 혹은 return pipe)를 설치하기도 한다. 혹은 달모어 증류소처럼 물을 넣은 덮개로 증류기의 목 부분을 감싸기도 하는데 이는 정화장치를 설치한 것과 같은 효과를 준다. 볼 모양의 증류기처럼 중간에 동그란 공간을 주면 같은 효과를 가져온다.

반면 증류기의 사이즈가 작으면 작을수록 워시액과 접촉면이 많아져서 황 냄새나 기타 불쾌한 냄새를 없애는 효과가 있으며, 맥켈란의 경우 가장 작은

스코틀랜드에서 가장 긴 목을 가진 글렌모렌지 증류기

3만 리터 용량의 글렌파클라스 증류기

사이즈를 가동함으로써 풍부하고 오일리한 위스키를 만들어낸다. 증류기의 목이 좁을수록 증발해 위로 올라가는 속도가 빨라지므로 증기가 구리와 접촉하는 시간이 짧아지고, 반대로 목이 넓을수록 높이가 큰 증류기나 목이 좁은 증류기보다 환류를 줄일 수 있다. 환류는 재증류의 효과를 가져오는데 응축관으로 못 넘어가고 다시 증류기 바닥으로 떨어지는 환류액은 다시 증발되어 기체로 변하고 다시 한 번 응축관으로 넘어가려고 시도한다. 이 환류 재증류 과정을 통해서 좀더 순수한 알코올이 생성되는 것이다. 하지만 역시 정확한 과학의 공식보다는 경험적인 요소들이 훨씬 많이 작용하는 것이 증류과정이다.

응축과 응축방식

라인암(lyne arm)을 타고 내려온 증기가 찬 공기를 만나 다시 액체로 변하게 만드는 장치를 응축관이라고 한다. 이 응축관 장치에는 두 가지 방식이 있다. 웜튜브(worm tube) 방식과 쉘앤튜브(shell and tube) 방식이다.

웜튜브는 전통적인 방식으로 벌레가 똬리를 튼 모양 같다고 해서 붙여진 이름이다. 증류실 밖에 차가운 물이 담겨 흐르는 큰 통을 설치하고 3~4미터의 파이프가 나선형으로 돌아가면서 큰 통의 물속에 잠겨 있는 형태이다. 쉘앤튜브 방식은 증류실 내부 혹은 외부에 설치되는 장치로 겉에서 보면 큰 구리관이지만, 그 관 속에는 차가운 물을 통과시키는 작은 구리파이프들이 설치되어 있어 증류관을 통과한 기체가 관 속의 파이프가 만들어낸 차가운 공기를 만나 응축시키는 원리이다. 이 두 가지 방식 모두 어느 것이 낫다고 단정할 수 없을 정도로 좋다는 게 일반적인 의견이지만 분명한 건 이 두 방식의 차이로 인해 최종 결과물인 위스키의 풍미가 달라진다는 점이다. 일반적으로 웜튜브를 사용해 생산된 위스키의 경우 쉘앤튜브 방식으로 생산된 위스키에 비해 풍부(rich)하면서 덜 정제된 느낌이 드는데, 응축하는 과정에서 구리와의 접촉이 덜하기 때문이다. 응축기 안의 구리가 증기와 만났을 때 발생하는 반응은 증기의 온도가 낮아져 액체로 변화될 때까지 지속된다. 웜튜브

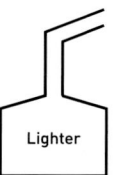

라인암이 위로 향하고 있어 휘발성이 강하고 가벼운 기체만이 응축관으로 가게 된다.
가벼운 타입의 위스키가 만들어짐.

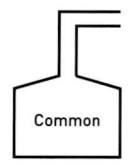

수평의 라인암은 보통 수준의 위스키를 만든다.

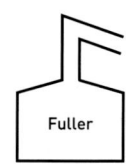

라인암이 아래로 향하고 있어 웬만한 기체는 쉽게 응축관으로 간다.
묵직한 타입의 위스키가 만들어짐

파이프가 나선형으로 돌아가면서 큰 통의 물속에 잠긴 웜튜브 응축방식을 사용하는 크래간모어 증류소.
쉘앤튜브 방식의 쿨일라 증류소

방식보다는 응축이 잘 되는 쉘앤튜브 방식이 더 경제적으로 위스키를 생산해낸다.

응축과정은 기후와도 밀접한 연관이 있다. 특히 여름철 실외에 설치되어 있는 웜튜브의 경우 냉각과 응축에 사용하는 물의 온도가 매우 높기 때문에 증류기를 천천히 가동시켜야 하는 약점이 있다. 간혹 위스키에서 기분 나쁠 정도로 역한 꽃 냄새가 나는 경우가 있는데 아직까지 원인이 분명하게 밝혀진 바가 없다. 다만 가장 유력한 원인으로는 응축역할을 수행하는 웜튜브나 쉘앤튜브의 냉각온도가 만족스럽지 않은 상태에서 증류기를 빠르게 가동시켰을 때 이런 현상이 일어나는 것으로 예측하고 있다.

증류기 가열방식

과거 대부분의 증류소들은 석탄, 기름, 가스, 심지어 이탄을 사용해 증류기 바닥에 열을 전달하는 직접전달 방식을 사용했다. 그러다 1885년 최초로 스코틀랜드 북쪽의 오크니에 위치한 스카파 증류소를 시발로 해 1960~70년대에 이르러 스코틀랜드의 많은 증류소들이 증류기 바닥에 직접 열을 전달하는 방식에서 스팀코일로 증류기 내부에 열을 전달하는 간접 가열방식으로 바뀌었다. 직접 가열방식보다 간접 가열방식이 열 조절을 쉽게 할 수 있고, 증류기에 직접적으로 전달되는 열로 인해 워시액이 증류기 바닥에 눌어붙는 현상을 막을 수 있어 청소와 관리에 편리하기 때문이다.

직접 가열방식을 채택하고 있는 증류소에서는 1차 증류기 내부에서 자동으로 회전하는 구리로 만든 큰 뒤집개(rummagers)를 설치해 워시액이 증류기 바닥에 붙는 걸 막고 있다. 직접 가열방식을 채택하고 있는 증류소는 글렌드로낙, 맥켈란, 글렌파클라스, 글렌피딕, 스프링뱅크가 있다. 그런데 이 구리로 만든 뒤집개는 워시액이 바닥에 붙는 것을 막는 역할을 할 뿐만 아니라 위스키 풍미에도 영향을 끼친다. 직접 열전달 방식의 경우에는 캐러멜 향과 매력적인 견과류 향을 이끌어내지만 자칫하면 매캐한 향을 끌어내기도 한다. 또한 증류가 거의 끝나갈 무렵이라도 증류기 안에는 내용물이 남아 있어야 한다. 그렇지 않으면 증류기가 과열되어 바닥이 타버릴 수 있기 때문이다.

어떤 가열 방식이 좋은지에 대한 논란이 있는데 그 해답은 맥켈란 증류소가 갖고 있다. 맥켈란 증류소의 경우 간접 열전달 방식을 채택했다가 실험을 통해 확인한 후 다시 직접 열전달 방식으로 회귀한 경우이다.

1차 증류

1차 증류는 워시에서 알코올을 뽑아내는 단계이다. 우선 워시액을 펌프를 통해 워시백에서 증류기로 넣는다. 이때 처음 가동되는 증류기를 1차 증류기, 혹은 워시 스틸(wash still), 싱글링 스틸(singling still)이라고 한다. 워시는 워시 스틸의 2/3만큼 채우는데 이는 워시가 부글부글 끓으면서 팽창된 워시와 거품이 움직일 수 있는 공간을 주어야 하기 때문이다. 워시가 채워지고 증류기에 본격적으로 열을 가하면 워시액은 끓는점에 다다른다. 물의 끓는점은 100도, 에틸알코올은 78.3도, 메틸알코올은 64.65도에서 끓기 시작한다. 그러니 물보다 알코올이 먼저 증발을 시작하는데 증발된 알코올이 기체가 되어 증류관을 따라 이동하다가 응축관의 찬 공기를 만나 다시 응축되어 액체로 변한다. 1차 증류기에는 증류기 안을 볼 수 있는 일종의 유리창(sight glasses)이 있는데 증류 기술자는 그 유리창을 보면서 작업의 진행상황을 확인한다.

증류기에 열이 전달되고 얼마 후 워시액 표면에서 거품이 일기 시작하는데 거품이 너무 많이 일면 거품을 줄이기 위해 대략 15분부터 길게는 1시간 넘도록 온도를 낮춘다. 거품이 어느 정도 줄어들면 다시 온도를 올린다. 이때 증류기 안에 나무로 만든 볼이 있는데 이 볼의 움직임을 통해 워시액의 움직임을 확인할 수 있다. 일부에서는 계면활성 역할과 거품의 축소를 위해서 워시액과 함께 비누를 넣는 경우도 있다. 비누를 넣었을 때 어떠한 효과가 있는지에 대한 과학적 근거는 아직까지 알려져 있지 않지만 일부에서는 여전히 사용하고 있다고 한다. 비누를 사용했다고 하더라도 향은 입혀지지 않는다는 게 중론임에 반해 일부 증류소에서는 상당량의 잘못된 비누를 사용해 퍼퓸 캐릭터의 위스키를 생산해낸다는 의심을 받기도 한다. 비누를 넣는다는

증류과정에 따른 원액. 특히 초류의 불순물을 눈으로 확인할 수 있다.

사실이 위스키 생산과정을 전혀 모르는 사람들에게는 놀랄 만한 일이겠으나 이미 위스키 업계에서는 흔한 일이며 다른 식품 업종에서도 익숙한 일이라고 한다.

증류할 때 온도는 천천히 조심스럽게 다루어야 한다. 만약 갑작스럽게 끓게 되면 프루푸랄이 생기고 불쾌한 탄내음과 아린 맛이 나는 위스키가 만들어진 다. 첫 번째 증류기 가동에서 증류기의 크기, 모양, 워시액의 도수, 응축기의 모양에 따라 달라지는데 통상 30,000리터 용량의 증류기에 워시액 20,000리터를 채우면 대략 시간당 1,000리터에서 1,500리터의 워시액이 증류에 사용된다. 1차 증류가 끝나면 워시액 용량의 1/3이 1차 증류액인 로우와인(low wines)으로 바뀐다. 증류기술자는 워시액의 알코올 도수 1도가 내려갈 때까지 증류를 계속한다. 증류가 끝나면 증류기 안에는 증류하고 남은 고단백질의 잔여물이 남아 있는데 이를 pot ale, burnt ale, spent wash라고 부른다. 이 잔여물은 당화하고 남은 지게미와 함께 혼합해 알코올 성분을 날려버리고 건조시켜 동물 사료로 사용하는데 이 사료를 검은 곡물(dark grains)이라고 한다.

증류기 가동을 통해 만들어진 증기는 응축관을 거쳐 알코올 도수 20~28% 내외의 로우와인으로 변해 스피릿 세이프(spirit safe)를 통과해 일종의 저장탱크인 로우와인 리시버(low wine receiver)로 들어간다. 스피릿 세이프는 황동금속과 유리창으로 만들어진 설비로 알코올 비중계가 설치되어 있어 이곳에서 증류된 원액의 상태를 파악하고 밸브를 돌려 로우와인 리시버 탱크로 보내는 역할을 수행한다. 1차 워시 스틸과 2차 증류인 로우와인 스틸에서의 스피릿 세이프의 역할은 다르다. 1차 워시 스틸의 경우 워시액에서 적정하게 알코올을 추출하는 정도로 사용되는 데 반해 2차 증류인 로우와인 증류기에서는 위스키의 질을 크게 좌우하는 역할을 수행한다. 그리고 워시액이 증류된 순간부터 주세법의 적용을 받기 때문에 스피릿 세이프에는 커다란 자물쇠가 채워져 있는데 이 자물쇠는 증류된 스피릿을 몰래 빼내는 걸 막는다는 의미를 지니기도 한다. 원래 스피릿 세이프의 자물쇠를 국세청 혹은 주세 관련 공무원들이 관리했는데 지금은 그들이 관여하지 않음에도 불구하고 역사적 전통에 따라 아직도 많은 증류소들이 자물쇠를 채우고 있다.

중간단계 증류기(Intermediate Still)

현재 스코틀랜드 대부분의 증류소들이 1차 2차 증류기를 가동하고 있지만 예외적으로 오큰토션, 스프링뱅크, 그리고 스프링뱅크 증류소에서 만드는 헤즐번(Hazelburn) 위스키의 경우 3기의 증류기를 가지고 3회 증류과정을 거친다. 그래서 중간단계의 증류기를 인터미디어 스틸(Intermediate Still)이라고 부른다. 3회 증류된 위스키들의 특징은 좀더 라이트하고 정제된 느낌을 가지고 있다.

2차 증류

1차 증류를 통해 모아진 로우와인은 마시기에 부적합한 알코올이다. 기본적으로 불완전하며 몸에 해로운 성분들도 많이 포함되어 있기 때문에 2차 증류과정은 알코올 도수를 높이는 것과 동시에 주질(酒質)이 좋지 않은 알코올을 분리하는 것을 목적으로 한다. 2차 증류할 때 나온 증류액은 3부분으로 나뉘는데 증류 시 맨 처음 나온 원액을 초류(foreshots 혹은 head), 중간에 나온 원액을 중류(heart 혹은 middle cut), 그리고 마지막에 나오는 원액을 후류(feint 혹은 tail)라고 한다. 이 세 가지 원액 중에 가장 질이 좋은 주정은 중류이며 이 중류의 비중을 얼마만큼 반영하는가에 따라 위스키 품질에 크게 영향을 미친다.

로우와인을 2차 증류기인 로우와인 스틸(스피릿 스틸)에 넣는데 효과적인 환류작용을 위해서 이때도 1차 증류할 때처럼 증류기의 2/3 정도만 채운다. 그런데 이때 로우와인과 더불어 이전 2차 작업 때 증류되어 맨 처음 나온 초류(foreshots)와 마지막 부분에 나온 후류(feints)를 함께 넣는다.

숙성

나무와 오크통

만약 당신 앞에 숙성기간이 12년이라고 표기된 위스키가 놓여 있다고 치자. 그리고 이 위스키가 당신을 만나기 위해 얼마만큼의 시간이 소요되었을까 하는 질문을 던지면 대부분 12년이라는 단순한 대답을 할 것이다. 하지만 정확하게 가늠하자면 적게는 92년이고 많게는 112년이다. 다시 말하면 나무가 자라 오크통으로 만들어지는 시간까지 계산해야 한다. 나무는 오크통의 재료이고 이 오크통이 없다면 위스키는 절대 만들어질 수가 없다. 심지어 스카치위스키를 규정하는 법으로도 최소 3년 동안 오크통 안에 숙성시켜야 한다고 명문화하고 있다.

과거 밀주를 만들던 시대에 위스키를 숨기기 위해 단순히 저장용, 운반용으로 여겨지던 오크통이 위스키의 풍미에 절대적인 영향을 준다는 사실을 알게 된 건 채 200년도 되지 않았다. 과거에는 '과연 위스키를 숙성시켜야 하는가'에 대한 논란이 있을 정도였다. 하지만 이제는 숙성시키지 않은 위스키란 상상도 할 수 없다. 영국에는 오크통을 만들 나무가 없다는 게 문제였다. 그래서 위스키를 숙성시킬 때 사용하는 오크통은 대부분 스페인의 강화와

스페인 헤레즈의
세리오크통을 만드는 공장에서
건조 중인 목재

인인 셰리와인을 숙성시키던 오크통을 사용했다. 스페인에서 생산된 셰리와 인은 오크통에 담겨져 잉글랜드는 브리스톨(Bristol)에서 스코틀랜드는 리스 (Leith)에서 주류 중계상들이 병입해 판매했다. 이때 남은 오크통들을 스코틀 랜드 증류업자들이 구입해 증류소로 가져가 위스키를 숙성시키는 데 활용했 다. 그러다가 1930년대 스페인 내전으로 인해 셰리오크통의 공급이 원활하지 않게 되자 스카치위스키 제조업자들은 미국으로 눈을 돌려 미국 버번위스키 를 숙성시키던 오크통을 수입해 위스키 숙성에 사용하기 시작했다. 이 시기 부터 싱글몰트 위스키의 풍미에 다변화가 시작되었다. 획일적으로 셰리오크 통을 사용해 위스키를 숙성시키던 방식에서 벗어나 버번오크통을 이용해 숙 성시키는 방식은 기존의 과일향과 꽃향기 위주의 위스키에서 벗어나 다양한 향과 풍미를 지닌 위스키로 탈바꿈하는 계기가 되었다.

1970년 스페인의 프랑코 정권이 무너지고 새롭게 출범한 민주정부에서 과 거에 비해 현격히 인기가 떨어진 셰리와인에 대한 수출정책을 변경하자 셰리 와인의 생산이 급격이 줄어들었다. 게다가 셰리와인의 병입을 영국에서 하지 않고 스페인에서 병입했기 때문에 셰리오크통이 영국으로 들어오지 않았다. 셰리와인의 생산이 줄어듦에 따라 자연스럽게 셰리와인을 숙성시키는 데 사 용된 오크통의 생산도 줄어들게 되었다. 그런데 공교롭게도 세계적으로 불어 닥친 싱글몰트 위스키 특히 셰리오크통을 사용해 숙성시킨 위스키들의 인기 가 하늘을 치솟게 되자 셰리오크통의 가격이 천정부지로 상승했다. 버번오크 숙성통과 비교하면 거의 10배에 가까운 가격으로 거래된다. 맥켈란 증류 소의 경우에는 스페인에서 직접 오크통을 만들어 그 오크통을 스페인의 셰 리와인을 생산하는 와이너리에 빌려주고 그 통에서 셰리와인을 2년 동안 숙 성시키게 한 후 맥켈란 증류소로 가져오고 있다. 이 과정을 오크통에 새로운 맛을 입힌다는 의미에서 시즈닝(seasoning)이라고 한다. 이러한 셰리오크의 품 귀현상은 싱글몰트 위스키 생산에 또 다른 바람을 불게 했는데, 셰리오크통 과 버번오크통을 벗어나 새로운 종류의 오크통을 사용해 위스키를 숙성시키 는 변화를 가져온 것이다. 럼을 숙성시켰던 오크통뿐만 아니라 각종 와인을 숙성시켰던 오크통들이 등장하면서 위스키에 새로운 맛을 불어넣고 있다.

위스키의 절대적인 재료인 오크의 종류는 유전적으로 400여 종류가 된다. 그런데 현재까지 사용되는 품종은 크게 3가지 품종인데 미국의 화이트오크(Quercus alba)와 유럽산 오크(Quercus robur, Quercus petracea)로 구분되고 있다. 미국산 화이트오크의 주산지는 미국의 아칸소, 켄터키, 미주리, 테네시 지역이다. 이 미국산 화이트오크는 유럽산 오크에 비해 훨씬 빨리 자라며(60~100년) 나무 조직이 치밀하다. 그래서 유럽산 오크들은 도끼로 벌목되는 반면에 미국산 오크는 톱으로 벌목되며 덕분에 도끼로 벌목되는 경우보다 벌목 시 버려지는 부분을 최소화할 수 있어 경제적이다. 그에 반해 유럽산 오크는 천천히 자라며(100~150년), 반듯하지 않게 자라기 때문에 도끼를 이용해서 벌목하는 경우가 많다. 또한 나무의 기공이 큰 편이어서 오크통으로 만들었을 때 위스키의 증발량이 많고 대신 그 증발한 만큼 위스키가 숙성되는 과정에서 산화작용에 도움을 주어 숙성 시에 좋은 효과를 준다. 금전적이나 시간적으로 미국산 오크통이 훨씬 경제적이며 그 덕분에 현재는 스카치위스키 오크통의 대부분은 미국산 화이트오크로 만들어진 오크통이 사용된다. 유럽산 오크는 풍부한 타닌을 지닌 데 반해 미국산 오크는 바닐린을 함유하고 있다. 물론 이 두 가지 모두 숙성에 이로운 효과를 준다.

최근에 위스키 오크통의 재료로 새로운 품종이 등장했는데 바로 일본위스키 제조에 많이 사용되는 '미즈나라'라고 불리는 Quercus mongolica라는 오크 품종이 네 번째 오크 품종으로 많이 사용된다. 과거에는 이 품종의 사용에 대해 많은 사람들이 회의적이었다가 최근에는 이 품종으로 오크통을 만들어 위스키를 숙성시켰을 때 나오는 독특한 백단향과 삼나무향 때문에 다시 주목받으며 위스키업계에서는 재패니스 오크라고 부르고 있다.

오크통의 제조

통상적으로 유럽산 오크 하나를 벌목하면 두 개의 오크통을 얻을 수 있고, 오크통을 사용하고 남은 부분은 사용기간이 지난 오크통을 다시 재생시킬 셰리를 숙성 중인 유러피안 오크통.
미국에서 건너온 버번 오크통. 글렌모렌지 증류소.

스페인 헤레즈에서 오크통을 제조하고 있다.

때 필요한 재료로 이용된다. 오크통은 나무를 벌목하고 그 나무 속을 깎아서 만드는 것이 아니라 나무를 널빤지(staves) 형태로 자른 다음에 말리고 그 널빤지를 조립해서 오크통을 만든다. 널빤지를 만들기 위해서는 벌목을 해야 하는데 벌목하는 데 최고 좋은 시기는 나무에 수액이 적은 겨울철이다. 나무에 수액이 많을수록 벌목하기 힘들고 널빤지로 만드는 과정에 건조를 시켜야 하는데 시간이 오래 걸리며 결정적으로 나무 수액이 위스키 맛이나 와인 맛에 크게 영향을 줄 수 있기 때문이다. 나무를 벌목하고 널빤지 형태로 만든 후 건조시켜야 오크통으로 만들었을 때 뒤틀리지 않는다.

 널빤지를 건조시키는 방법에는 두 가지가 있다. 하나는 전통적인 방식으로 자연스럽게 공기 중에 말리는 방식이고 다른 하나는 인위적으로 뜨거운 오븐을 통해서 건조시키는 방식인데 후자가 전자에 비해 시간과 비용을 절약

오크통의 머리 부분

할 수 있다. 대기 중에 말리는 방식은 널빤지를 쌓아두고 수분이 15% 이하가 되도록 최대 3년 동안 말려야 한다. 이렇게 자연방식으로 건조시키면 타닌과 페놀산(phenolic acids)의 수치는 낮아지고 위스키 향과 관계된 바닐린 성분과 락톤류(lactones)는 증가하게 된다. 유럽산 오크에는 타닌이 강하기 때문에 자연건조를 시키면 타닌을 낮추는 효과가 있어 결국 위스키 맛을 부드럽게 하는 요인이 된다. 또 다른 연구 결과에 따르면 자연건조한 오크통으로 위스키를 숙성시키면 위스키의 쓴맛을 낮출 수 있다고도 한다. 이렇듯 긍정적인 효과가 많기 때문에 위스키제조업계에서는 자연적으로 건조시킨 오크를 선호한다.

널빤지를 인위적으로 건조시킬 때에는 건조시간을 단축시키기 위해서 커다란 오븐에 넣고 1개월 동안 수분이 12% 정도 낮춰지도록 굽는데, 널빤지에 열을 가해 오크통 제작업자들이 요구하는 만큼 휘어지기 쉽도록 유연하게 만들어준다. 특히 이 인위적인 건조방식은 타닌이 적은 미국산 화이트오크에 많이 이용하는데 유럽산 오크에 비해 타닌이 적기 때문에 구워 건조시키는 과정에서 화학적인 결함이 생길 위험도가 낮기 때문이다. 또한 바닐린 성분이 많은 화이트오크는 건조과정에서 널빤지에 위스키의 쓴맛이 나는 성분을 조절할 수 있는 장점을 지니고 있다. 그러나 화이트오크를 필수적으로 사용하는 버번제조업자들도 인위적인 건조방식을 싫어해 자연 건조방식의 오크를 선호하는 경우가 많다. 또한 같은 이유로 글렌모렌지 증류소의 경우에는 미국의 오작크 산으로 가서 직접 나무를 선별해 오크통을 만들기도 한다.

잘 건조된 널빤지는 조립을 해서 오크통으로 만들어진다. 이때 쇠로 만든 후프로 잘 조여주어야 수십 년 동안 위스키가 새지 않고 저장될 수 있다. 널빤지에 적절히 열을 가해 구부린 후 오크통 모양으로 조립해 후프로 고정시키는데, 열은 우선 대충 만든 통 모양의 안쪽을 그을린다. 이때 통 내부가 태워지면서 나무에 있던 여러 가지 결정체들이 생겨나는데 그중의 하나가 당(sugar)이고 결국 이 당은 위스키에 들어가 단맛을 가져온다. 또 통 내부를 태움으로써 타닌은 줄어들고 리그닌(lignin), 알데히드, 산성의 수치는 늘어간다.

솔레라 공법으로 셰리를 숙성 중이다.

미국산 오크통은 널빤지를 구부리는 정도보다 조금 더 태워 통 내부를 숯처럼 만드는 경우가 많은데 이 때문에 오크통과 위스키가 서로 영향을 주고받는다. 통을 강하게 그을리면 그을린 표면이 숯 역할을 하면서 위스키에 들어 있는 불순물들을 제거하는 역할을 한다. 조금 더 강하게 그을리면, 그을린 모양이 마치 악어 등의 껍질 같다고 해 엘리게이터 스타일이라고 불린다. 최근에는 아드벡 증류소에서 엘리게이터 타입의 오크통에서 숙성시킨 위스키를 출품시켰다. 이런 타입의 오크통에 위스키를 숙성시키면 위스키의 질감이 부드러워진다는 게 중론이다. 새 오크통을 사용하면 위스키 숙성에 너무나 강력한 영향을 미치게 되므로 대부분의 스카치위스키 제조업자들은 두 번째 사용하는 오크통을 선호한다. 미국의 버번을 숙성시켰던 오크통 혹은 스페인의 셰리와인을 숙성시켰던 통을 사용하려는 이유이다.

미국 버번오크통에서 숙성을 시키면 위스키는 연한 노란색에서부터 진한 골드 칼라까지 색상을 지니며, 소나무에서 나는 테레빈유(turpentine), 가벼운 달콤함, 풍부한 바닐라향, 헤이즐럿향, 크렘브륄레, 스폰지케이크향, 크림, 밀크초콜릿, 코코넛, 민트, 시나몬향, 가벼운 꽃향기를 얻을 수 있다. 오크통 내부를 강하게 그을려 탄내음도 얻는 경우도 있다. 유럽산 오크에서 숙성을 시키면 위스키 색상은 가벼운 오렌지색부터 어둡고 진한 마호가니 갈색까지의 빛깔을 얻게 되며 위스키향은 풍부한 과일향, 과일케이크향, 말린 과일향, 버터초콜릿, 커피맛, 호두맛, 생강, 정향, 삼나무향들을 가지게 된다.

현재 일반적으로 스카치위스키 숙성에 가장 많이 사용하는 오크통은 미국에서 버번위스키를 숙성시켰던 오크통이다. 미국 버번은 오로지 새 오크통만을 사용해 숙성시키도록 법으로 규정되어 있기 때문에 버번을 숙성시켰던 통을 스코틀랜드로 수출할 수밖에 없었다. 그런데 최근 이러한 규정을 개정하려는 움직임이 일고 있는데 원인은 오크통의 재료가 되는 참나무가 부족하기 때문이다. 만일 버번 숙성 시 오크통의 재사용을 금지시켰던 법이 개정된다면, 스코틀랜드의 위스키 산업은 큰 타격을 입을 게 분명하다. 법의 개정은 아직까지 루머에 불과하지만 스카치위스키 쪽에 관심 있다면 항상 지켜볼 필요가 있을 것이다.

오크통의 크기

일반적으로 스코틀랜드에서 위스키 숙성에 가장 많이 사용하는 오크통은 미국 버번을 숙성시켰던 오크통인데 배럴(barrel) 혹은 버번 배럴(bourbon barrel)이라고 부르며 대략 사이즈가 180~200리터이다. 호그헤드(hoghead)는 미국산 버번오크를 숙성시키는 데 사용되기도 하고 스페인의 셰리와인 혹은 포르투갈의 포트와인(port wine)을 숙성시키기도 하는데 대략 250리터이다. 스페인의 셰리주를 숙성시켰던 통을 벗(butt)이라고 하며 용량은 약 500리터 정도 된다.

스카치위스키 증류소 중에서도 특히 맥켈란이 대표적인 셰리오크통인 벗을 주로 사용하는데 새로 제작된 오크통을 구입해 스페인의 셰리 와이너리에 대여한다. 대여받은 셰리 와이너리는 이 오크통을 3단으로 쌓아두고 위쪽 오크통과 아래쪽 오크통 사이를 구멍을 뚫어 파이프로 연결시켜 놓는다. 그리고 위에서부터 부은 와인이 3단 모두에 채워지고 나중에 어느 정도 와인이 숙성되면 아래쪽 오크통에서 와인을 빼내고 그 빼낸 양만큼 새롭게 위쪽 오크통에 채운다. 이런 방식을 솔레라 시스템이라고 하는데 와인의 품질을 균일하게 유지할 수 있다는 장점을 가진 동시에 어느 와인 오크통이 변질이 되면 전체가 변질될 수 있다는 단점도 있다. 이렇게 일정 기간 셰리와인 오크통으로 사용되던 벗은 오크통이 마르지 않을 정도의 셰리와인 5~10리터를 담아 스코틀랜드로 옮겨 가게 된다.

그 외에도 다양한 오크통들이 위스키 숙성에 사용되는데, 용량대로 나열하면 다음과 같다.

bloodtub 32리터
anker 40리터
Quartaut 55리터
octave 60리터
kilderkin 혹은 kinken 82리터
quarter 100리터
barrel 180~200리터

Barrique 225리터 — 와인 숙성용
cognac cask 350리터 — 코냑 숙성용
puncheon 450~550리터 — 셰리 혹은 포트와인 숙성용
drum 500리터 — 마데이라 와인 숙성용
pipe 500리터 — 포트와인 숙성용
butt 500리터 — 셰리와인 숙성용
gorda 혹은 bodega butt 600리터 — 셰리와인 숙성용

보통 배럴 사이즈보다 적은 용량의 오크통들은 운반용 특히 밀주 운반용으로 많이 사용되었는데 최근에는 위스키 숙성용으로 전환되어 사용되는 경우가 많다. 일반적으로 적은 용량의 오크통에서 숙성시키면 위스키와 오크통의 접촉면이 늘어나므로 크기가 큰 오크통보다 숙성이 빨리 일어나 위스키에 색다른 맛을 줄 수 있어 적은 사이즈의 오크통으로 옮겨 담아 숙성시켜 제품을 출시하는 경우가 있다. 그 대표적인 예가 바로 라프로익 쿼터 캐스크(Laphroaig Quarter Cask)이다. 일정 기간 180리터의 배럴오크통에서 숙성시킨 후 다시 통을 100리터 쿼터캐스크 사이즈로 옮겨서 추가 숙성을 시키므로

더 글렌리벳 증류소의 1979 빈티지 시음

같은 기간 숙성시킨 위스키보다 훨씬 풍부한 향을 입는다.

반대로 큰 오크통의 경우 장기 숙성에 유리하다. 적은 용량의 오크통은 숙성이 빠른 대신에 숙성할 때 증발하는 양도 많아지기 때문에 장기 숙성용으로 부적합하다. 그래서 대부분의 장기 숙성용 오크통은 500리터 이상의 오크통을 사용한다.

오크통은 평균적으로 4번 재사용되는데 미국 버번오크통을 숙성시켰거나 셰리와인 오크통을 숙성시켰던 통을 가져와 처음 재사용하는 경우를 퍼스트 필(first fill)이라고 한다(실제로는 두 번째 숙성용 통으로 사용되었다). 두 번째 재사용하는 경우를 세컨 필(second fill)이라고 한다. 일반적으로 퍼스트필과 세컨필까지 숙성시킨 몰트위스키를 출시하고 있다. 3번째 4번째 재사용하는 경우는 몰트위스키의 맛과 향이 약해지기 때문에 선호하지 않는다. 3번째

4번째 재사용하는 경우는 저가 전략을 취하는 독립병입자나 그레인위스키 숙성용이 알맞다. 오크통 재사용 횟수에 따라 위스키 숙성이 영향을 받는데, 첫 번째 재사용(first fill)의 숙성효과를 100%라고 가정하면 두 번째 재사용은 75%, 세 번째 재사용은 50%, 네 번째 재사용은 25%의 효과로 가정하고 있다. 오크통의 수명은 평균 60년으로 보고 있으니 수명이 끝나면 쓸 만한 목재는 다시 재사용되고 나머지는 가구용 목재로 사용된다.

숙성과정에서 일어나는 일

오크는 위스키 숙성에 있어서 가장 이상적인 재료이다. 오크가 함유하고 있는 셀룰로오스는 위스키 숙성에 영향을 주고, 헤미셀룰로오스는 위스키에 단맛과 색깔을 갖게 해주며, 리그닌은 바닐라 같은 향을 입혀주면서 위스키에 복합적인 느낌을 심어준다. 또한 오크가 품고 있는 타닌은 위스키에 떫은 맛과 향 그리고 우아한 맛을 지니게 해준다. 그리고 숙성 과정에서 산화작용을 일으켜 위스키의 거친 맛을 없애고, 과일향과 기분 좋은 향으로 치장해준다.

1970년대부터 위스키 숙성에 관한 연구가 시작되면서 위스키가 오크통 속에서 숙성될 때 3가지 작용 즉 제거, 첨가, 상호작용이 일어난다는 사실이 밝혀졌다.

우선 증류된 용액이 오크통 속으로 들어가면 증류된 용액 속에 들어 있던 불순물들이 오크통 내부의 숯 덕분에 제거 흡착된다. 특히 불순물 중에서 황성분(sulphury)과 식물성분(vegetal characteristics)이 제거된다. 이 과정은 주로 숙성 초기 1~2년 때 이루어지며, 내부의 오크통을 심하게 그을린 경우에 더욱 잘 일어난다.

첨가작용은 위스키에 오크의 영향을 주는 과정을 말한다. 위스키 숙성 시 2회 증류를 시켜 통 속에 넣을 때 대부분의 증류소들이 물로 희석을 시켜 균일한 도수로 맞추어 통에 담는다. 이때 증류소마다 균일하게 책정해 놓은 도수가 다른데 대부분 57~70도 사이로 맞추고 있다(그레인위스키의 경우 80% 미만). 오크통 속에 들어가는 도수가 높으면 오크통으로부터 에탄올에 잘 녹는 물질인 락톤(lactones) 같은 성분을 더 얻게 되며, 알코올 도수가 낮으면 수용성 물질인 타닌(hydrolysable tannin)과 글리세롤(glycerol), 당분을 오크통으로부터 얻을 수 있다. 이런 연유로 오크통 속에 들어가는 증류액의 도수에 따라 나중에 위스키의 맛과 향이 달라진다. 이 과정을 통해 위스키는 단맛을 포함해 과일향, 꽃향기, 바닐라, 초콜릿, 커피, 시나몬, 정향, 삼나무향 등의 다양한 향을 얻게 되고, 투명했던 증류액은 노란색을 비롯한 황금색, 진한 마호가니 빛깔 등을 갖게 되는 것이다.

상호작용이란 숙성과정 중에 위스키와 오크통 사이에 서로 반응해 숙성 초기에 없던 새로운 성분을 만들어내는 과정을 말한다. 상호작용을 통해 새로운 성분이 나타나는 모습은 주로 오래 숙성된 위스키들에서 볼 수 있는데 오랜 숙성시간 동안 상호작용을 통해 새로운 성분이 형성되었다가 부서지고 다시 형성되고 부서지는 과정이 반복되면서 위스키는 복합적이고 다양한 향을 얻게 된다. 이 세 번째 상호작용이 앞의 두 작용에 비해 덜 알려진 것은 아무래도 명확하게 구분하기 어렵고, 또한 상호작용이 일어나기 위해서는 오랜 시간이 필요하기 때문이다. 분명한 것은 이 상호작용 과정 중에는 반드시 산화과정(oxidation)이 동반되며, 이 작용은 숙성중인 위스키에 화학적 반응과 변화를 일으킨다는 사실이다.

오크통에는 수많은 미세한 구멍들이 있고 그 구멍들을 통해 공기들이 위스키와 접촉하며 위스키가 증발하기도 한다. 또한 공기와의 접촉을 통해 에탄올이 산화되어 아세트알데히드와 아세트산으로 변환되며, 셀룰로오스의 경우에는 산화되면서 당 성분으로 변환되어 위스키에 단맛을 준다. 온도에 따라 오크통의 숨쉬기는 더 늘어나는데, 이때 오크통의 크기도 확장되고 위스키의 변화도 더 심해진다. 이런 변화로 오크통이 호흡하면서 알코올과 수분을 오크통 밖으로 밀어내고 외부 공기를 오크통 안으로 끌어들인다. 이 과정이 반복되면서 오크통 속의 위스키에 증발이 일어나는데 이를 천사의 몫(angel'share)이라고 표현한다. 숙성 중 오크통에서 공기 중으로 증발되는 위스키의 비율은 스코틀랜드의 경우 1년에 약 2% 내외로 보고 있다. 위스키 숙성

글렌모렌지 숙성창고

현대식 숙성창고 스프링뱅크

창고에 들어가면 이렇게 증발되는 알코올 때문에 술에 약한 사람은 취하는 경우까지 있다. 그래서 그 취중에 실제로 천사들을 본 사람들도 있고, 반대로 숙성창고 속에 사는 유령들을 보기도 한다고 한다.

증발량이 많으면 오크통 속의 공기도 많아지고 그에 따라 위스키의 산화속도도 증가하기 때문에 더 이상의 산화를 방지하기 위해서 오래 숙성시킨 위스키의 경우 오크통을 작은 사이즈로 옮겨 숙성시키는 경우도 있다. 위스키에 관한 한 확실한 사실 두 가지가 있다. 하나는 같은 날, 같은 증류소에서 같은 공정을 통해 증류된 원액을 나란히 같은 종류의 오크통에 담아, 나란히 두고 숙성을 시켜도 두 오크통 속의 위스키 맛이 다르다는 사실이다. 그리고 또 다른 한 가지는 오래 숙성시켰다고 해서 전부 좋은 위스키가 되는 것은 아니라는 사실이다. 그런데 장기간 숙성시킨 위스키는 맛이 좋거나 나쁘거나를 떠나서 비싼 가격에 출시되는데 그것은 바로 매년 증발되는 위스키의 양 때문이다. 그런데 하나님은 참 공평하시다는 말이 여기서 나온다. 증발량이 많을수록 술의 산화가 빨라져 술이 빨리 익는다. 극단적인 증발량을 보여주는 대만의 싱글몰트 위스키 카발란을 보면 15%라는 어머어마한 증발량 덕분에 3년 숙성이라고는 믿을 수 없는 원숙미를 위스키에서 보여준다. 잃은 만큼 얻는 것도 있다는 의미이다.

숙성창고

스코틀랜드 증류소를 방문할 때 반드시 구경해야 할 곳이 바로 숙성창고이다. 숙성창고는 두 가지로 구분되는데 전통적인 방식의 흙바닥에 나무 목재들을 쌓아놓고 오크통을 2~3층 높이로 쌓은 형태와, 금속 철제기둥의 대형 물류창고처럼 천장이 높아 여러 오크통을 층층이 쌓아 보관하는 현대식 창고가 있다. 전통적인 숙성창고의 경우에는 바닥은 흙으로, 외벽은 두꺼운 돌로 되어 있어 내부는 서늘하고 외부 온도로부터 격리시켜 주어 위스키 숙성에 유리하며 전체적인 증발량은 적은 대신 알코올 수치는 떨어진다. 후자의 최신식 저장시설은 적은 면적에 오크통을 쌓아올려 경제적인 면에서 유리하며, 지게차를 비롯한 각종 기구를 이용하기 때문에 오크통의 취급이 용이하다. 또한 일부 최신식 숙성창고도 바닥을 최대한 흙바닥으로 깔아 창고 전체의 수분을 유지하면서 위스키의 증발을 최대한 막고 있다. 바닷가 옆에 숙성창고를 둔 경우에는 창고 내의 수분 유지에 유리하고 외부온도의 급격한 변화를 막을 수 있어 위스키 숙성에 유리하다고 알려져 있다.

숙성에 있어 또 다른 변수는 숙성창고의 온도변화이다. 이는 위스키의 휘발성과 밀접하게 연관되는데 온도가 오르면 그만큼 위스키에도 산화작용 및 화학적 반응이 일어나는데, 일반적으로 온도가 오르는 여름철이 다른 계절보다 밸런스 잡힌 위스키가 숙성된다고 한다. 또한 온도가 높을수록 숙성이 빨리 된다고 말하는 이들도 있는데 어느 인도 회사는 자신들의 4년 숙성이 스카치위스키의 10년과 비슷하다고 주장하기도 한다. 만약 날씨가 덥고 기후가 건조하다면 오크통 속에 있는 물이 알코올보다 더 증발된다. 오크통 속에 담겨 있는 원액 중에 물이 증발된다면 당연히 원액의 알코올 비중이 높아 도수는 오히려 증가된다. 오래 숙성된 위스키가 같은 숙성 년수의 위스키에 비해 알코올 도수가 높다면 앞서 말한 조건에서 숙성된 것이 분명하다. 이런 경우는 최종적으로 숙성된 위스키 양은 적고, 도수는 높은 위스키가 나온다.

분명한 것은 이렇게 높은 온도에서 숙성된 위스키의 경우 일반적으로 천천히 숙성되는 위스키에 비해 다른 밸런스를 보여준다는 것이다. 그러나 많은 스카치 제조업자들은 서늘하고 습기가 많은 숙성창고에서 천천히 안정적으로 위스키를 숙성시키기를 원한다.

 숙성창고의 높이뿐만 아니라 위치도 매우 중요하다. 특히 섬나라의 특성을 고스란히 지니고 있는 스코틀랜드의 경우 숙성창고가 바닷가 근처에 있는 경우가 많아 해양성의 기운이 오크통 속에 고스란히 전달된다. 물론 숙성창고가 바닷가 근처에 위치한다고 해서 오크통 내부로 바닷바람 속에 함유된 소금의 성분이 직접적으로 들어가지는 않는다. 그러나 주변 자연환경과 습기를 흠뻑 먹은 바닷가의 주변 공기들이 해초 향을 비롯해 위스키에 갯내음을 품도록 영향을 미친다는 사실을 부정할 수는 없다. 이와 관련해 2007년 발표된 이스트앵글리아(East Anglia) 대학의 앤드류 존스톤(Andrew Johnston) 교수의 연구 결과에 따르면 해양 속에 있는 플랑크톤이 디메틸설파이드(dimethylsulphide, 황화합물의 일종으로 고약하고 부패한 냄새가 난다)를 만들고, 이는 오존 특유의 냄새인 갯내음과 바닷내음을 생성하고 널리 퍼져 결국 바닷가 근처의 창고 속에서 숙성 중인 오크통에 영향을 준다고 한다.

오래 숙성시킨 위스키가 좋은 위스키이다?

그렇다면 과연 오래 숙성시킨 위스키가 좋은 위스키인가? 결론은 오크통에 따라 다르며, 굳이 계산기를 두드리자면 오래된 위스키가 좋다고 얘기해야겠다. 오래 숙성됐다는 의미는 그만큼 오크통의 숙성과정에 공기 중으로 증발해버린 양이 많아졌다는 의미를 뜻하고, 결국 이 증발해버린 양까지 지불해서 구입해야 하기 때문에 위스키 값은 오래 숙성될수록 비싸지는 게 당연하다. 그런데 일반적으로 스코틀랜드에서는 매년 오크통의 원액 중 평균 2%가 증발된다고 한다. 오크통의 원액이 증발하면 증발할수록 원액의 양은 줄어들게 되고 줄어든 만큼 오크통 속의 원액은 오크통과의 접촉면이 늘게 된다. 따라서 오래 숙성될수록 시간 대비 숙성의 효과가 급격하게 나타난다. 덕분에

숙성 중이었던 위스키는 일정 시점이 되면 기나긴 잠에서 깨어나 병 속으로 들어가야 한다.

증발량도 늘어나고 값도 숙성된 기간에 비해 훨씬 비싸지는 것이다. 10년 숙성제품과 20년 숙성제품의 가격 차이보다 20년 숙성제품과 25년 숙성제품의 가격 차이가 훨씬 큰 이유가 바로 이 때문이다. 이렇게 가격과 품질의 문제, 그리고 개인의 취향이라는 복합적인 문제가 함께 맞물리면서 과연 오래 숙성된 위스키가 좋은 위스키인가 하는 의문이 제기되었다.

위스키 숙성에 있어서 '좋은 밸런스'라는 의미는 증류소의 캐릭터와 위스키 숙성 시 사용되는 캐릭터가 둘 다 잘 표현되어야 좋은 밸런스를 가졌다고 할 수 있다. 글렌키스 증류소의 퍼스트필 셰리캐스크에서 40년 넘게 숙성시킨 위스키와 롱몬 증류소 퍼스트필 셰리캐스크에서 40년 넘게 숙성시킨 위스키를 비교 시음할 기회가 있었다. 그런데 두 위스키에서 각자 증류소의 캐릭터를 발견할 수 없고, 오직 오크통에서 얻어지는 비슷한 캐릭터만 찾을 수 있어 두 위스키 사이에 별다른 차이를 느낄 수 없을 정도였다. 이 시음 결과로 결코 오래 숙성된 위스키가 전부는 아니라는 사실을 깨닫게 되었다. 위스키 전문가들은 15년 내외로 숙성시켰을 때 증류소의 특성과 오크통의 특성을 가장 조화롭게 느낄 수 있다고 하지만, 각 증류소 원액의 성격과 오크통의 크기와 종류, 숙성여건에 따라 변수가 있을 것이다. 결국 많이 마셔보고 자신의 입맛에 맞는 위스키를 찾아내는 것이 정답일 것이다.

중간에 오크통을 바꿔 생산한 글렌모렌지의 피니시 제품

피니시(Finish)

위스키가 만들어지면서 위스키 본연의 색깔을 가지게 되는 과정이 숙성이며, 숙성에 가장 큰 영향을 미치는 것이 오크통이다. 원래는 한 오크통에서 숙성을 시키면 병입될 때까지 계속해서 그 통 속에서 숙성을 시키지만 최근에는 위스키에 다양한 맛의 변화를 주기 위해 숙성과정 중간에 오크통을 교체하는 경우가 있고 이를 '피니시'라고 한다. 버번오크통에서 숙성원액을 와인숙성 오크통으로 교체하여 과일향을 추가하는 것이 일반적인 추세이며, 글렌모렌지 증류소의 경우에는 이런 방식을 전략적으로 취하여 제품군을 다양하게 만들고 있다. 예외적인 경우로 스모키한 향과는 거리가 멀었던 발베니 증류소는 아이라 위스키를 숙성시켰던 오크통을 가져와 숙성시켜 '발베니 아이라 캐스크 피니시'라는 스모키한 맛을 지닌 위스키를 출시한 경우도 있다.

블렌딩(Blending)

숙성 중이었던 위스키는 일정 시점이 되면 기나긴 잠에서 깨어나 병 속으로 들어가야 한다. 그런데 한 오크통 속의 원액만을 병입하는 싱글캐스크 혹은 싱글배럴 제품을 제외하고는 거의 모든 위스키들이 블렌딩 과정을 거친다. 이때 몰트위스키들을 블렌딩하는 경우에는 블렌딩이라는 용어보다는 배팅(vatting)이라는 용어를 더 많이 사용한다. 블렌딩을 하는 이유는 제품 품질

주라 숙성을 위해 준비 중인 오크통

의 일관성을 유지하기 위해서이다. 위스키는 같은 날 증류되었고, 바로 옆에서 숙성시켰다고 하더라도 오크통마다 위스키 맛이 다르다. 따라서 오크통마다 미세하게 다른 위스키 맛을 조절하여 기존 제품들과 동일하게 일관된 맛을 유지하는 것을 목적으로 블렌딩을 실시하는 것이다. 물론 때로는 소비자들의 기호에 따라 위스키 맛을 변화시키기도 한다.

도수(Strength)

스카치위스키의 법적 최저 도수는 40%이다. 40% 미만으로 떨어지면 스카치위스키라고 부를 수 없다. 우리가 일반적으로 만나는 위스키들의 도수는

40%, 혹은 43%이다. 같은 브랜드, 같은 숙성년수의 위스키라고 하더라도 도수가 다른 경우가 있는데, 이는 각 지역 면세품과 내수용, 면세점용의 차이 때문이다. 맛은 40%와 43%가 당연히 다른 맛을 지니고 있다. 그렇다고 위스키의 도수가 꼭 40%와 43%인 제품만 있는 것은 아니다. 캐스크 스트랭스라고 하여 병입할 때 물을 첨가하지 않고 오직 오크통 속의 원액 그대로를 담아 출시하는 제품도 있다. 이 제품의 경우 물로 희석하지 않았으므로 당연히 강한 풍미를 지니고 있다. 또 자기 증류소의 특징을 잘 나타내는 일정한 도수를 고집하는 경우가 있는데, 대표적인 곳이 아란 증류소와 아드벡 증류소이다. 스페셜한 캐스크 스트랭스 제품을 제외하고는 46%에 맞춰 자사 위스키를 출시하고 있다.

냉각여과(Chill Filtration)

혼탁(haze)의 사전적 의미는 아지랑이, 연무, 액체 등이 흐려지고 탁해지는 것을 말한다. 술의 경우에도 마찬가지로 혼탁이 일어나는 것을 haze라 일컫는다. 위스키의 혼탁 현상은 냉각여과와 깊은 관계가 있다. 위스키 혼탁 현상에는 일시적인 혼탁과 영구적 혼탁이 있다. 일시적인 혼탁은 위스키 속 고급 지방산의 응고 현상이며, 일정 시간이 지나면 다시 맑아진다. 두 번째 영구적 혼탁의 원인은 위스키를 만드는 재료인 물에 있다. 위스키를 만들 때 일반적으로 많이 사용하는 연수를 사용하지 않고 경수를 사용하는 경우에 생성된다. 글렌모렌지가 대표적이다. 여기서는 첫 번째 이유인 위스키 속 고급 지방산과 관련하여 국세청 기술연구소의 도움을 받은 자료를 살펴보자.

맥주 등의 양조 주류는 한냉에 의한 폴리페놀과 단백질에 의한 단백혼탁이나, 미생물 오염에 의한 혼탁이 발생하지만 위스키의 혼탁(Haze)은 주로 곡류(맥아, 엿기름) 원료로부터 유래하는 고급지방산에스테르, 고급지방산과 효모의 발효에 의하여 생성하는 휘발성 지방산과 이들의 에스테르화합물이 혼탁물질의 원인이 되며 지방산에스테르 및 지방산은 술덧의 물

냉각여과를 하지 않은 위스키는 찬물 혹은 얼음을 첨가하면 이렇게 뿌옇게 헤이즈 현상이 일어난다.

질이 거의 용해될 시기에 대부분이 생성되고 증류에 의해서 제품에 이행된다.

알콜분 60%의 원주 상태에서는 용해도가 높기 때문에 혼탁현상이 잘 일어나지 않지만 제품화하기 위해서 물로 희석할 경우에는 용해도가 낮아 혼탁이 일어날 수 있으며, 여과 공정에서 미세 정밀여과에 의하여 혼탁물질을 제거하고 있으나 동절기에는 온도의 저하로 용해도가 더욱 낮게 되므로 용해도 이상 함유되어 있는 지방산에스테르나 지방산이 혼탁을 일으키며 저온 상태가 계속되면 혼탁물질은 실모양의 백색침상의 결정형(Floc or Crystal Formation)이 생성되어 제품의 상품가치를 떨어뜨린다.

이러한 현상은 맥아 100%로 제조된 몰트위스키가 그레인위스키와 몰트위스키를 혼합한 브랜디 위스키보다 Haze와 Floc을 형성시키는 화합물을 다량 함유하고 있으며, 고급지방산에스테르, 지방산은 유성물질로서 저장 중에 서서히 산화되면서 유취를 발생하여 양조용수의 경도성분, 철분 등의 금속과 결합하여 응집침전물을 생성하기도 한다.

제품의 이러한 혼탁이나 침전현상을 방지하기 위하여 제조 시 희석한 위스키의 원주 온도를 -5℃~0℃로 냉각하여 고급지방산의 용해도를 낮춤으로써 혼탁현상을 일으켜 혼탁물질을 쉽게 제거하는 냉동여과(Chilled Filtering) 방법을 채택하는 것이다.

증류식소주의 경우에도 위스키와 마찬가지로 유취성분인 고급지방산에스테르 및 고급지방산을 많이 함유하고 있으며, 이들 성분이 많으면 유성물질이 부유하기도 하고 산화되어 유취를 발생하므로 여과하여 유성물질을 일부 제거하여 품질을 향상시키고 있다. 일본의 경우 개성적인 소주의 제조로 약간 혼탁하게 증류식소주를 제조하기도 한다.

한편, 중·저급의 지방산에스테르나 지방산은 좋은 향취를 갖는 화합물도 많다. 예를 들면, 과일의 향취인 에틸아세테이드와 같은 물질이다.

결과적으로 위스키의 혼탁은 주로 고급지방산에스테르나 고급지방산의 함유량이나 온도 등에 의한 용해도 차이에 영향을 받아 발생하는 현상이 대부분이므로 외관상 상품의 품질 저하를 가져오는 혼탁이나 결정에 의한 침전의 변질이지만 부패되었다거나 인체에 해롭지는 않으며 음용하여도 무방하다고 볼 수 있다.

국세청 기술 연구소

결론적으로 위스키 혼탁 현상은 고급지방산의 응고현상이며 몸에 무해하다는 내용이다. 그러나 많은 위스키업체에서는 냉각여과과정을 통해 일부러 위스키 혼탁 현상을 일으키게 한 다음에 이를 제거시켜 병입하고 있다. 냉각여과과정은 1960년대 중반부터 위스키의 저온 상태에서 생기는 혼탁 현상을 제거해 위스키를 맑고 투명하게 만들기 위해 등장했다. 겨울철의 숙성창고 안이나 소비자가 온더락으로 위스키를 마실 때 생기는 응고 불순물을 방지하기 위해 미리 저온상태로 만든 후, 이때 생성되는 응고물들을 걸러 위스키의 빛깔과 투명함을 유지하도록 하는 것이다. 블렌디드위스키의 경우 영하 8-10도, 몰트위스키의 경우 통상 영상 2-5도의 낮은 온도 상태로 만들어 20-30장의 여과지로 필터링을 하고 있다.

하지만 지금은 냉각여과과정 때문에 위스키의 참맛을 느끼지 못한다는 반성이 일고 있으며, Scotch Malt Whisky Society의 설립자 중의 한 사람인 필립 필스(Phillip Hills)를 필두로 많은 독립병입자들과 몇몇 공식병입자(아드벡, 브룩라디)들이 냉각여과과정을 반대하고 있다. 새롭게 출시된 글렌모렌지도 이러한 흐름에 동참하고 있다.

색깔 (Coloring)

위스키에 들어갈 수 있는 재료는 보리, 물, 캐러멜이다. 캐러멜이 들어가는 이유는 품질의 균일화를 위해서이다. 오크통 속에서 위스키를 숙성시키는 과정은 인간의 힘보다는 자연의 영역 혹은 신의 영역에 가깝기 때문에 인위적으로 조절하기가 힘들다. 그래서 위스키 향뿐만 아니라 색깔 또한 획일화시킬 수 없다. 이런 상황에서 위스키 풍미뿐만 아니라 색깔의 균일화를 위해서 캐러멜을 아주 소량 첨가한다. 물론 이런 캐러멜 첨가에 매우 반대적인 증류소들도 있다. 브룩라디, 맥켈란 등이 대표적이다. 캐러멜 사용에 대해 일부 마니아들은 첨가된 캐러멜향이 느껴지고 이는 순수한 위스키가 아니라며 반론을 펴고 있지만, 캐러멜의 사용이 위스키 품질에 영향을 크게 미치지 않는다는 것이 중론이다. 한편, 단순히 색깔을 맞추는 정도를 뛰어넘어 캐러멜을 많이 첨가해 검은색으로 출시한 위스키도 있다.

병입 (Bottling)

1860년대 이전에는 블렌딩이 없었고 그냥 증류소에서 나온 위스키를 작은 사이즈의 오크통이나 혹은 잘(jar)이라고 부르는 주전자 모양의 자기로 만든 병에 담아 판매했다. 이 잘의 인기는 20세기 초까지 유지되었고 때로는 수출용 용기로 위스키를 수출할 때 사용되었다. 지금 우리가 널리 사용하고 있는 유리병은 17세기에 등장은 했지만 가격이 너무 비싸 부유층에서만 와인과 위스키를 담을 때 사용하였고 일반 서민들의 경우에는 작은 사이즈의 오크통과 잘을 사용했다. 1700년대의 유리병은 양파 모양으로 아랫부분이 넓고 둥근 모양이 유행했는데 당시에는 이 모양의 병이 결혼 선물로 인기가 높았다고 한다. 1800년대 들어서 지금의 와인병과 비슷한 병 모양이 인기를 끌기 시작하면서 프랑스 보르도 지역에 수많은 유리병 공장들이 설립되었고

병입을 위해 출하 중인 오크통

1821년에는 영국 브리스톨에서 유리공장이 설립되었다. 1850년대 영국에서 유리병을 만들 때에는 검은색이나 녹색 병을 만들어야 했다. 유리병에 붙는 세금 때문이었는데, 투명한 유리를 만들면 검은색 병을 만들 때 내는 세금의 11배나 높은 세금을 내야 했다. 위스키가 최초로 유리병에 담겨진 것은 1841년 맥캘란 증류소에서 검은색 유리병에 위스키를 담아 판매할 때였다. 이 사건을 재현하기 위해 2003년 맥캘란에서는 Macallan 1841이란 복제품을 만들어 판매했다. 물론 이때에도 위스키는 주로 작은 사이즈의 오크통과 잘 도자기병으로 판매되었다. 1887년 조시아 아날(Josiah Arnall)과 하워드 애슐리(Howard Ashley)가 자동 병생산 설비를 발명했고 그 이후로 위스키도 유리병에 병입되기 시작했다. 이때 병의 사이즈는 영국의 경우 1992년 EC(European Community)의 결정으로 700ml가 유통되고 미국의 경우에는 750ml가 유통

된다.

　현재 싱글몰트 위스키의 경우 증류소 자체적으로 병입시킬 수 있는 병입 라인을 가지고 있는 증류소는 브룩라디, 글렌피딕, 스프링뱅크 3곳뿐이다. 캐스크 스트랭스 제품을 제외한 모든 위스키는 도수를 일정하게 낮추기 위해 물을 첨가하는데, 병입라인을 갖추고 있으면 이때 사용하는 물이 위스키를 생산했을 때 사용하는 물과 같은 성질의 물이므로 제품의 개성을 좀더 유지하게 된다는 주장도 있다.

CHAPTER 2

스코틀랜드 증류소 기행

스코틀랜드 전역에 걸쳐 많은 증류소가 있는데 이중에 가동 중이거나 증류소 여건상 잠시 쉬는 증류소까지 포함해 총 108개의 증류소가 면허를 가지고 있다(2012년 기준). 싱글몰트 스카치위스키를 지역별로 구분하자면 5개 지역, 하이랜드, 로우랜드, 스페이사이드, 아이라, 캄블튼으로 구분되며 법적으로 위스키병 라벨에는 이 지역명만을 사용해야 한다. 예외적으로 위스키가 생산된 증류소가 위치한 지명을 더 자세하게 표기하는 경우는 허용하고 있다. 예를 들어 하이랜드 파크 증류소나 스카파 증류소가 위치한 오크니제도의 경우 지역별 구분에는 하이랜드에 속하지만 이 지역에서 생산된 위스키 라벨에 'Orkney Single Malt Scotch Whisky'라고 표기할 수 있다. 또한 두 지역의 몰트위스키가 블렌딩 사용된 경우에는 두 지역 모두 표기할 수 있다. 하이랜드 몰트위스키와 아이라 몰트위스키가 혼합된 경우에는 'a Blend of Highland and Islay Malts'라고 표기할 수 있다. 법적인 표기 기준은 위와 같지만, 일부 책과 위스키 관련 자료에서는 스코틀랜드 섬에서는 해양성 특유의 개성을 지닌 몰트 위스키들이 생산된다고 하여, 스코틀랜드 남서쪽 큰섬인 아이라에서 생산된 몰트 위스키를 제외하고 Islands로 구분하기도 한다.

REGION OF ORIGINE
SPEYSIDE

스페이사이드 지역

스코틀랜드 위스키 지도를 보면 스코틀랜드 심장부를 가로지르는 스페이강(Spey)을 찾을 수 있다. 그리고 스페이강 주변으로 많은 증류소들이 표기된 것을 볼 수 있다. 이 지역은 물이 풍부한 지역이기 때문에 예전 밀주시대부터 많은 증류소들이 위치해 있었다. 그래서 스페이강 주변을 따로 떼어 구분하기 위해서 스페이사이드라고 부르고 있다. '스페이'라는 이름은 침뱉다의 spit에서 유래되었는데 스페이강을 자세히 보면 물이 맑음에도 불구하고 마치 침을 뱉어 놓은 듯 작은 거품이 있어 이런 이름이 생겨났다고 한다. 이 지역에서 생산된 몰트 위스키들은 블렌딩용으로 주로 많이 사용되었기 때문에 가벼운 바디감에 부드럽고, 과일향이 강하며, 꽃향기와 달콤함을 특징으로 하고 있다.

워시백 발효조

REGION OF ORIGINE
SPEYSIDE

OWNER
Chivas Brothers Ltd

WATER OF SOURCES
Spring on Ben Rinnes

STILLS
2 x wash stills, 2 x spirit stills

CAPACITY PER YEAR
2,100,000 Litres

아벨라워 www.aberlour.com
Aberlour, Banffshire AB38 9PJ

재잘거리는 '개천의 입구(Mouth of the chattering burn)' 라는 의미를 지니고 있는 아벨라워 증류소는 고대의 유적과 아름다운 자연환경으로 유명한 아벨라워에 위치하고 있다. 원래 이 마을은 드로이드(고대 켈트족)에 의해 세워졌다. 청동기 시대부터 사람들이 거주했으며 역사에 따르면 6세기 기독교 개종에 힘쓴 성 드로스탄의 이름까지 나온다. 성 드로스탄은 아일랜드 귀족 출신으로 스코틀랜드의 전역을 돌며 기독교 전파에 힘쓴 사람으로 후에 그의 유해는 아벨라워에 묻혔고 매년 그의 축일 때 성대하게 행사가 거행된다고 한다.

아벨라워에는 드로스탄의 우물이 있는데 이 물을 세례 때 사용했고 몇 세기 후 이 신성한 샘물은 최초의 위스키 제조자를 끌어들였다. 인간의 죄를 씻기 위해 사용되었던 성스러운 물이 생명수(Water of Life)인 위스키를 만드는 데 사용된 셈이다.

아벨라워 증류소는 마을 한가운데 위치해 있는데 조금만 옆으로 걸어가면 스페이강과 합류하는 라우라 천(Lour)을 만날 수 있다. 그 천은 주변 마을 사람들이 식사 전이나 식후에 산책하는 장소로 유명하다. 양쪽 제방에는 어른 몇 명이 둘러쌓아도 다 감싸지 못할 정도로 큰 두께의 나무들이 낯선 이방인에게조차 평온한 휴식을 준다.

아벨라워 증류소의 초기 이름은 아벨라워 글렌리벳(Aberlour-Glenlivet) 증류소였다. 당시에 후발 증류소들은 잘나가던 Glenlivet 증류소의 이름을 하이픈(-)을 붙여서 앞뒤에 연결하는 게 유행이었다. 결국 이 사건은 글렌리벳 증류소의 고소로 법정에서 판가름이 났는데 글렌리벳 증류소가 패소했다. 법정은 Glenlivet이라는 이름은 누구나 사용할 수 있으며 단지 'The Glenlivet'이라는 이름은 글렌리벳 증류소만이 사용할 수 있다고 판결을 내렸다.

아벨라워 증류소는 1826년 제임스 고든과 피터 위어에 의해 설립되었다가 1827년 제임스 고든의 단독 소유가 됐다. 그러다가 1879년 증류소의 화재로 인해 소실되었고 1879년 지역의 은행가였던 제임스 플레밍이 장소를 스페이강 위쪽으로 옮겨 다시 지었다. 제임스 플레밍은 대단한 기부가로 마을에 시청과 가로등을 설치해 주었고 1895년 죽었을 때에는 막대한 유산을 지역의 학교와 병원을 짓는 데 환원한 덕망 깊은 사람이었다. 1898년 아벨라워 증류소는 두 번째 화재를 맞는다. 당시 위스키 증류소들은 화재가 자주 났다. 특히 몰트를 분쇄할 때 밀링 머신에서 불꽃이 튀어 분진 폭발이 일어나거나 위스키 숙성창고의 공기 중에 퍼져 있는 알코올과 불꽃이 만나

폭발해 불이 나는 경우가 잦았다. 그래서 지금도 증류소를 방문하면 가이드가 대기 알코올 측정기를 들고 다니며 사진촬영을 할 때 플래시를 터트리지 못하게 하는 곳이 많다. 이 두 번째 화재로 아벨라워 증류소는 전소되었고 건축가 찰스 도이그(Charles Doig)를 불러 새롭게 건축했다. 그 후 증류소는 1975년 페르노리카(Pernod Ricard) 소속이 되었다.

아벨라워에서 위스키 만드는 과정을 살펴보면, 라우어 강에서 끌어오는 물이 증류소까지 이동하면서 두꺼운 화강암 지대도 통과하고 피트 지역을 통과하기도 한다. 스테인리스로 만들어진 매쉬툰과 4개의 스테인리스 워시백, 그리고 기름으로 가동되는 4개의 증류기가 있다. 위스키에 사용되는 몰트는 1962년 이후로는 주문해서 사용하고 있는데 가볍게 피트 처리한 몰트를 사용하고 있다. 그리고 위스키를 숙성시키기 위한 숙성창고가 5개 있다.

아벨라워 증류소에서는 일반인들에게 2가지 투어를 제공하고 있는데 약간의 비용(26파운드)을 지불하면 흥미로운 경험을 할 수 있다. 특별한 위스키를 초콜릿과 맛보거나 위스키 통에서 뽑은 원액을 자신이 직접 병입하고 라벨을 붙일 수도 있다. 그 라벨에 위스키 증류일, 위스키 병입일, 숙성년수, 알코올도수, 그리고 자신의 사인을 직접 써넣는다. 필자도 방문했을 때 직접 병입한 위스키 한 병을 가져왔는데 한동안 바라만 보고도 흐뭇해하다가 개봉해 즐겁게 마신 기억이 있다.

최근 무섭게 성장해 전 세계 싱글몰트 위스키 판매량 Top10 안에 진입한 아벨라워는 특히 프랑스를 핵심 마켓으로 해 마케팅을 강화 중이다. 특히 현재 프랑스 내에서 판매량 1위를 놓고 글렌피딕과 아벨라워의 각축은 무척 치열하다고 알려져 있다. 아벨라워 증류소 웹사이트에 프랑스어로 자세하게 번역해 놓은 것만 보아도 그들이 현재 얼마나 프랑스 시장에 정성을 들이는지 알 수 있다. 최근 우리나라에서도 싱글몰트 위스키 붐이 일고 있지만 좀더 대중화되기 위해서는 제대로 된 한글 서비스가 필요하다는 생각이다.

아벨라워는 현재 10년, 12년, 16년, 18년 그리고 아브나흐(A'bunadh)가 출시되고 있다. 또한 특별한 제품으로 15년 Cuvée Marie d'Ecosse 제품이 면세점에 출시되고 있다. 아벨라워 제품의 경우 부드러운 셰리향에 피트 향이 약간 묻어나고 가벼운 스모키함을 겸비하고 있어 단맛이 진한 위스키를 싫어하는 사람들에게 많이 어필되고 있다. 특히 시가 스모커들 사이에서 새롭게 조명받고 있는 제품들이다. 현재 면세점에서 판매중인 아벨라워 아브나흐(Aberlour A'bunadh)는 엄선된 셰리통에서만 숙성시킨 원액으로 인위적인 냉각여과 과정과 물을 혼합하는 과정 없이 순수한 위스키 본연의 맛을 즐기도록 만든 제품으로 해외 주류품평회에서 호평을 받았다. 배치(Batch)마다 다른 도수와 다른 맛을 선보이는 것이 큰 특징이다.

ABERLOUR A'BUNADH
ALCOHOL CONTENT Batch와 출시 시기마다 다름
TYPE Single Malt

숙성창고

방문객 센터

몰트를 건조시키는 아궁이

REGION OF ORIGINE
SPEYSIDE

OWNER
William Grant & Sons

WATER OF SOURCES
Robbie Dubh

STILLS
4 x wash still, 5 x spirit still

CAPACITY PER YEAR
5,600,000 Litres

발베니 www.thebalvenie.com
Dufftown, Banffshire AB55 4DH

세계에서 가장 많이 팔리는 싱글몰트 위스키인 글렌피딕 증류소와 한 울타리를 사용하고 있는 발베니(Balvenie) 증류소는 사람들에게 부담 없이 다가서는 대중적인 글렌피딕과는 다른 매력으로 사람들에게 어필하고 있다. 이 두 증류소는 모두 한 회사 윌리엄 그랜트 앤 선즈(William Grant&sons) 소속의 증류소이다. 또한 위스키를 만들 때 사용하는 물도 똑같이 '로비듀(Robbie dhu)'라는 샘물을 사용한다. 그럼에도 불구하고 두 위스키의 개성이 완전히 다른 이유는 생산방식과 사용되는 재료가 다르기 때문이다.

발베니는 지금은 폐허가 되어 관광지로 변모한 발베니 성에서 유래했다. 1892년 글렌피딕의 설립자 윌리엄 그랜트에 의해 설립되었으며 아직까지도 이들 가문에 의해서 운영되고 있는 증류소이다. 현재 스코틀랜드의 많은 증류소들이 다국적기업의 대기업 소속으로 편입되는 경우가 많은데 아직까지도 이 증류소는 설립자 후손들에 의해서 운영되고 있다. 이 증류소가 다른 증류소들과 남다른 점이 있다면 위스키를 만들 때 사용하는 보리의 일부분이 증류소에서 직접 소유하고 경작하는 밭에서 수확한 보리로 위스키를 만든다는 점이다. 또한 위스키 제조 시 사용되는 몰트의 일부분을 증류소에서 직접 생산한 몰트로 충당한다.

Monkey Shoulder라는 단어가 있는데, 원숭이처럼 구부정한 어깨를 하고 있다고 해서 붙여진 말이다. 이 용어는 발베니 증류소에서 생겨났는데 그 증류소에 근무했던 몰트 마스터(Malt Master)가 오랜 기간 플로어몰팅(사람의 손으로 몰팅을 하는 과정) 작업을 하느라 어깨가 원숭이처럼 구부정하게 변했다고 붙여진 별명이다. 어쩌면 놀리는 말일 수도 있지만 그 의미를 깊이 들여다보면 위스키를 만드는 데 평생을 바쳤다는 의미로 풀이될 수도 있다. 이에 평생의 노고를 치하하는 의미에서 Monkey Shoulder라는 위스키가 출시되기도 했다. 현재 증류소에서 직접 몰팅 작업을 하는 증류소는 몇 군데 되지 않는다. 비용과 노동력을 많이 필요로 하는 작업이기 때문이다.

전문 몰팅공장에서 생산된 몰트(피트처리가 되지 않은 몰트) 90%와 증류소에서 피트향을 이용해 생산된 몰트 10%를 혼합해 위스키를 만들고 있는데, 증류소에서 처리하는 피트의 강도는 다소 약한 편이다. 때문에 발베니 증류소의 일부 위스키들은 2002년부터 기존 방식과는 달리 피트 처리의 강도를 높여서 위스키를 생산하고 있다. 현재 발베니에서는 스테인리스 재질에 세미 라우터가 설치된 매쉬툰에서 혼합된 후 오레곤 파인 오크 재질

직 한통에서 숙성된 원액으로만 병입해 출시한 발베니 15년 싱글베럴(Balvenie Single barrel 15years old) 제품이 두각을 나타내고 있다.

발베니 증류소와 글렌피딕 증류소는 스코틀랜드에서 가장 인기 있는 관광 코스 중의 하나이다. 실제로 방문해 보면 잘 정돈된 정원 혹은 테마파크의 느낌이 들며, 관광객을 안내하는 가이드들의 수준도 높은 편이다. 또한 레스토랑과 방문객들을 맞이하는 기념품 가게도 상당히 잘 꾸며져 있다. 싱글몰트 위스키 애호가라면 한 번쯤은 가볼 것을 추천한다.

로 만들어진 워시백에서 54시간 동안 발효가 되면서 알코올 도수 8%의 발효액(wash)이 만들어진다. 이렇게 발효된 워시들은 다시 증류기로 옮겨져 최대한 증류 속도를 천천히 해 스피릿을 생산하는데 최종 생산된 스피릿은 64%로 물을 혼합해 일정 도수로 조절된 후 오크통에서 숙성이 되어간다. 이때 사용되는 오크통은 미국 미주리주나 켄터키주에서 생산된 오크통과 스페인에서 생산된 오크통 둘 다 사용되는데, 이웃 증류소 글렌피딕보다는 셰리캐스크 오크통의 사용 비율이 좀 더 높은 편이다. 특히 이 증류소에는 직접 통을 생산하는 작업장을 두고 있다. 위스키를 만들 때 매우 중요한 영향을 미치는 오크통을 직접 관리할 수 있다는 것은 최고의 장점이라 할 수 있다. 또 이곳은 자체 병입시설까지 가지고 있는데, 병입 시 위스키 제조에 사용되는 물로 최종 알코올 도수를 맞추는 데 사용할 수 있으므로 증류소의 특징을 일관되게 유지시킬 수 있는 장점이라 할 수 있다. 한마디로 술이 만들어지는 모든 과정이 이곳에서 이루어지는 진정한 샤토(Château)의 개념이라고 할 수 있다.

현재 우리나라에 들어와 있는 발베니 제품 중에 가장 많이 팔리는 제품은 Balvenie 12년 제품으로 위스키 초기 숙성 시에는 아메리칸 버번위스키를 숙성시켰던 통에서 숙성시키다가 일정 기간 지난 후 다시 스페인산 셰리오크통에서 추가 숙성을 시키는 방법으로 만들어졌다. 또한 최근에는 엄선된 아메리칸 버번오크통에서 15년 동안 숙성시킨 원액을 다른 통의 원액과 혼합하지 않고 오

**BALVENIE
SINGLE BARREL
15-YEAR-OLD**
ALCOHOL CONTENT 배럴마다 다름
TYPE Single Malt

발베니의 상징 플로어몰팅

증류소 근처에 있는 발베니성

창고

REGION OF ORIGINE
SPEYSIDE

OWNER
Benriach
Distillery Co

WATER OF
SOURCES
Burnside
Springs

STILLS
2 x wash stills,
2 x spirit stills

CAPACITY
PER YEAR
2,800,000 Litres

벤리악
www.benriachdistillery.co.uk
Longmorn, Near Elgin, Morayshire IV30 8SJ

'붉은 사슴의 언덕'이라는 뜻을 지닌 벤리악 증류소는 이름에 걸맞게 사슴의 울음소리를 들을 수 있는 테인들랜드(Teindland) 숲속 근처에 위치해 있다. 1898년 롱몬(Longmorn) 증류소를 설립했던 존 더프(John Duff)가 이웃 농장이었던 리악(Riach) 농장의 이름을 따와 롱몬 증류소 근처에 세웠다. 증류소 바로 근처의 바위를 뚫고 올라오는 번사이드(Burnside) 샘에서 양질의 물을 얻기가 쉽고, 롱몬 역과 가까워 철도를 통한 재료의 운반과 위스키의 운송이 용이했기 때문이다. 하지만 증류소는 설립과 동시에 위기를 맞았다. 스코틀랜드 전역에 불어 닥친 경제위기 패티슨 크래쉬(Pattison Crash)의 충격으로 인해 증류소 설립 2년 만에 문을 닫게 된다.

1,2차 세계대전의 암울한 상황이 지나고 1960년대에 들어와 위스키시장이 조금씩 회복될 무렵인 1965년 벤리악 증류소는 더 글렌리벳 디스틸러리사(The Glenlivet distillery Ltd)에 의해서 다시 재가동된다. 재가동의 의미보다는 재설립의 의미가 맞을 정도로 많은 설비들을 교체하고 건물들을 다시 짓고 재가동시켰다. 빅토리아시대의 벽돌 양식으로 지어진 건물은 매우 인상적이며 특히 증류소의 파고다(굴뚝)는 로씨스 지역의 랜드마크가 될 정도로 유명하다. 벤리악 증류소는 증류소 설립부터 문을 닫고 긴 잠을 자고 있던 1965년도까지도 롱몬 증류소에 몰트를 공급하기 위해 플로어몰팅을 지속적으로 가동하고 있었다. 물에 담가 싹을 틔운 보리를 바닥에 깔아놓고 일일이 삽으로 뒤집으면서 말리는 전통적인 몰팅 방식인 플로어몰팅을 1999년까지 유지하면서 위스키를 생산했다.

1972년 다시 재가동하기 시작한 벤리악에 변화가 생긴 것은 순전히 그룹 계열사의 포트폴리오 때문이다. 벤리악을 소유하고 있던 더 글렌리벳 디스틸러리 계열사에는 아이라 증류소가 없다. 블렌디드위스키를 제조할 때에는 사용된 몰트의 10% 정도를 아이라의 스모키한 몰트위스키 원액을 사용하는데, 아이라 지역에 증류소를 갖고 있지 않던 그룹으로서는 자신들의 블렌디드위스키에 스모키한 맛을 추가하기 위해 벤리악에서 피트 처리된 몰트를 생산하게 한 것이다. 원래 스페이사이드 지역은 피트 처리하지 않은(non-peated malt) 위스키가 주를 이루는데 그룹의 필요에 의해서 증류소의 캐릭터가 바뀌게 된 것이다. 그래서 1972년부터 벤리악 증류소에서는 Peated whisky와 Non Peated 위스키가 함께 생산되는데, 10%는 피티드 위스키, 90%는 난피티드 위스키가 생산된다. 2008년 일본에서 열린 위스키라이브 재팬에서 벤리악 마스터 클래스가 열렸는데 당시 벤리악 생산 책임자였던 빌 워커가 앞으로 벤리악은 난피티드 위스키에 주력하겠다고 밝힌 바 있다.

1978년 The Glenlivet distillery Ltd가 캐나다의 주류회사인 씨그램으로 넘어가면서 벤리악도 씨그램 소속이 된다. 1985년 중간 크기의 2개 증류기를 4대로 늘리면서 1994년 벤리악 증류소에서는 처음으로 벤리악이라는 브랜드로 싱글몰트 위스키를 출시한다. 그리고 1999년 101년이라는 세월 동안 한 번도 쉬지 않고 계속해서 가동했던 플로어몰팅을 중단하고 생산성 있는 방향으로 선회한다. 플로어몰팅 과정으로 위스키를 만들면 위스키에 사람의 정성이 들어가 위스키의 품질이 훨씬 좋아지지만 만드는 과정이 힘들고 시간이 많이 소요되기 때문에 지금은 대부분 몰트 플랜트에서 이미 만들어진 몰트를 가지고 위스키를 생산하는 것이 대부분의 증류소의 상황이다. 벤리악 증류소를 방문해보면 아직까지도 예전 플로어몰팅을 했던 시설들을 보존하고 있어 예전 위스키 제조자들이 흘린 땀을 느낄 수 있다. 지금도 많은 벤리악 마니아들은 다시 예전 방식인 플로어몰팅으로 위스키를 다시 생산했으면 하는 바람을 가지고 있고 벤리악 증류소 역시 언제라도 다시 플로어몰팅을 할 수 있도록 항상 정비하고 있다. 언젠가는 한정품으로라도 다시 한 번 예전의 전통 벤리악을 즐길 수 있는 기회가 찾아오길 고대해보자.

2001년 씨그램이 다시 프랑스계 주류회사 페르노리카로 넘어가게 되면서 페르노리카는 벤리악 증류소의 위스키 생산을 중단시키고 결국 2002년 휴업 상태로 만든다. 벤리악 증류소가 짧은 잠을 자는 동안 스카치위스키 산업을 눈여겨보고 있던 남아공 출신의 위스키 애호가 조프 벨(Geoff Bell)과 웨인 카이스웨터(Wayne Keiswetter)가 컨소시엄을 통해 증류소를 사들이고, 위스키 업계의 카리스마 빌 워커를 영입해 증류소를 새롭게 변신시켰다. 벤리악 증류소에서는 새 주인을 만난 해를 기념하기 위해서 96개 양질의 버번통에 12년 숙성을 목표로 위스키

를 생산 숙성시키고 있다. 2004년 이전까지 벤리악은 스카치위스키업계에서 그렇게 주목받는 브랜드가 아니었다. 그저 위스키 수요에 따라 유동적으로 몰트를 공급하는 증류소로 치부되고 있던 상황에서 새 주인들은 벤리악 증류소에 새로운 날개를 달아준 셈이다.

**BENRIACH
12-YEAR-OLD**
ALCOHOL CONTENT 43% abv
TYPE Single malt

증류실

플로어 몰팅장

방문객센터 조니워커의 상징 스트라이딩맨

REGION OF ORIGINE
SPEYSIDE

OWNER
Diageo
WATER OF SOURCES
Springs on the Mannoch Hill
STILLS
3 x wash stills,
3 x spirit stills
CAPACITY PER YEAR
3,000,000 Litres

카듀 www.malts.com
Knockando, Aberlour, Banffshire AB38 7RY

카듀 증류소는 전세계에서 가장 많이 팔리는 스카치위스키 조니워커의 핵심 원액을 공급하는 증류소로 유명하다. 카듀 없는 조니워커는 상상할 수 없다는 말이 있을 정도이다. 이 증류소는 약간 낮은 언덕에 위치해 있는데 벤 리네(Ben Rinnes), 노칸두(Knockando) 그리고 탐듀(Tamdhu) 증류소가 바로 이웃해 있다. 1811년 존 커밍(John Cumming)이라는 밀주업자에 의해서 설립된 카듀 증류소는 1824년 공식면허를 가질 수 있는 첫째부터 정식면허를 받아 Cardhu라는 이름으로 정식 가동을 시작했다. '카듀'라는 이름은 '검은 바위'라는 게일어에서 유래되었는데, 정식면허를 받기 이전에 밀주단속원들이 밀주현장에 들이닥치면 커밍의 와이프가 증류기를 빵 굽는 제빵기로 위장해서 속였던 일화를 지니고 있다. 존 커밍이 죽고 그의 아들과 며느리에 의해서 가동되다가 1893년 존 워커 앤 선즈(John Walker&Sons)에 의해 2만5백 파운드에 소유권은 넘어가지만 생산은 커밍 가문에 의해서 여전히 운영되었다. 이때 생산된 위스키 이름을 Cardow에서 Cardhu로 바꾸게 되었다가 1908년 Cardow로 변경된다.

소유권이 SMD(Scottish Malt Disrillers)로 바뀌고 1960~61년에 증류소를 개축하면서 증류기 숫자도 6개로 늘어난다. 1981년에 다시 한 번 증류소 이름이 Cardhu로 변경되어 오늘날에 이르고 있다. 카듀 증류소는 입구의 빨간색 큰 문이 방문객들을 맞이한다. 그 문을 들어서면 조니워커의 상징인 스트라이딩맨의 작은 동상이 이 증류소가 조니워커의 홈이라는 걸 깨닫게 한다. 정식 생산하고 있는 공정을 엿보면 큰 스테인리스 매쉬툰이 가동 중이며 8개의 스코틀랜드 낙엽송으로 만든 발효조를 볼 수 있다. 3쌍의 1, 2차 증류기가 가동 중이며 매년 230만 리터의 위스키를 생산하고 있다.

카듀 싱글몰트 위스키는 전 세계 판매량 6위에 랭크되는 유명한 스카치 몰트위스키이다(1위는 글랜피딕, 2위는 글렌리벳, 3위는 맥켈란, 4위는 글렌그랜트, 5위는 글렌모렌지). 디아지오 그룹 소유의 싱글몰트 위스키 중에 가장 많이 팔리는 스카치 싱글몰트 위스키이며 2위인 탈리스커 판매량의 2배 물량이 판매되고 있다. 카듀 증류소는 프랑스와 그리스 등 유럽 쪽에서 인기가 많은 위스키인데 특히 스페인에서 압도적이다. 1990년 후반부터 스카치 싱글몰트 위스키에 대한 수요가 폭발적으로 늘어나면서 카듀 증류소에서는 다른 증류소에서 생산된 위스키를 혼합해 편법으로 위스키를 출시했다. 그리고 카듀 퓨어몰트(Cardhu Pure Malt) 위스키로 기존 라벨에 문구만 슬쩍 바꿔서 마치 싱글몰트 위스키인 것처럼 판매했다. 이때가

숙성창고

2002년 스페인 시장을 주력으로 출시하던 시점이었는데, 다음해인 2003년부터 디아지오는 위스키 업계의 강한 반발에 직면하게 된다. 카듀의 행위는 소비자를 우롱하는 처사이며 위스키업계의 질서를 무너뜨리는 행위라는 비난을 받았다. 그로 인해 그해 모든 위스키 품평회에서 디아지오의 제품들은 철저히 외면당하고 결국 2004년 디아지오는 카듀 퓨어몰트의 시장 철수를 선언한다. 이처럼 싱글몰트 위스키는 그만의 독창성을 인정받고 있으며 각 증류소가 갖고 있는 테루아와 개성이 묻어나는 싱글몰트 위스키는 그 증류소의 문구만으로도 소비자들에게 큰 구매요인이 된다. 뿐만 아니라 싱글몰트 위스키를 구매한다는 건 그 증류소가 가지고 있는 역사와 스토리를 함께 구매한다는 의미를 지닌다.

**CARDHU
12-YEAR-OLD**
ALCOHOL CONTENT 40% abv
TYPE Single malt

워시백

스피릿 세이프

크래간모어의 방문객센터

REGION OF ORIGIN
SPEYSIDE

OWNER
Diageo
WATER OF SOURCES
The Craggan Burn
STILLS
2 x wash stills, 2 x spirit stills
CAPACITY PER YEAR
2,000,000 Litres

크래간모어 www.malts.com
Ballindalloch, Banffshire AB37 9AB

혹시 토마스 파(Thomas Parr)라는 이름을 들어본 적 있는가? 그렇다면 위스키를 아주 좋아하는 사람일 확률이 100%이다. 그럼 토마스 파는 못 들어봤어도 올드 파(Old Parr)라는 이름은 한 번쯤 들어본 적이 있을 것이다. 그렇다. 바로 스카치 블렌디드위스키 이름이다. 올드 파는 152세까지 장수하며 살았던 토마스 파를 모티브로 해 만들어진 위스키로 술병 라벨에는 화가 루벤스가 그린 토마스 파의 초상화가 그려져 있다. 우리나라에는 잘 알려지지 않았지만 세계적으로 특히 일본에서 가장 사랑받는 위스키 중의 하나이다. 이 올드 파 위스키를 만드는 데 있어서 가장 핵심적인 원액이 크래간모어 증류소에서 나온다.

크래간모어 증류소는 1869년 존 스미스(John Smith)에 의해 설립되었는데 존 스미스는 글렌리벳 증류소 설립자인 조지 스미스(George Smith)의 막내아들이다. 덕분에 존 스미스는 글렌리벳 증류소는 물론 글렌파클라스 증류소와 맥켈란 증류소에서 경험을 쌓을 수 있었다. 증류소가 위치한 곳은 스코틀랜드 심장부인 스페이사이드의 발린달로크(Ballindalloch) 지역으로 예로부터 물이 풍부하고 보리가 많이 재배되던 지역이었다. 그러나 위 지형적 조건 외에 최고의 조건은 바로 철로가 증류소 인근을 지나는 것이었다. 기차를 통한 운송 덕분에 위스키 판매에 큰 이득을 볼 수 있었기 때문이다. 위스키를 만드는 데 필요한 석탄과 보리, 피트의 운송을 철도를 이용하면서부터 작업 효율이 높아지고 생산량도 다른 증류소에 비해 많이 증가하게 되었다. 철도를 이용한 운송은 마차를 통해 운반하던 시대에 있어 최고의 장점이었고 덕분에 크래간모어의 위스키는 최초로 철로를 타고 스코틀랜드와 영국 전역으로 퍼져 나갔다. 크래간모어의 이름은 게일어로 '큰 바위'라는 뜻을 지니고 있으며 증류소 바로 뒤의 크래간모어 언덕에서 이름을 따왔다고 한다.

1901년 확장을 거쳐 증류소 규모를 키웠으며, 1917년 잠시 휴업, 1918년 다시 증류소 가동, 그리고 1923년 화이트호스에 팔리면서 화이트호스의 핵심원주로서의 역할을 수행하고 있다. 1968년 현 디아지오의 전신인 DCL에 흡수된 이후 지금까지 디아지오 소유로 남아 있다. 현재 디아지오의 클래식 몰트 시리즈로 소비자들에게 팔리고 있다.

증류소의 첫인상은 작고 아담하지만 정갈하다는 인상을 갖게 한다. 가죽시트와 나무 가구들로 공간을 편안하게 꾸며놓았으며, 방문객 센터에는 이곳이 올드 파의 본가(本家)라는 사실을 금방 알 수 있을 정도로 다양한 올드

파 제품들이 전시되어 있다.

크래간모어 증류소에서는 디아지오에서 공급된 몰트를 가지고 훈연향이 약하면서도 복합적인 특성을 지닌 위스키를 만들어내고 있다. 이는 크래간모어만의 몇 가지 독특한 요인들 때문이다. 첫째, 크래간모어의 매쉬툰은 특이하게 상부는 금속 스테인리스이고 하부는 나무로 만들어져 있다. 둘째, 크래건모어만의 독특한 증류기 모양 덕분이다. 1964년부터 가동 중인 4기의 증류기는 1차 증류기인 랜턴 모양의 워시스틸 2개와, 하단은 평평하고 살짝 윗부분이 둥근 공 모양의 2차 증류기 2개로 이루어졌다. 그런데 특이하게도 2차 증류기의 윗부분이 다른 일반 증류기처럼 백조의 목 모양(swan's neck)이 아니라 평평한 상단을 가지고 있다. 때문에 다른 증류기에 비해 증류가 어렵게 이루어져 환류(reflux)의 양이 늘며 증류된 위스키는 가볍고 깨끗한 원액이 만들어지게 된다. 실제로 크래간모어는 다른 몰트위스키들에 비해 가볍게 느껴진다. 셋째, 다른 증류소들에 비해 엄청난 웜튜브(응축관 : 튜브가 긴 벌레처럼 생겼다고 해서 붙여진 이름)를 갖고 있다. 실제로 증류소를 방문해서 증류소 뒤쪽으로 돌아가 보면 큰 물탱크가 양쪽으로 2개가 있는데 올라가서 보면 마치 큰 이무기가 똬리를 틀고 있는 것처럼 보일 정도로 아주 큰 응축관을 가지고 있다. 지금은 여러 종류로 확장되었지만 초기 오리지널 디아지오의 클래식몰트 시리즈 6가지 중에 아이라의 라가불린 증류소만을 제외하고 글렌킨치, 달휘니, 오반, 탈리스커, 크래간모어는 오리지날 웜튜브 방식을 사용하고 있다. 이런 증류과정을 거친 원액은 대부분 버번 오크캐스크에서 숙성과정을 거치게 되는데, 현재 크래간모어 증류소는 크래간모어 증류소, 파이프(fife), 레벤(Leven) 이렇게 세 곳에 분산해 위스키를 숙성시키고 있다.

크래간모어는 여느 스카치위스키들의 스모키한 면은 약한 반면 꽃내음과 과일향을 비롯한 복합적인 향들이 강하다. 봄날, 바람에 흩날리는 벚꽃잎들을 바라보며 한잔하면 금상첨화일 것이다.

**CRAGGANMORE
12-YEAR-OLD**
ALCOHOL CONTENT 40% abv
TYPE Single malt

크래간모어의 매쉬툰

REGION OF ORIGINE
SPEYSIDE

OWNER
Chivas Brothers
WATER OF SOURCES
Local Springs
STILLS
**2 x wash stills,
2 x spirit stills**
CAPACITY PER YEAR
4,000,000 Litres

글렌버기
By Alves, Forres, Morayshire IV36 2QY

글렌버기 증류소 내부에 들어가면 가장 먼저 눈에 띄는 글자가 바로 발렌타인이다. 글렌버기 증류소의 원액은 발렌타인을 만드는 핵심 원주이기 때문이다. 스카치위스키 중에 조니워커 다음으로 많이 팔리는 발렌타인의 집 같은 증류소가 바로 글렌버기이다. 증류소 내부 벽면에도 큼직한 글자와 문양으로 발렌타인을 만날 수 있다. 1810년 윌리엄 폴(William Paul)이라는 사람이 '킬플랫(Kilnflat)'이라는 이름으로 증류소를 설립했다가 문을 닫고 1878년 찰스 헤이(Charles Hay)가 '글렌버기-글렌리벳'이라는 이름으로 증류소를 다시 열었다. 이후 소유주가 여러 차례 바뀌고, 증류소가 가동을 멈춘 적도 있었지만 1936년 하이램워커(Hiram Walker)가 증류소 경영에 개입하면서 발렌타인의 중요한 원액 중 하나로 자리를 잡아 지금까지 줄기차게 가동 중이다. 증류소의 소유는 2005년 얼라이드 도멕(Allied Domecq)에서 지금의 페르노리카로 넘겨졌다.

2004년에 새롭게 교체, 단장을 해서 증류소가 매우 깨끗하고 효율적인 배치로 구성되어 있다. 일반적으로 오래된 증류소를 방문하면 위스키 생산 단계별로 공간들이 별도로 분리되어 있는 경우가 많은데, 이 증류소는 한 층에 모든 설비를 갖추고 있어 작업자들이 일하는 데 동선이 편할 뿐만 아니라 일반 관람객들도 한눈에 작업 설비를 볼 수 있다. 이 증류소의 특징 중 하나가 다른 증류소들과 달리 12개 스테인리스 발효조를 채택하고 있다는 점이다. 6개의 증류기를 통해 생산된 원액은 대부분 아메리칸 버번오크통으로 들어가 숙성된다.

증류소를 새롭게 꾸미면서 방문객 접대 센터를 만들었다. 그 건물은 원래 주세를 받아가는 세관원이 하룻밤 머물다 가던 숙소였는데 그 공간을 꾸며 테이스팅 룸을 만들었다. 글렌버기 증류소는 발렌타인을 좋아한다면 반드시 방문해봐야 하는 증류소이다.

BALLANTINES SIGNATURE DISTILLERY LIMITED EDITION
ALCOHOL CONTENT 40% abv
TYPE Blended malt

숙성창고

REGION OF ORIGINE
SPEYSIDE

OWNER
J&G Grant

WATER OF SOURCES
Springs on Ben Rinnes

STILLS
3 x wash stills, 3 x spirit stills

CAPACITY PER YEAR
3,000,000 Litres

글렌파클라스 www.glenfarclas.co.uk
Ballindalloch, Banffshire AB37 9BD

스코틀랜드의 증류소들은 큰 대기업 소유의 증류소들이 대부분임에 반해 아직도 몇 개의 증류소들은 초기 설립자 가문 혹은 가족경영 체제를 유지하고 있다. 글렌피딕, 스프링뱅크, 그리고 글렌파클라스 증류소가 아직까지 독립 가족경영 체제로 운영되고 있다. 이런 독립 가족경영 체제의 특징은 전통을 고수한다는 점이다. 새로운 방식, 좀더 경제적인 방식이 등장했지만 그들은 여전히 자신들의 위스키 색채를 고수하기 위해 집안 대대로 전해 내려오는 방식대로 위스키를 제조하고 있다. 이것이 독립 가족경영 체제가 주목받는 이유이기도 하다. 한때 글렌파클라스 증류소도 증류기 가열방식을 간접 열전달 방식으로 교체하려 했으나 중지하고 여전히 예전과 같은 증류기 바닥에 열을 가하는 방식을 고집하고 있다.

1836년 로버트 해이(Robert Hay)에 의해 설립된 '푸른 초원의 계곡'이라는 뜻을 지닌 글렌파클라스는 1797년부터 가동 중이긴 했으나 생산량이 많지 않았다고 한다. 그러다가 1863년 6월 8일 이웃 농장주였던 존 그랜트와 그의 아들 조지가 약 512파운드에 이 증류소를 매입하게 되었고, 그때부터 이 증류소는 그랜트 가문의 증류소로 남아 있게 된다. 그들은 이 증류소를 직접 가동하지 않고 글렌리벳의 존 스미스에게 임대를 했다가 존 스미스가 1870년 크래간모어 증류소를 운영하기 위해 증류소에서 손을 떼자 자신들이 직접 운영하게 된다. 1889년 조지 그랜트가 사망하자 그의 미망인에 의해 운영되었다. 1895년 패티슨 엘더(Pattison Elder & Co)와 손을 잡았지만 1898년 패티슨 엘더가 파산하면서 증류소까지 파산 위기가 찾아왔지만 증류소를 저당잡힌 위스키를 매각하여 위기를 넘겼다.

금융위기와 양차 세계대전을 무사히 버텨내고, 1960년과 1976년 두 번에 걸쳐 증류기를 6개로 늘렸으며 1973년에는 방문객센터도 문을 열었다. 조금 아쉽지만 1972년에 전통적인 바닥몰팅 방식을 중단했다. 이 증류소의 설비들은 크기가 대형인 것으로 유명한데, 매쉬툰의 경우 지름이 10미터에 이르며 16.5톤의 그리스트(grist)를 담을 수 있다. 12개의 발효조를 통해 48시간 발효과정을 거쳐 3쌍의 1차 2차 증류과정을 거쳐 위스키를 생산하고 있다. 증류기들은 스페이사이드 지역의 증류기 중에 가장 큰 사이즈를 자랑한다.

증류된 원액은 대부분 셰리 중에서도 오로로소 셰리 오크통에 숙성시키고 있다. 물론 소량으로 버번 오크통을 사용하기도 하지만, 글렌파클라스는 절대적으로 셰리 오크통 사용 비율이 높은 것으로 알려져 있다. 2011년 여

워시백

증류실

름부터 위스키 제조공정을 새로운 컴퓨터 시스템을 통해 관리하고 있다. 글렌파클라스의 상징적인 제품으로는 패밀리 캐스크 시리즈가 발매 중이며, 1952년부터 1997년까지 싱글캐스크 제품을 출시하고 있는데 모든 제품들이 한정품이기 때문에 소장가치가 높다.

GLENFARCLAS 105
ALCOHOL CONTENT 60% abv
TYPE Single malt

매쉬툰

존 그랜트

REGION OF ORIGINE
SPEYSIDE

OWNER
William Grant & Sons

WATER OF SOURCES
The Robbie Dhu Springs

STILLS
11 x wash stills, 18 x spirit stills

CAPACITY PER YEAR
10,000,000 Litres

글렌피딕 www.glenfiddich.com
Dufftown, Banffshire AB55 4DH

누군가 나에게 처음 마셔본 싱글몰트 위스키가 무엇이냐고 물어본다면 서슴지 않고 '글렌피딕'이라고 답할 것이다. 그런데 이 질문을 다른 사람들에게 했을 때도 많은 사람들의 입에서 글렌피딕이라는 답이 나올 것이다. 이유는 간단하다. 글렌피딕은 세계에서 가장 많이 팔리는 싱글몰트 위스키이기 때문이다. 위스키에 대한 첫사랑의 추억을 함께 했기 때문인지 글렌피딕 증류소를 방문했을 때 애틋한 설렘이 있었다. 증류소 입구에 들어서자 잘 꾸며놓은 놀이동산에 온 것 같은 착각을 불러일으킬 정도로 깔끔하게 단장된 좋은 시설에 깜짝 놀랐다. 스코틀랜드 증류소들을 다녀보면 토속적인 분위기의 증류소에서부터 공장 분위기의 증류소까지 다양하다. 심지어 너무 영세해서 작은 음식점들이 주방 공개를 꺼리듯이 증류소 공개를 안 하는 곳도 제법 있다. 그에 비해 글렌피딕 증류소는 스코틀랜드에서 손꼽히는 관광 명소이다. 훈련을 잘 받은 가이드에서부터 관람객의 동선 하나하나에까지 신경 써서 만든 길, 그 길마다 꽃으로 예쁘게 꾸며놓은 배려가 역시 세계에서 가장 인기 있는 스카치 싱글몰트 위스키 증류소답다는 인상을 준다.

글렌피딕 증류소는 1886년 윌리엄 그랜츠가 카듀 증류소에서 중고 장비들을 120파운드에 구매해서 스코틀랜드 스페이사이드 지역의 위스키 수도라고 부를 수 있는 더프타운(Dufftown) 지역에 설립했다. 위스키를 만들 때 사용하는 물은 로비듀(Robbie dhu)에서 끌어와 사용하는데 이 물은 현재 인근 증류소인 발베니에서도 사용되고 있다. 1887년 크리스마스 때 첫 증류를 시작해 위스키를 생산했지만 초창기 낮은 인지도 때문인지 위스키를 주문하는 이들이 없었다. 그러다 더 글렌리벳의 증류업자였던 존 고든 스미스(John Gordon Smith)가 자신의 증류소에 일어난 화재로 거래처의 주문량을 채우지 못하자 고객에게 글렌피딕의 위스키를 권유했고, 고객도 만족하게 되어 이후로 차츰 인지도가 상승했다. 윌리엄 그랜츠에게는 8명의 자녀가 있었는데 모두 위스키사업에 참여했다. 자식들은 학업이 끝나면 보리를 나르거나 위스키 생산에 필요한 피트를 채취했다. 이런 전통은 지금까지 유지되고 있다. 글렌피딕은 스코틀랜드 위스키 사업체 중에서 가족경영을 유지하고 있는 몇 개 남지 않은 회사이다.

글렌피딕 증류소를 방문하면 여러 채의 숙성창고뿐만 아니라 오크통 작업장을 구경할 수 있는데 위스키 생산에 필요한 오크통 작업장을 자체적으로 보유하고 있어 좋은 품질의 위스키를 만들 수 있다. 또 대부분의 위스키

업체들이 시행하고 있는 가스를 이용한 스팀코일 방식과 달리 여전히 석탄을 연료로 하는 28개의 증류기를 통해서 자신들만의 독특한 색깔을 지닌 위스키를 만들어 내고 있다. 자체 병입시설을 지니고 있어 위스키를 생산할 때 사용하던 물을 마지막에 병입하는 과정에서도 알코올 도수를 맞추기 위해 사용하기 때문에 글렌피딕만의 고유한 색깔을 유지할 수 있다. 글렌피딕 증류소에 가장 주목해야 할 점은 싱글몰트 위스키 자체로 판매를 시작한 최초의 증류소라는 점이다.

1960년대 초반까지 증류소에서는 블렌디드위스키 업체의 수요에 의해서 증류소의 생존이 좌지우지 되었다. 그런 상황이 불만이었던 글렌피딕은 과감히 싱글몰트 위스키 자체의 판매를 시작했다. 당시 부드럽고 마일드한 풍미의 블렌디드위스키에 길들여져 있던 소비자들에게 강하고 진한 맛의 몰트위스키가 어필하지 않을 것이라는 게 주류의 의견이었다. 하지만 글렌피딕의 섬세하고 라이트한 바디감 그리고 1957년부터 사용하기 시작한 삼각형의 병 디자인은 글렌피딕만의 아이콘으로 자리 잡으면서 전 세계인의 사랑을 받기 시작했다. 글렌피딕 증류소는 이후 승승장구해 1964년 4,000케이스를 수출시장에서 판매했고 10년 후에는 119,500케이스를, 1999년에는 745,000케이스를 판매하는 성장을 보였다. 이에 1974년 위스키 회사로는 처음으로 Queen's Award for Expert Achievement를 받았다. 또한 위스키회사 최초로 면세점 시장의 중요성을 인식하고 전세계 면세점 시장을 공략했다.

현재 글렌피딕 증류소에서 가장 많이 팔리고 인기 있는 술은 12년 제품인데 개인적으로나 위스키전문가들 사이에서 가장 인기 있는 제품은 글렌피딕 15년 솔레라 리저브 제품이다. 글렌피딕 15년 솔레라 리저브 제품은 스페인 셰리와인의 숙성방식인 솔레라 공법에서 유래한 숙성 및 블렌딩 방법을 취했다. 스페인산 셰리오크통에서 숙성된 원액, 아메리칸 버번오크통에서 숙성된 원액 그리고 처음 숙성에 사용된 새 오크통에서 숙성된 원액 세 가지를 큰 솔레라 배트라고 불리는 큰 오크통에 넣고 혼합해 숙성 및 블렌딩시킨다. 이후 솔레라 배트의 아랫부분에서 원액을 꺼내 병입을 시키는데 이때 솔레라 배트 용량의 절반 이상을 남겨두어야 한다. 솔레라 배트에서 꺼낸 원액은 다시 솔레라 메링툰이라는 작은 통에서 2~3개월 추가 숙성(메링)을 거친 후에 병입된다. 이 솔레라 공법의 장점은 술의 일정한 품질과 풍미를 유지시켜준다는 점이다.

글렌피딕의 큰 매력은 누구나 편하게 다가설 수 있는 싱글몰트 위스키라는 점이다. 싱글몰트 위스키를 접하는 처음으로 접하는 분께 가장 먼저 추천하는 싱글몰트 위스키이며, 싱글몰트 위스키의 입문서로서의 역할을 훌륭하게 수행하는 제품이다

**GLENFIDDICH
12-YEAR-OLD**
ALCOHOL CONTENT 43% abv
TYPE Single malt

글렌피딕의 숙성창고

28기의 증류기를 가동중인 증류실

글렌그랜트 증류소의 응축기

REGION OF ORIGINE
SPEYSIDE

OWNER
Campari Group
WATER OF SOURCES
The Glen Grant Burn
STILLS
**5 x wash stills,
5 x spirit stills**
CAPACITY PER YEAR
5,900,000 Litres

글렌그랜트 www.glengrant.com
Rothes, Morayshire AB38 7BS

스코틀랜드를 방문했을 때 꼭 들려야 할 필수 증류소들이 있는데 그중에 글렌그랜트는 반드시 방문 증류소 리스트에 넣어야 한다. 그만큼 볼거리가 많으며 나름대로 사연을 가지고 있는 증류소이기 때문이다. 스페이사이드 로시스(Rothes) 지역에 위치한 글랜그랜트 증류소는 1823년부터 불법적으로 증류를 시작했고 이어 1840년 존 그랜트와 제임스 그랜트가 정식 면허를 획득하자 정식 위스키 생산에 들어서었다. 이 지역은 위스키 생산에 필요한 물이 풍부하고 주변에 농가들이 많아 쉽게 보리를 구할 수 있는 지역이었다. 게다가 1858년 철로가 로시스 지역에 개통되어 철로 운송의 이점이 생기면서 다른 증류소의 경우 생산된 위스키가 스코틀랜드 내에서만 소비되는 데 비해 글렌그랜트 위스키는 2/3가 잉글랜드에서 소비될 정도였다.

1872년 증류소를 설립했던 멤버들이 죽자 그의 후손인 메이저 그랜트가 경영을 승계받았다. 메이저 그랜트는 인생을 거침없이 멋지게 살았던 인물이다. 유명한 발명가이자, 사회운동가였고, 탐험가였다. 증류소에 들어가면 그가 코끼리를 타면서 호랑이 사냥을 즐겼던 사진들을 구경할 수 있다. 또한 유명한 발명가인 덕분에 하이랜드 지역 최초로 전기설비를 증류소에 설치했다. 메이저 그랜트는 전형적인 빅토리아시대의 멋과 풍부를 즐기던 사람으로 멋진 콧수염에 항상 최신 유행의 옷차림을 하고 다녔다고 한다.

그러나 뭐니 뭐니 해도 그가 남긴 최고의 유산은 멋진 빅토리아식 정원이다. 직접 방문했을 때 증류소의 위스키 생산시설보다 더 인상적인 것이 정원이다. 넓게 펼쳐진 잔디밭 그리고 군데군데 심어진 멋진 나무들과 화려한 꽃들이 인상적이다. 사과나무가 몇 그루 있는데 가이드였던 할머니 안내원 제인은 이 증류소 인근에서 자랐고 어린 시절 그 정원에서 놀았다고 한다. 특히 몰래 사과를 따서 먹다가 증류소 주인에게 들켰는데 오히려 얼마든지 더 따서 먹으라는 친절한 주인들이었다고 회상한다. 이 정원은 초등학교가 단체로 소풍을 와서 즐겨도 충분할 정도로 넓은 공간에 만들어졌으며 길을 따라 쭉 올라가면 물이 졸졸 흘러가는 작은 계곡도 있고, 그 계곡에는 메이저 그랜트가 숨겨놓은 자신만의 위스키통이 아직까지 돌아오지 않는 주인을 기다리고 있다. 원래 그 장소는 손님들을 초대해서 식사 후 정원을 산책하고 마지막에 자신이 숨겨놓았던 위스키를 꺼내 손님에게 대접하던 곳이라고 한다. 아직까지 그 전통을 이어받아 VIP투어를 하는 손님들에게 오래 숙성된 위스키를 맛볼 수 있는 기

회를 제공하고 있으니 글렌그랜트를 방문하고자 한다면 꼭 VIP투어를 신청하라고 권하고 싶다. 또 한 가지 재밌는 이야기가 있다. 이 정원에는 가끔씩 빅토리아시대의 복장을 하고 돌아다니는 귀신들이 있다고 한다. 그들은 글렌그랜트 하우스에 초대받아 우아한 식사와 디저트를 즐겼던 손님들이었는데 그때의 즐거움을 잊지 못해 종종 증류소를 배회하고 돌아다닌다는 것이다. 만약 투어 중에 그들을 만나면 당황하지 말고 그냥 가볍게 "Hello"라 말하고 지나가면 된다고 한다.

현재 글렌그랜트는 전세계 싱글몰트 위스키 판매량 4위에 랭크될 정도로 인기 있는 제품이다. 특히 이탈리아에서 인기가 아주 높아 이탈리아계 주류회사인 캄파리가 이 증류소를 2006년도에 인수했다. 1977년까지는 가족경영 체제로 운영되고 있었다. 그러나 그랜트 가문에 아들이 없고 딸만 셋이었는데, 그 딸과 사위는 주류사업에 관심이 없었기 때문에 씨그램(현 페르노리카)으로 소유권을 넘긴 사연이 있다. 스코틀랜드의 증류소 중에 설립자의 이름을 유지하고 있는 유일한 싱글몰트 위스키인 글렌그랜트는 목이 유난히 긴 10개의 증류기를 가동해 연간 5백9십만 리터의 원액을 생산하고 있다. 시바스 리갈의 원주로 사용되기도 한 글렌그랜트는 현재 알버트 스테판이 마스터 블랜더를 맡고 있으며 증류소 설립 초기

의 캐릭터를 여전히 유지하기 위해서 끊임없는 노력을 펼치고 있다. 이 증류소가 얼마나 매력적인 증류소인지 위스키 평론가 마이클 잭슨은 다음과 같은 글을 남겼다.

"For years, my most memorable dream was my first: a flowery, sweet Glen Grant… when I was 19… I fell in love with Glen Grant all over again when I first visited the distillery… I was back at Glen Grant recently and enjoyed a repeat performance… it seemed even better."

**GLENGRANT
SINGLE MALT
MAJOR RESERVE**
ALCOHOL CONTENT 40% abv
TYPE Single malt

숙성창고

REGION OF ORIGIN
SPEYSIDE

OWNER
Chivas Brothers
(Pernod Ricard)

WATER OF
SOURCES
Josie's Well

STILLS
7 x wash stills,
7 x spirit stills

CAPACITY
PER YEAR
10,200,000
Litres

더 글렌리벳 www.theglenlivet.com
Ballindalloch, Banffshire AB37 9DB

'똑똑' 노크소리와 함께 증류소에서 잡무를 담당하는 앤디가 고개를 내밀더니 "조지, 글래스고에서 주류 중계업을 하는 브룩스라는 사람이 찾아왔네"라고 알리자 "알았네. 들여보내게"라며 글렌리벳 증류소 설립자인 조지 스미스는 풀러놓았던 권총을 양 허리에 차고 권총 안의 실탄을 확인했다. 글렌리벳 설립자는 낯선 사람들을 대할 때면 그 지역의 지주였던 고든 경이 선물해준 권총을 차고 사람들을 맞이했다. 당시 시대상황은 이러했다. 18세기 초 잉글랜드와 스코틀랜드가 통합되고 국왕인 제임스 1세가 위스키에 주세를 부과하면서 피비린내 나는 위스키의 역사가 시작되었다. 위스키 증류업자와 밀주단속반 사이의 끝없는 숨바꼭질과 서로에 대한 위협 때문이었다. 스코틀랜드 증류업자들에게 위스키에 붙은 주세는 억압의 상징으로 받아들여졌다.

그러던 중 1822년 조지 4세 국왕이 스코틀랜드와 잉글랜드의 합병에 대한 유화적인 제스처로 스코틀랜드 에든버러에 방문했다. 그리고 당시 불법으로 증류하던 글렌리벳 증류소의 밀주를 한잔 맛보게 되었고 그 이후로 이 밀주를 양성화하는 대책에 착수하기 시작했다. 당시 스코틀랜드 전역에는 1만4천 개의 불법 증류기가 가동 중이었다. 스코틀랜드의 고든 경은 이에 합리적인 제안으로 주세를 대폭 완화하고 명목상의 면허세(1갤론당 10파운드)만 내도록 고안된 Excise Act를 제시해 통과시켰다. 그리고 1824년 최초로 고든 경의 소작농이었던 글렌리벳의 설립자 조지 스미스가 라이선스를 획득하게 된다.

그러나 그후부터 조지 스미스와 그의 증류소에는 수많은 살해 협박과 방화의 위협이 뒤따르게 된다. 밀주업자들에게 그는 일종의 배반자였기 때문이다. 이에 Excise Act를 제안했던 고든 경이 조지 스미스에게 자신의 신변을 보호하라는 의미에서 쌍권총을 선물했고 조지 스미스는 매번 손님들을 맞이할 때는 허리에 권총을 찼던 것이다. 당시 조지 스미스가 찼던 권총과 최초로 획득한 라이선스는 글렌리벳 증류소를 방문하면 구경할 수 있도록 전시되어 있다.

주류면허 획득 이후 글렌리벳 증류소는 안정적으로 질 높은 위스키를 생산해 호평을 받으며 주문이 늘어났다. 글렌리벳이 질 좋은 위스키의 대명사가 되면서부터 'Glenlivet'이라는 이름을 붙인 후발주자들이 늘어나기 시작했다. 이름 전후에 하이픈(-)과 Glenlivet를 붙여 판매하는 증류소이 많아졌다(예를 들면, Glenlivet-aberlour). 그래서 글렌리벳 증류소에서는 Glenlivet을 붙인 18개의 증류소들을 상대로 상표권 관련 소송

을 시작했고 1884년 소송의 결론은 다음과 같이 내려졌다. "Glenlivet'은 누구나 사용할 수 있다. 그러나 'The Glenlivet'은 오직 글렌리벳 증류소에서만 가능하다'는 판결이었다. Glen이 계곡이라는 뜻을 지니고 있고 Livet은 강의 이름이니 리벳강 계곡이라는 뜻을 지니고 있는 Glenlivet은 누구나 사용할 수 있다는 의미일 것이다. 그 이후로 글렌리벳에서는 술병에 정관사 The를 강조하고 있다.

글렌리벳은 1953년 글렌그랜트와 합병하게 되고 1977년 캐나다의 씨그램 소속으로 편입된 후 현재는 페르노리카에 속해 있다. 글렌리벳 증류소는 페르노리카 소속 15개 핵심 브랜드 중에서 싱글몰트 위스키로는 유일하고 1년에 600만 병이 팔리며 전 세계 판매율 2위, 미국 내 판매율 1위를 달리고 있는 브랜드이다. 증류소는 1824년 정식으로 면허를 획득하기 이전에 설립되었는데, 주변 환경이 위스키를 생산하는 데 아주 이상적인 조건이라 판단해 Banffshire에 설립했다고 한다. 현재 글렌리벳 증류소는 스코틀랜드에서 유명한 하이킹 코스인 The Glenlivet Smuggler's Trails와 증류소 관광을 연계시키고 있다. 물은 Josie's Well을 사용하고 있으며 랜턴 모양의 4개 워시스틸과 4개의 스피릿스틸을 사용해 연간 590리터의 위스키를 생산하고 있다. 특히 랜턴 모양의 길고 목이 좁은 증류기는 깨끗하고 라이트한 위스키 원액이 생산되는 주된 요인이다. 증류된 위스키 원액들은 대부분 아메리칸 버번캐스크에 숙성되는데 가끔 셰리오크통과 포트오크통이 사용되며 시중에 판매 중인 The Glenlivet 15년 제품의 경우 프랑스 리무쟁 지역의 코냑을 숙성시키는 통과 같은 오크통에서 추가숙성을 시켜 독특한 풍미를 더했다. 글렌리벳 증류소에서 출시되는 제품들은 12년, 15년, Nadurra 16년, 18년, Archive 21년, 25년 제품이 정규품으로 생산되고 있으며 그 외 'Cellar Collection'이라는 프리미엄 빈티지 한정품이 출시되고 있다.

'글렌리벳'이라는 단어는 일종의 선구자적 의미를 가지고 있다고 볼 수 있다. 타인의 압력과 협박에 굴하지 않고 자신만의 비전과 소신을 고집했기에 오늘날 가장 성공적인 싱글몰트 위스키 브랜드로 자리 잡게 되었다.

최근 페르노리카 코리아에서 새롭게 출시한 글렌리벳 엑셀런스는 기존 글렌리벳 12년과 달리 셰리오크통에서 숙성시킨 원액 비중을 높여 블렌딩했기 때문에 아시아 특히 한국 사람들이 좋아하는 과일향이 풍부해져서 기존 12년 제품에 비해 많은 위스키 팬들에게 각광받고 있다.

GLENLIVET EXCELLENCE
ALCOHOL CONTENT 40% abv
TYPE Single malt

고든경 초상화

스피릿 세이프

매쉬툰

REGION OF ORIGINE
SPEYSIDE

OWNER
Edrington Group
WATER OF SOURCES
Springs in the hills above the distillery
STILLS
5 x wash stills, 5 x spirit stills
CAPACITY PER YEAR
5,600,000 Litres

글렌로시스 www.theglenrothes.com
Rothes, Morayshire, AB38 7AA

타국에서 태극기를 보면 묘한 기분이 든다. 특히 외국인들이 많이 출입하는 호텔에 걸린 형식상의 국기 말고 손님을 맞이하기 위해 내건 태극기를 보면 정말 정성을 다한 대접을 받는 기분이 든다. 그런 경험을 글렌로시스 증류소에서 했다. 글렌로시스 증류소는 스코틀랜드 스페이사이드의 로시스 지역에 위치해 있는데, 정확히는 로시스의 제방과 과거 마을 공동묘지 근처이다. 좁은 길을 차로 달려 증류소에 도착했을 때 뿌듯한 감동을 받았는데 바로 태극기가 걸려 있었기 때문이다. 스코틀랜드 증류소를 방문하면 보통 3가지 깃발이 걸려 있다. 하나는 스코틀랜드 국기, 회사 깃발, 그리고 회사의 소유 국가를 상징하는 깃발이다.

예를 들어 페르노리카 소속의 증류소를 방문하면 프랑스 깃발이 걸려 있다. 그런데 이 증류소에서는 먼 한국에서 손님이 온다고 태극기를 걸어놓았던 것이다. 곧이어 일행에게 점심을 대접하겠다며 작은 별장 같은 곳으로 안내했다. 요즘 증류소들은 일종의 보르도 샤토의 개념을 도입해 멋진 공간을 만들어 손님들에게 숙박과 음식을 제공하는 마케팅을 실시하고 있다. 그 증류소에서 오래 근무했거나 혹은 증류소의 역사를 잘 아는 관계자가 식사를 함께하며 증류소의 역사와 현황에 대한 얘기를 들려주는 식이다.

현재 이 증류소에서는 위스키 제조를 위한 물을 증류소 근처에서 얼마 떨어지지 않은 샘물에서 끌어오고 있는데 샘물의 이름이 '숙녀의 우물(Lady's Well)'이라고 한다. 전설에 따르면 14세기 로시스 지역을 다스리고 있던 영주의 외동딸이 'Badenoch의 늑대'라고 불리던 알렉산더 스튜어드로부터 그녀가 사랑했던 남자를 지키다 숨진 곳이라고 한다. 또 다른 재미있는 일화도 들었다. 스코틀랜드 증류소는 대기 중에 알코올의 농도가 진해서 늘 화재의 위험을 안고 있는데, 이 증류소에서 1922년 대형화재가 났다고 한다. 이 큰 화재로 숙성창고에 보관 중이던 수많은 위스키 통들이 폭파되고 많은 양의 위스키들이 흘러 나왔다고 한다. 그 덕분에 증류소 인근 사람들은 주전자, 양동이 심지어 자신들이 신고 있던 부츠까지 동원해서 술을 받아가 잔치를 벌였다고 한다. 또한 다음날 낚시꾼들의 얘기에 따르면 위스키가 흘러간 강에 송어들이 위스키에 취했는지 몰라도 고분고분 유순하게 잘 잡혔다고 한다. 믿거나 말거나의 일화다.

이 증류소는 1980년 완전히 현대화 작업을 마쳤는데 연간 160만 리터를 생산할 수 있다. 대형 스테인리스 매쉬툰과 12개의 오레곤 파인오크로 만든 워시백, 5개의 1차

증류기, 5개의 2차 증류기가 가동 중이다. 이 증류소에서는 발효과정을 이틀에 걸쳐 진행시키는데 이때 사용되는 이스트는 직접 증류소에서 배양시킨 이스트가 사용된다고 한다. 다른 증류소와 달리 2차 증류기가 1차 증류기보다 더 크고 더 긴 목을 지니고 있어서 증류과정에 있어서 구리 촉매과정이 덜하게 되고 덕분에 가볍고 섬세한 성질의 위스키가 생산된다고 한다. 이렇게 증류과정을 거친 원액은 유럽산 셰리캐스크와 아메리칸 버번오크통에서 숙성이 이루어진다. 그리고 숙성된 원액의 많은 양이 블렌디드위스키의 블렌딩용으로 사용되는데, 이때 가장 많이 만들어지는 블렌디드위스키는 유명한 페이머스 글라우스와 노란색 라벨에 범선이 멋지게 그려진 커티삭이 유명하다.

1987년 유명 주류회사인 BBR(Berry Bros & Rudd)의 회장인 크리스토퍼 베리 그린이 이 증류소에 싱글몰트 위스키 출시를 권한다. 제안은 긍정적으로 받아들여져 12년 제품이 출시되었지만 반응이 신통치 않자 사라져버렸다. 대신 BBR의 주력제품인 와인 마케팅에서 힌트를 얻어 빈티지 개념의 싱글몰트 위스키를 출시했다. 와인의 빈티지는 특정 해에 생산된 포도를 가지고 와인을 만든 것을 말하지만 위스키의 빈티지는 특정 해에 증류시킨 원액을 숙성시켜 출시한 제품을 말한다. 1993년 처음으로 글렌로시스 빈티지가 출시되었다. 글렌로시스 싱글몰트 위스키의 병 디자인은 다른 싱글몰트 위스키 병들의 모양과 달리 마스터 블렌더 실험실에 있는 샘플병 디자인 모습을 하고 있어 인상적이다. 게다가 병 케이스 또한 다른 싱글몰트 위스키들과 많이 다른 모습을 하고 있다. 2009년 신흥 싱글몰트 위스키 소비국가로 떠오르고 있는 한국, 대만, 싱가폴, 중국 시장용으로 글렌로시스 1988과 글렌로시스 1978 두 가지 제품이 출시되었다. 그리고 최근에는 위스키 업계에서 43년을 종사하고 은퇴한 존 람지가 블렌딩한 Glenrothes John Ramsay가 출시되었다. 이 싱글몰트 위스키는 라이트한 스모키 향에 어느 향 하나 빠짐없이 두루두루 복합적으로 지니고 있다. 거기에 빈티지가 갖는 매력적인 요소를 고려해서 1978년생이라면 동갑내기 친구들과 모인 자리에서, 1988년생 자녀를 두신 분이라면 구입했다가 자녀의 성년식 날 개봉하면 의미가 있을 것이라 추천한다.

THE GLENROTHES 1994
ALCOHOL CONTENT 43% abv
TYPE Single malt

BBR 설립자 모습

MONKEY SHOULDER
ALCOHOL CONTENT 40% abv
TYPE Blended malt

REGION OF ORIGINE
SPEYSIDE

OWNER
William
Grant & Sons

WATER OF
SOURCES
Conval Hills

STILLS
3 x wash stills,
6 x spirit stills

CAPACITY
PER YEAR

키니베
Dufftown, Banffshire AB55 4DH

글렌피딕 증류소를 방문하면 조금 떨어진 곳의 발베니 증류소도 함께 볼 수 있다. 그리고 발베니 증류소 바로 옆에 숨겨진 증류소가 하나 있는데 키니베 증류소이다. 원래 이 증류소의 설립 목적은 글렌피딕과 발베니를 소유하고 있는 윌리엄 그랜츠 앤 선즈에서 생산하는 블렌디드위스키인 그랜츠(Grant's)의 인기가 높아지자 부족해진 몰트위스키 원액을 보충하고자 1990년도에 만든 증류소이다. 발베니 증류 설비들 바로 옆에 설치된 기계들은 자칫하면 발베니 증류소와 키니베 증류소의 경계를 무너뜨릴 정도로 바짝 붙어 있다. 그러나 발베니 증류소의 기계 설비 중에 유일하게 밀링머신(분쇄기)만 함께 사용하고 나머지 모든 생산 설비들은 전부 분리되어 키니베 몰트위스키의 개성과 독창성을 유지하고 있다. 스테인리스로 만들어진 매쉬툰의 용량은 10.8톤의 몰트를 처리할 수 있고, 발효조의 경우에는 총 10개가 설치되어 있는데 6개는 큰 용량을 담당한다. 증류기는 1차 증류기 3개, 2차 증류기는 특이하게 6개가 설치되어 총 9개의 증류기가 가동 중에 있다. 이들의 가동방식은 스팀코일을 이용한 간접 가열방식을 채택하고 있다. 키니베 증류소의 원액은 대부분이 블렌디드위스키의 블렌딩용으로 많이 사용되고 있으며 대표적인 제품으로 그랜츠, 몽키숄더(Monkey Shoulder)가 있다.

이 증류소의 첫 싱글몰트 위스키는 윌리엄 그랜츠 앤 선즈의 설립자 윌리엄 그랜츠의 손녀 자넷 쉬드 로버트(Janet Sheed Roberts)의 105번째 생일을 맞이해 2006년 출시한 헤이즐우드(Hazelwood) 15년이다. 2008년에는 헤이즐우드 17년이 출시되었다. 헤이즐우드는 그녀가 1933년부터 살았던 증류소 옆 헤이즐우드 하우스에서 유래되었다. 자넷 쉬드 로버트는 스코틀랜드에서 오래 장수한 여성 중의 하나이며, 여자들이 뛰어들기 힘든 위스키 산업에 혁혁한 공을 세운 것으로 인정받는다. 2011년 8월 13일 그녀의 마지막 생일이었던 110번째 생일을 맞이해 출시되었던 Glenfiddich Janet Sheed Roberts Reserve 55년 제품은 총 11병이 출시되었는데 판매액은 대부분 기부활동에 사용되었다. 최근 그중의 한 병이 2012년 3월 15일 미국의 한 자선행사에서 9만4천 달러에 낙찰되는 기록을 남겼다. 살아서는 위스키업계의 큰 획을 남기고 죽어서는 자선활동에 큰 획을 남긴 위대한 여성이다. 셰리오크통에 숙성시킨 원액으로 출시된 헤이즐우드 17년은 영국 히드로 공항 5번 터미널에서 독점적으로 판매 중이다. 시중에서는 쉽게 구할 수 없는 제품이다.

REGION OF ORIGINE
SPEYSIDE

OWNER
Edrington Group
WATER OF SOURCES
Bore Holes
STILLS
**5 x wash stills,
10 x spirit stills**
CAPACITY PER YEAR
6,000,000 Litres

맥켈란

Craigellachie, Banffshire AB38 9RX

나의 위스키 첫사랑이 글렌피딕이었다면 두 번째 사랑은 맥켈란이었다. 첫사랑의 느낌이 청춘의 열정처럼 풋풋하고 청초한 느낌이라면 두 번째 사랑은 성숙한 느낌이듯 맥켈란은 풍부하고 깊이 있게 다가왔다. 스카치위스키의 롤스로이스라고 불리는 맥켈란 증류소는 스페이사이드의 크라이갤라치 도시의 근교에 위치해있다. 증류소 외부 전경은 잘 다듬어진 산책로처럼 예쁘게 정돈되어 있고, 프랑스 와인 라벨의 샤토를 연상시키듯 맥켈란 위스키병 라벨 중앙에 하나의 상징으로 자리 잡고 있는 이스터 엘키스의 실제 저택이 멋지게 자리 잡고 있다. 그리고 그 저택 앞으로 펼쳐지는 황금빛 보리밭과 맞은편의 푸른 초원을 가로지르는 스페이강의 모습은 이곳에서 훌륭한 위스키가 만들어질 수밖에 없겠다는 생각을 절로 들게 만든다.

맥켈란 증류소는 1824년 지역 농부였던 알렉산더 라이더(Alexander Reid)가 더 글렌리벳에 이어 두 번째로 라이선스를 획득, 설립하면서 합법적인 위스키 증류를 시작했다. 맥켈란의 이름은 비옥한 양의 일부라는 게일어 'Magh'과 아일랜드 태생의 수도사였던 성 필란(Ellan-St.Filan)의 합성어에서 유래되었다. 1847년 제임스 프리스트(James Priest)와 제임스 데이빗슨(James Davidson)

소유였다가 1892년 제임스 스튜어트(James Stuart)의 소유가 되면서 새롭게 증류소를 지었고, 1996년 켐프(Kemp) 가문의 소유였을 때까지 그 모습을 유지했다. 1965~1975년까지 10년 동안 증류기의 수가 6개에서 21개로 늘어나는 비약적인 성장을 했고 1999년 에드링턴 그룹으로 편입되었다.

맥켈란 증류소는 최근에 품종을 교체하기 전까지만 해도 전통적인 위스키 생산의 보리품종인 골든 프라미스를 사용해 위스키를 만드는 것으로 유명했다. 이 품종은 크기가 작아 바람에 강하고 위스키를 만들었을 때 풍미가 좋아 과거 모든 위스키 증류업자들이 선호했으나 나중에 대부분의 증류업자들은 옵틱, 샤롯, 디캔터 품종으로 바꾸었다. 한동안 맥켈란도 골든 프라미스 품종을 고집스럽게 선호하다가 최근에는 품종을 바꾸었다고 호사가들 입에 오르내리고 있다.

두 번째 특징은 형제 증류소인 탐듀(Tamdhu)에서 공급받고 있는 몰트에 있다. 현재 탐듀에서는 전통적인 플로어 몰팅 방식에서 벗어나 독특한 박스 모양의 반자동화 시설인 살라딘 박스를 운영하고 있다. 이 살라딘 박스는 기존에 사람이 하던 뒤집기 작업을 기계가 대신해주는 것인데 일반 공장의 몰팅머신에서 생산된 몰트보다는 다소 과거 지향적인 느낌을 준다.

맥켈란의 세 번째 특징은 작은 증류기에 있다. 스코틀랜드에서 가장 작은 사이즈인 이 증류기는 스코틀랜드 지폐 파운드화의 모델이기도 하다. 큰 사이즈의 증류기가 위스키를 깨끗하고 라이트한 느낌으로 만들 수 있는 반면 작은 사이즈의 증류기는 오일리하며 향이 풍부한 느낌의 위스키를 만들 수 있다. 가동 중인 증류기가 나열되어 있는 증류실을 통과할 때의 느낌은 고등학교 금관악기 밴드가 함께 합주를 하는 듯한 인상을 준다.

맥켈란의 네 번째 특징은 당연 오크통에 있다. 한때 맥켈란은 고집스러울 정도로 스페인의 셰리와인을 숙성시켰던 전통을 가지고 있다. 그 전통은 맥켈란이 강한 셰리향이 나는 위스키라는 인상을 소비자들에게 심어주고 있었다. 위스키 생산에 있어 가장 중요한 요소는 오크통이다. 맥켈란 측에서는 오크통의 중요성을 알고 소비자들에게 교육시키기 위해서 오크통에 관련된 자료를 체계적으로 만들어놓은 전시관을 운영하고 있다. 그 전시관을 지나면 유명한 '쉿 위스키가 자고 있어요' 푯말이 붙여진 숙성창고를 만나는데 그 위트에 웃음이 지어진다. 생각 같아서는 깨워서 한잔 맛보고 싶었으나 푯말대로 길고 긴 잠을 자야 전 세계 소비자들에게 인사할 수 있으니 푹 자두도록 놔두는 게 맞을 것 같아 꾹 참았다.

현재 맥켈란에서는 과거의 전통을 살짝 바꾸어 아메리칸 버번오크통을 사용해 숙성을 시키기도 한다. 그 결과물이 최근 몇 년 전부터 소비자들에게 선보이고 있는 맥켈란 파인오크 제품들이다. 맥켈란은 콜렉터들로부터 가장 사랑받는 증류소 중의 하나이다. Fine&Rare 시리즈라고 불리는 싱글캐스크(블렌딩 과정 없이 한 통의 위스키로만 병입시켜 출시한 제품) 위스키로 60년 숙성의 맥켈란 1926부터 29년 숙성의 맥켈란 1976 제품 시리즈가 출시되어 있다. 또한 얼마 전부터 프랑스의 유명한 크리스탈 회사인 라리끄와 손잡고 50년, 55년 제품을 내놓는가 하면 사진작가인 랜킨과 함께 위스키 라벨을 작업해 세상에 단 한 병뿐인 위스키 라벨을 가진 제품들을 출시하고 있다. 그리고 최근에는 맥켈란 앙 프리머(Macallan En Primeur) 마케팅을 펼치고 있다.

앙 프리머(En Primeur)는 원래 와인산업에서 온 마케팅인데 오크통 숙성 초기에 VIP 혹은 재력가들을 초빙해 와인 맛을 보여주고 미리 구입할 기회를 주는 일종의 와인 선물 마케팅이다. 그 마케팅 기법을 가져와 맥켈란에서도 맥켈란 애호가들을 초빙해 갓 증류되어 만들어진 원액을 맛본 뒤 위스키를 통째로 구입하는 기회를 제공하게 되었다. 위스키 선물시장이 시작된 것이다. 고객이 구입한 통은 맥켈란 측에서 관리를 해주며 출시될 때는 개인만의 라벨을 제작해 붙여준다. 이렇게 다양한 시도를 펼치고 있는 맥켈란은 과거의 전통을 유지하면서도 미래에 대한 새로운 도전을 펼치고 있는 대단한 증류소이다.

**MACALLAN
12-YEAR-OLD**
ALCOHOL CONTENT 43% abv
TYPE Single malt

REGION OF ORIGINE
SPEYSIDE

OWNER
Chivas Brothers
(Pernod Ricard)

WATER OF SOURCES
The Broomhill Spring

STILLS
**2 x wash stills,
2 x spirit stills**

CAPACITY PER YEAR
2,400,000 Litres

스트라스아이라 www.chivas.com
Keith, Banffshire AB55 3BS

스코틀랜드 증류소 중에서 외관상으로만 가장 아름다운 증류소를 꼽아보라면 주저 없이 스트라스아이라 증류소라고 말하고 싶다. 아담한 증류소 건물에 멋지게 달린 물레방아는 정겹다는 느낌까지 들게 한다. 글렌버기가 발렌타인의 상징이라면 스트라스아이라 증류소는 시바스 리갈의 상징이다. 한때 전직 대통령과 비운의 자리를 함께했다는 이력 덕분에 국내에서 유명해진 시바스 리갈은 스카치위스키 브랜드 중에서 전 세계 판매율 5위를 기록하는 위스키이다. 다른 스카치위스키 브랜드들이 스탠다드 급이 많이 팔리는 것에 비해 이 브랜드는 12년이 최하 등급임을 감안할 때 시바스 리갈의 브랜드 파워와 판매량은 대단하다고 말할 수밖에 없을 것이다. 특히 지난 금융위기 때 전 세계적으로 많은 블렌디드위스키 시장이 축소되어 시바스 리갈도 판매량이 많이 줄었지만, 주요 시장인 중국과 인도에서는 여전히 프리미엄 위스키 시장의 넘버원을 차지하고 있다.

이 증류소의 설립은 1786년 알렉산더 밀른(Alexander Milne)과 조지 테일러(George Taylor)가 밀타운(Milltown)이라는 이름으로 설립했다가 밀튼(Milton)이라는 이름으로 바뀌었다. 1825년 맥도날드 인그램(MacDonald Ingram)에 인수되었고, 다시 1830년 윌리엄 롱모어(William Longmore)로 주인이 바뀌었다. 1870년 증류소 이름이 밀톤에서 스트라스아이라(Strathisla)로 변경되었다가 1890년 밀톤으로 다시 바뀌었다. 1940년 제이 포메로이(Jay Pomeroy)가 증류소의 많은 지분을 획득했지만 불법적인 거래로 인해 감옥에 가게 되면서 증류소는 파산한다. 1950년 지금의 주인인 시바스 브라더스(Chivas Brothers)가 인수하게 되었다.

스트라스아이라의 원액은 인수 전부터 시바스 리갈의 블렌딩용으로 사용되고 있었음에도 뒤늦게 시바스 브라더스가 증류소를 구입했다는 사실은 좀 의아하기도 하다. 스코틀랜드의 모든 블렌디드위스키 제조회사들은 서로 여러 증류소의 원액들을 사고파는데, 자사 블렌디드위스키의 핵심이 되는 중요한 몰트위스키를 생산하는 증류소에 대해서는 소유하는 것이 일반적이기 때문이다. 이후 1951년 스트라스아이라라는 이름으로 변경해서 지금까지 그 이름을 사용하고 있다.

증류소의 설비장치로는 전형적인 스테인리스 매쉬툰과 10개의 오레곤 소나무로 만들어진 발효조, 두 쌍의 증류기가 설치되어 있다. 그리고 증류된 원액의 저장은 옆 증류소인 글렌키스(Glenkeith) 증류소의 저장탱크를 사용하고 있다. 글렌키스 증류소는 2000년부터 가동을 멈추고 있는데 2013년부터 위스키를 재생산할 것이라는 소문이 있다. 증류소 내에는 작은 규모의 숙성창고가 있고 증류소와 약간 떨어진 인근 키스(Keith) 지역에 큰 숙성창고가 있다. 숙성창고 내부로 들어가면 역시 시바스 리갈을 위한 증류소임을 한눈에 확인할 수 있다. 특히 최고급 위스키 중의 하나인 로얄 살루트만을 위한 숙성공간도 있어 관람객들로 하여금 시바스 리갈의 고향에 왔다는 사실을 실감케 한다. 또 안락한 거실 분위기로 꾸며진 방문객센터도 시바스 리갈을 좋아하는 분이라면 꼭 방문할 것을 권하고 싶다.

**STRATHISLA
12-YEAR-OLD**
ALCOHOL CONTENT 43% abv
TYPE Single malt

매쉬툰이라는 지역 명물바

REGION OF ORIGINE
HIGHLAND

하이랜드 지역

하이랜드의 의미는 단순하다. 스코틀랜드를 상하로 나누면 아래쪽 평지 지대는 낮기 때문에 로우랜드(Lowland)라고 부르고 북쪽 지역은 높기 때문에 하이랜드(Highland)라고 부른다. 하이랜드 지역은 광범위하게 퍼져 있기 때문에 획일된 특징을 말하기 곤란하고 일부 지역에서는 해양성의 특징을 지녔고 일부에서는 스페이사이드처럼 과일향이 풍부한 위스키가 생산되기도 한다.

HIGHLAND PARK
SCAPA
GLENMORANGIE
DALMORE
ISLE OF JURA

인버네스

REGION OF ORIGIN
HIGHLAND

OWNER
Whyte & Mackay Ltd

WATER OF SOURCES
River Alness

STILLS
4 x wash stills, 4 x spirit stills

CAPACITY PER YEAR
3,200,000 Litres

달모어 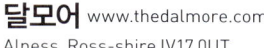 www.thedalmore.com
Alness, Ross-shire IV17 0UT

2005년 6월 영국 BBC에 소개된 한 사건이 전 세계 위스키 팬들의 입방아에 오른 일이 있었다. 영국의 한 사업가가 당시 세계에서 가장 비싼 위스키인 달모어 62년을 호텔 바에서 구입해 친구 5명과 함께 개봉해 마셔버린 것이다. 당시 달모어 62년의 가격이 3만2천 파운드(우리 돈 환산 6천만 원)이었던 것을 감안하면 굉장히 놀라운 일이었다. 보통 이런 종류의 술들은 콜렉터들에게 수집의 대상이 되고 일종의 재테크 수단이 되어 시간이 지나면 값어치가 올라가는 게 보통이라 개봉을 안 하는 게 일반적인데 단순히 친구들과 즐거운 시간을 보내기 위해 개봉했다고 하니 큰 화제가 된 것이다.

달모어는 아직 국내 위스키 팬들에게는 많이 알려지지 않은 브랜드이지만 1839년 알렉산더 매디슨(Alexander Matheson)에 의해 설립된 역사가 오래된 증류소이다. 증류소가 세워진 일대는 보리 재배가 잘 되고 말똥가리가 서식하며 왜가리 무리를 볼 수 있을 정도로 깨끗한 자연환경을 지녔다. 달모어라는 이름은 원래 노르웨이 북유럽어로 '넓은 목초지'라는 의미를 지니고 있다. 증류소 근처에 바다가 있고 맞은편엔 블랙아일(Black Isle, 검은 섬)이 보이는데 실제로 섬이 아니라 반도라고 한다. 1867년부터는 맥켄지(Mackenzie) 형제들에 의해 증류소가 가동되다 1891년 매더슨(Matheson) 집안에서 맥켄지(Mackenzie) 가문으로 소유권이 넘어가는데 그 덕분에 현재 달모어의 상징인 사슴머리가 술병을 장식하게 된다. 전설에 따르면 스코틀랜드의 왕이었던 알렉산더 3세가 사슴사냥을 나갔다가 상처 입은 성난 수사슴으로부터 공격을 당하기 일보 직전 맥켄지에 의해서 목숨을 구하게 되었고 이에 알렉산더 3세가 감사의 의미로 사슴머리를 선사했다고 한다. 그때부터 사슴머리는 맥켄지 집안의 상징이 되었고 그 후로 달모어 술병의 중앙에는 수사슴이 당당하게 자리하고 있다.

달모어 증류소와 관련된 또 다른 일화가 있는데 1차 세계대전이 한창인 1917년 달모어 증류소는 영국 해군에 의해 징발되어 미 해군의 기뢰를 생산하는 공장으로서의 역할을 수행하게 되었다. 덕분에 아직까지도 그곳에 가면 '양키(YanKie) 부두'가 남아 있다. 1920년 영국 해군과 미군이 증류소를 떠난 뒤에 남겨진 증류소는 사고로 폭발한다. 1922년 생산을 재개하면서 영국 해군과의 보상 협상이 불발되기도 했다. 1956년부터는 바닥몰팅을 중단하고 살라딘 박스를 운영하다가 1982년부터는 살라딘 박스 생산도 중단하고 몰트 플랜트에서 생산된 몰트를 가져와 생산하고 있다. 1960년에 화이트 앤 맥케이

(Whyte & Mackay)와 합병한 이후로 여러 회사와 합병 통합과정을 거쳐 2007년 인도계 회사인 United Spirits로 합병되었다.

위스키에 사용되는 물은 Alness 강에서 끌어온 연수를 사용하고 있으며 스테인리스 매쉬툰과 8개의 오레곤 파인오크로 만든 워시백에서 발효과정을 거치고 만들어진 발효액으로 4쌍의 1,2차 증류기를 통해 위스키를 생산하고 있다. 그중 1960년대 설치된 증류기 한 대는 다른 증류기 사이즈의 2배 크기를 자랑한다. 달모어 증류기는 독특한 모양을 하고 있는데 1차 증류기는 구리로 만든 냉각기를 감싸고 있어 환류를 늘려 순수한 알코올을 만들어내는 데 중점을 두며, 2차 증류기 상단은 평평한 모양으로 되어 있어 역시 깨끗한 알코올을 만들어 내는 데 도움이 되고 있다.

가십의 용도로 이 증류소에서도 현재 1년에 2주는 피트 강도를 높게 한 헤비피트 위스키를 생산하고 있는데 그 수치가 무려 50ppm에 이른다(일반 아이라 싱글몰트 위스키가 보통 20ppm 내외인 걸 감안하면 높은 수치이다). 이렇게 생산된 원액을 처음 재사용하는 아메리칸 버번오크통(First fill ex-bourbon)과 엄선한 오로로소 셰리오크통(lolroso sherry cask)에서 숙성시켜 제품을 출시하고 있다. 달모어의 핵심 제품으로는 달모어 12년, 15년, 그리고 그랑 리저바(Gran Reserva) 제품이 있으며 12년 제품의 경우 버번오크통에서 숙성된 원액 50%와 셰리 오크통에서 숙성된 원액 50%를 블렌딩한 후에 다시 셰리통에서 일정 기간 추가 숙성시키는 메링(Marring) 과정을 거쳐 출시하고 있다.

현재 제주면세점에서 구입할 수 있는 15년은 100% 셰리오크통에서 숙성시킨 원액을 가지고 생산했기 때문에 풍부한 과일향이 일품인 것으로 알려져 있다. 또한 최근에는 달모어 50년과 달모어 시리우스(1951년 빈티지)를 생산해 제품의 고급화를 추진하기도 했다. 달모어하면 빼놓을 수 없는 사람이 있으니 바로 리처드 패터슨이라는 걸출한 위인으로, 현재 화이트 앤 맥케이 소속의 마스터 블랜더이자 위스키와 시가의 달인으로 알려져 있다. 명성에 걸맞게 달모어 원액을 갖고 시가와 잘 어울리는 위스키를 만들었는데 그 제품이 달모어 시가 몰트(Dalmore Cigar Malt)이다. 이 제품은 하나나 시가 페스티발에서 시가와 어울리는 위스키로 수상하는 영광까지 누렸다.

**DALMORE
12-YEAR-OLD**
ALCOHOL CONTENT 40% abv
TYPE Single malt

글렌모렌지 | www.glenmorangie.com
Tain, Ross-shire IV19 1PZ

REGION OF ORIGINE
HIGHLAND

OWNER
Glenmorangie
Co (Moet Hennessy)

WATER OF
SOURCES
Springs on
the Tarlogie
Hills above the
distillery

STILLS
4 x wash stills,
4 x spirit stills

CAPACITY
PER YEAR
4,000,000 Litres

20세기 이후 스코틀랜드와 연관된 것 중에서 신비로우며 신화적인 아우라를 발휘하는 것이 있다면 바로 스코틀랜드 인버네스에 있는 네스호와 네시에 관한 이야기일 것이다. 스코틀랜드를 방문하기 전에 〈워터호스(water horse)〉라는 영화를 일부러 찾아봤는데 덕분에 네스호를 지나칠 때 신비롭게 다가왔다. 호수 수면을 덮고 있는 안개 그리고 고요한 호수. 어디선가 네시가 불쑥 긴 목을 들이대며 멀리서 오느라 수고했다며 깊은 미소를 보일 것만 같은 분위기였다. 이런 신비감이 쌓여 있는 인버네스에는 스코틀랜드를 대표하는 글렌모렌지 증류소가 자리 잡고 있다. 얼마 전 이 증류소의 소유주가 프랑스 대기업인 LVMH(루이뷔통 모엣헤네시)로 흡수되었을 때 스코틀랜드의 자존심이 팔렸다는 표현까지 사용될 정도로 가장 스코틀랜드적인 증류소였다.

글렌모렌지는 조용한 산책길을 연상시키는 증류소, 그리고 잘 정돈된 표지판과 안내소, 또한 증류소의 역사를 엿볼 수 있는 기념관 등이 잘 꾸며져 있다. 글렌모렌지는 평일에도 관광객들이 찾아갈 정도로 유명한 관광명소 중의 하나이며 그에 걸맞게 잘 교육받은 가이드들이 안내한다. 게일어로 '고요의 계곡(valley of calm)'이라는 뜻을 지니고 있는 이 증류소의 정확한 위치는 스코틀랜드 하이랜드의 북동쪽 지역의 로스 샤이어(Ross-shire)의 테인(Tain) 지역에 위치한다. 공식적인 설립연도는 1843년이지만 불법적인 위스키 생산연도는 역사를 더 거슬러 올라가 1660년도부터 소규모의 불법 농장증류소(farm distillery)로 시작했다. 1738년부터 맥주와 레모네이드를 생산하던 양조장이었다가 앞서 언급된 윌리엄 매더슨이라는 사람이 1843년 위스키 증류소로 변경했는데 초기 설립 당시에 자금이 부족해 진을 생산하던 증류기를 가져와 중고품으로 설치했다.

이런 재미있는 일화 덕분에 글렌모렌지는 아직까지도 스코틀랜드에서 가장 긴 목을 지닌 증류기(5.14m)를 운용하고 있다. 증류기의 목이 길기 때문에 워시액이 쉽게 증류되지 않아 가볍고 깨끗한 위스키 원액을 얻을 수 있다는 장점을 가지고 있다. 실제로 이 글렌모렌지의 증류실을 방문하여 황금빛 증류기들이 긴 목을 자랑하면서 나란히 사열된 모습을 보고 있으면 마치 교회에 들어선 것 같은 웅장함마저 들게 한다.

위스키를 증류해 생산할 때 4만6천 리터의 워시에서 5천 리터의 스피릿을 생산하는데 이 수치는 가장 좁은 컷(cut, 초류와 후류를 제외한 중간의 허트 부분만을 채집하는 것)을 행함으로써 우아하고 깨끗한 느낌의 위스키를 생산하게 만드는 비법이다. 또한 다른 증류소들은 대부분 연수를 사용하는 반면 글렌모렌지 증류소는 탈로지(Tarlogie) 샘물의 경수를 사용함으로써 물속에 포함된 다량의 미네랄 효과로 독특한 위스키가 만들어진다.

마지막으로 글렌모렌지만의 독특함을 만드는 요인 중의 하나는 오크통과 관련이 있다. 글렌모렌지를 생산하는 통들은 대부분 미국의 오자크(Ozark) 산에서 자란 참나무를 벌목해 오크통을 만드는데 이때 위스키메이커(현재는 빌 럼스덴(Bill Lumsden))가 직접 벌목할 나무를 선정해 오크통으로 만든다. 벌목된 나무들은 자연적인 조건에서 일정 기간 건조된 다음 아메리칸 위스키를 숙성시키는 통으로 사용되고, 그 임무를 마치면 다시 배를 타고 스코틀랜드로 들어와 스카치위스키를 숙성시키는 역할을 수행한다.

글렌모렌지는 독특한 고용형태를 가지고 있는데 바로 그 지역의 이름을 따 테인(Tain)의 16인이라는 고용 체제를 유지하고 있다. 위스키를 생산하는 데 16명이 종사한다는 의미로 이 고용형태는 오래전부터 내려왔으며 하나의 전설이 되어버렸다. 그런데 필자가 증류소를 방문했을 때 처음으로 그 16인 가운데 여성이 참여하고 있었다. 원래 위스키 산업은 다소 거친 생산 환경과 위스키 특유의 이미지 때문에 여성들이 진입하기 꺼려지는 영역이었다. 하지만 이제는 금녀의 영역에도 여성들의 당당한 진입이 당연시 되는 시대가 도래한 것 같다.

글렌모렌지가 위대한 증류소 중의 하나로 인정받는 가장 큰 이유는 끊임없는 도전정신이다. 위스키업계로서는 최초로 우드피니시 공법을 도입해 새로운 바람을 일으켰다. 아메리칸 버번오크통에서만 숙성시켰을 때의 단조로운 위스키 맛에 변화를 주기 위해 여러 가지 오크통, 예를 들어 셰리오크통, 마데이라 오크통, 포트와인통을 사용했다. 최근에는 보르도와인 오크통, 부르고뉴와인 오크통, 소테른와인 오크통, 마고와인 오크통 등 프랑스 와인 오크통들을 가져와서 위스키를 숙성시키는 도전을 했다. 새로운 위스키 맛을 창조하기 위한 도전정신은 글렌모렌지가 전설적인 증류소로 인정받기에 충분한 근거가 된다.

글렌모렌지 증류소가 LVMH으로 넘어가면서 스코틀랜드의 전설과 프랑스의 예술적 감각이 더해져 새로운 제품라인들이 선을 보이게 되었다. 특히 기존 스코틀랜드 판매율 1위의 싱글몰트 위스키였던 글렌모렌지 10년 제품이 '글렌모렌지 오리지널'이라는 이름으로 변경되어 새롭게 출시되었는데 품질이 한층 업그레이드되었다는 평을 듣고 있다. 글렌모렌지 오리지날은 현재 우리나라에도 출시되었고, 기존 와인피니시 제품들도 전부 새롭게 개선되어 선보이고 있다. 특히 구운 몰트를 사용해 만든 글렌모렌지 시그넷은 병부터 고급스럽고 한층 뛰어난 맛을 자랑한다.

GLENMORANGIE ORIGINAL
ALCOHOL CONTENT 40% abv
TYPE Single malt

테인의 16인

글렌모렌지 시그넷을 만든 로스티드 몰트

REGION OF ORIGINE
HIGHLAND

OWNER
Diageo
WATER OF SOURCES
Loch nan Eun and loch nam Bonnach
STILLS
3 x wash stills, 3 x spirit stills
CAPACITY PER YEAR
4,000,000 Litres

글렌오드

Muir of Ord, Ross-shire IV6 7UJ

한때 싱글몰트 위스키 시장에서 주목받다가 어느 순간 갑자기 사라져버렸던 싱글몰트 위스키 글렌오드가 어느 날 갑자기 싱글톤(Singleton)이라는 타이틀을 달고 돌아왔다. 싱글톤은 디아지오 측에서 자체 마케팅 역량이 약한 증류소 3곳을 붙여 '싱글톤'이라는 이름 하에 브랜드 파워를 집중하겠다는 의도로 만든 브랜드이다. 현재 미국에는 글렌둘란(Glendullan) 증류소 원액이, 유럽은 더프타운(Dufftown) 증류소 원액이, 그리고 아시아 지역은 글렌오드 증류소 원액을 사용해 병입되고 있다. 다시 말해 싱글톤을 구매하더라도 '싱글톤'이라는 글자 밑에 어느 증류소 제품인가를 확인해야 한다. 아시아 지역은 향이 너무 자극적이지 않고 바디감이 부드러운 술을 선호하는 경향이 강해 글렌오드 증류소 원액이 선택되었다고 한다.

글렌오드 증류소는 1838년 스코틀랜드 뮤어(Muir) 지역에 설립되었다. 뮤어 지역은 Black Isle 지역에 위치하는데 이 지역은 실제로는 섬이 아니다. 겨울철 폭설이 내려 스코틀랜드 전역이 하얗게 눈에 뒤덮여 쌓일 때에도 이곳만큼은 기온이 높아 눈이 쌓이지 않아 블랙아일이라고 부른다. 이 지역은 위스키를 만드는 천혜의 자연 조건을 갖추고 있다. 위스키를 만들 때 사용하는 물은 Loch nan Eun과 nam Bonnach에서 끌어와 사용하고 있으며, 풍부한 보리를 바탕으로 증류소 바로 옆에 큰 몰트공장을 가동하고 있다. 이 몰트공장(몰팅과정이 자동화되어 있는 전문 공장으로 몰트의 대량생산이 가능하다)에서 생산된 몰트를 디아지오 소속의 몰트 증류소에 공급하며 심지어 멀리 떨어진 스카이 섬에 있는 탈리스커 증류소에도 공급하고 있다.

총 6개의 증류기를 가동, 1년 생산량 3,400,000리터를 자랑하는 글렌오드 증류소는 1930년 Scottish Malt Distillers Ltd 소속으로 변경된 후 1985년에는 United Malt & Grain Distillers 소속으로 있다 최종 디아지오 소속으로 편입되어 현재 디아지오의 대표 증류소가 되었다. 전략적 마케팅 강화의 수단으로 처음에는 Hidden Malt 시리즈로 재탄생했고 지금은 싱글톤이라는 타이틀로 디아지오의 엄청난 마케팅 역량의 특혜를 받고 있다. 디아지오 측에서는 싱글톤 글렌오드의 부드러움을 만드는 비밀 6가지를 다음과 같이 소개하고 있다.

첫 번째 비밀은 보리이다. 비옥한 토양의 생산물 중 엄선된 보리로 만든다고 한다. 두 번째는 1000피트 이상에 위치한 호수로부터 끌어오는 맑은 물이 비결이라고 한다. 세 번째는 오랜 기간 내려온 글렌오드만의 비밀스러운 전통 제조기술이라고 하는데, 이 부분은 다른 증류소도 마찬가지라 두드러진 특징으로 보긴 어렵다. 네 번째 비결이 가장 결정적으로 보이는데, 몰트를 곱게 가루로 만든 다음 따뜻한 물과 이스트를 넣어 발효시키는 발효 과정의 시간이 다른 증류소보다 훨씬 길다는 점이다. 일반 증류소가 2~3일 정도 발효시키는 반면 글렌오드 증류소에서는 최고 5일 동안을 천천히 저온에서 발효시킨다. 좋은 위스키는 좋은 워시(발효액)에서 만들어지는 걸 감안하면 생산량에 쫓겨 급하게 만드는 것이 아니라 시간과 정성을 쏟아 최상의 워시와 최상의 스피릿을 만들고자 하는 그들의 장인적 자세야말로 최고의 비결일 것이다. 다섯 번째 비결은 오랜 시간을 들여 생산된 워시액을 구리 단식 증류기를 통해 저속으로 천천히 증류시키는 것이다. 이 저속증류를 통해 생산된 원액은 일반적인 다른 몰트위스키보다 훨씬 부드러운 바디감을 가진다고 한다. 그만큼 오일리한 특성을 지니고 있는데, 이러한 캐릭터는 저속증류 덕분이라고 한다. 마지막 비결은 셰리오크통과 버번오크통을 50:50의 비율로 사용해 숙성시키는 것이다. 덕분에 위스키의 맛과 향이 뛰어난 밸런스를 자랑한다.

예전에는 10% 정도의 원액만을 몰트위스키를 만드는 데 사용했고 나머지 90%는 듀어스와 조니워커의 블렌디드 위스키 블렌딩용으로 사용되었으나 최근 글렌오드 싱글몰트 위스키의 판매율이 높아짐에 따라 점점 그 비율이 늘어나고 있다. 또한 최근에는 '싱글볼'이라는 새로운 마케팅을 도입해 우리나라에서도 판매량 증진에 노력하는데 조금 색다른 마케팅이다. 일반적으로 사용하는 각 얼음은 위스키에 비해 너무 빨리 녹아 위스키의 맛과 향이 쉽게 묽어지는데, 최근 디아지오 측에서 선보이는 싱글볼은 차원이 다르다. 주먹만 한 큰 얼음을 둥근 모양으로 만들면서 산소를 주입해 얼음의 투명도를 높였고, 급속냉동 방식으로 얼음을 단단하게 만들어 온더락으로 위스키를 즐길 때 얼음 하나만으로도 오랫동안 천천히 즐길 수 있도록 만들었다. 개인적으로 싱글톤 글렌오드는 부드러운 질감과 뛰어난 밸런스 덕분에 싱글몰트 위스키를 처음 입문하는 사람들에게 가장 적당한 위스키가 아닌가 생각된다.

SINGLETON OF GLEN ORD
ALCOHOL CONTENT 40% abv
TYPE Single malt

글렌오드 증류소 전경

몰트 보관 사일로

글렌오드 숙성창고

하이랜드 파크의 상징인 파고다

REGION OF ORIGINE
HIGHLAND

OWNER
Edrington Group

WATER OF
SOURCES
**Springs below
the distillery**

STILLS
**2 x wash stills,
2 x spirit stills**

CAPACITY
PER YEAR
2,500,000 Litres

하이랜드 파크 www.highlandpark.co.uk
Kirkwall, Orkney KW15 1SU

하이랜드 파크 증류소를 가기 위해서는 에든버러에서 프로펠러 비행기를 타고 커크월로 향해야 한다. 프로펠러 비행기에서 알 수 있듯이 커크월은 사람의 왕래가 많은 지역이 아니다. 스코틀랜드의 북쪽 오크니 제도에서 가장 큰 섬에 위치한 지역으로 하이랜드 파크 증류소와 스카파 증류소가 위스키를 생산하고 있다.

하이랜드 파크 증류소는 1790년대부터 위스키를 생산하고 있다. 이 증류소를 설립한 매그너스 언손(Magnus Eunson)은 야누스적인 생활을 했던 것으로 유명하다. 낮에는 목사로, 밤에는 밀주업자로 이중생활을 했던 인물이다. 그는 교회의 설교 단상 밑이나 장례식에 사용된 관 속에 위스키를 감춘 것으로도 유명하다. 1813년 그의 이중생활은 밀주 단속원인 존 로버트슨(John Robertson)에 의해 마감하게 되었다. 아이러니한 것은 이 하이랜드 파크 증류소를 매그너스 언손을 체포한 존 로버트슨이 인수했다는 점이다. 존 로버트슨은 하이랜드 파크 증류소를 정비하고 합법적인 증류소로 탈바꿈시켰다. 그 후 로버트 보윅(Robert Borwick)에게 매입되었다가 1895년 제임스 그랜드(James Grant)에게 판매된 후 1935년 Highland Distilleries Co.Ltd에 합병되었고 현재는 맥켈란과 같은 에드링턴 그룹 소속으로 되어 있다.

이 증류소가 유명한 것은 지금까지도 초창기에 위스키를 생산하던 방식 그대로를 유지한다는 점이다. 보리에 싹이 튼 다음 건조시키는 플로어몰팅 방식이 대표적이다. 플로어몰팅은 많은 노동력이 소비되어 이제는 많은 증류소에서 사라진 방식이다. 하지만 이 방식을 유지하고 있는 증류소의 위스키 품질은 사람의 정성이 들어간 만큼 다른 위스키들보다는 좀 더 독특함을 소비자들에게 선사한다. 매년 수많은 위스키 팬들이 이 독특한 생산과정을 직접 보기 위해 이곳을 방문하고 있다. 그런 호응에 화답이라도 하듯 하이랜드 파크는 스코틀랜드 관광청으로부터 Five Star Visitor Attraction으로 뽑히기도 했다. 스코틀랜드 관광청은 관광지가 잘 꾸며진 정도와 인기도에 따라 별 개수로 등급을 매기는데 별 5개가 최고 등급이다. 스코틀랜드를 방문했다면 꼭 한 번 가볼 만한 증류소이다.

**HIGHLAND PARK
12-YEAR-OLD**
ALCOHOL CONTENT 40% abv
TYPE Single malt

REGION OF ORIGIN
HIGHLAND

OWNER
Whyte & Mackay
WATER OF SOURCES
Loch a Bhaille Mhargaidh
(Market Loch)
STILLS
**2 x wash stills,
2 x spirit stills**
CAPACITY PER YEAR
2,500,000Litres

주라 www.jurawhisky.com
Jura, Argyllshire PA60 7XK

스코틀랜드 남서쪽의 아이라 섬은 위스키 마니아들 사이에서는 성지로 불리고 있다. 아이라섬 바로 위에는 또 다른 매력적인 섬이 있는데 바로 주라 섬이다. 이 섬은 폭 7마일, 길이 30마일의 지형적 특징을 지니고 있으며 170명의 거주인과 거주인 수보다 훨씬 많은 8000마리 사슴이 뛰어다니는 독특한 섬이다. '주라'라는 이름 자체가 사슴 섬(deer island)이라는 뜻을 지니고 있다.

이곳의 가장 독특한 점은 모든 것이 하나뿐이라는 것이다. 1차선 도로, 우체국도 하나, 호텔도 하나, 슈퍼마켓도 하나, 그리고 증류소도 하나이다. 특히 이 섬의 1차선 도로는 타인을 배려하지 않으면 절대 통과하지 못한다. 1차선 도로 중간 중간에 차를 한 곳으로 비켜 설 수 있는 곳이 설치되어 있다. 상대방에게 양보하는 미덕이 이 섬의 여유와 낭만을 배가시킨다. 이 1차선 도로는 흡사 스페인의 산티아고나 제주도의 올레길처럼 산보의 미학과 사색의 즐거움을 선사한다. 덕분에 조지오웰의『1984』라는 걸작의 탄생지가 되었다. 당시 조지 오웰은 아내를 잃고 정신적 방황을 하다가 지인의 소개로 주라 섬을 소개받았다. 그리고 주라 섬이 갖고 있는 여유와 운치 있는 경관 덕분에 요양을 하면서 집필에 몰두할 수 있었다고 한다. 실제로 주라 섬을 방문해 보면 시간과 자연과 그곳에 있는 자신이 일치하는 것 같은 기분이 든다.

섬에 들어가기 위해서는 아이라 섬에서 페리를 타고 건너간다. 이때 소요시간이 10분 정도 되는데 사냥 시즌이 되면 사슴사냥을 하기 위해 영국 전역에서 사냥꾼들이 주라 섬으로 몰려온다고 한다. 페리를 타고 내려 바로 앞에 보이는 하나밖에 없는 도로를 따라가면 주라 섬 유일의 호텔과 그 앞에 평온하게 서 있는 증류소를 볼 수 있다. 오직 한 길뿐이기에 길을 잃어버릴 염려는 없다. 전설에 따르면 주라 섬에서는 1502년부터 증류를 하기 시작했고 주민도 1000여 명이 거주했다고 한다. 현재의 주라 증류소는 1810년도에 설립된 증류소이다. 정식 면허는 1831년 윌리엄 애버콤비(William Abercombie)가 획득했다. 그러나 소유주가 몇 번 바뀌면서 1901년 문을 닫았다. 1963년 다시 가동을 시작했고 소유주가 Invergordon distilleries에서 다시 Whyte & Mackay로 변경되었다.

주라 증류소는 세미 라우터의 매쉬툰를 지니고 있으며 6개의 스테인리스 워시백과 두 쌍의 증류기를 가동시키고 있다. 스코틀랜드에서 가장 큰 증류기인 글렌모렌지 증류기보다 살짝 작은 25.25피트의 길이를 자랑한다. 위스키를 만들 때 사용하는 몰트는 약한 피트 처리를 한 몰트를 사용하거나 아예 피트 처리를 하지 않은 몰트를 사용하고 있다. 목이 큰 증류기 그리고 약한 피트 혹은 피트 처리를 하지 않은 몰트, 이 두 가지 요인 때문에 가벼운 위스키를 생산하는 것이 특징이다. 그러나 가끔씩 특별한 정품으로 강한 헤비피트 처리를 해서 생산한 제품이 출시되기도 하는데 이 제품의 특징은 아이라 지역의 강한 피트 향을 품고 있는 제품에 버금간다.

그런데 주라 제품을 생산하는 물에 약간 논란의 여지가 있다. 주라는 바일 마르가이드(Bhaile Mhargaidh)라는 샘에서 물을 끌어와 위스키를 생산하고 있는데 이 물은 피트를 가득 함유하고 있는 반면 주라 증류소에서 생산하는 통상의 위스키에서는 피트향이 약하기 때문이다. 위스키 연구에서 물의 역할에 대한 연구가 더 절실히 요구되는 부분이다.

현재 주라 증류소의 생산 총괄 감독은 위스키 업계의 걸출한 인물 리처드 패터슨이 지휘하고 있는데, 그가 부임한 후 양적, 질적 성장의 두 마리 토끼를 잡기 위해 총력을 기울이고 있다. 주라 증류소의 생산량은 1년에 약 250만 리터이다. 이렇게 생산된 원액의 95%는 헤븐 힐(Heaven Hill)과 짐 빔(Jim Beam)에서 버번을 숙성시켰던 통에서 가져와 숙성시키고 나머지 5%는 셰리 숙성통에서 숙성을 시키고 있다. 각 숙성창고는 일반적인 스코틀랜드 증류소의 숙성창고와는 달리 여러 층 높이로 쌓아 숙성시킨다. 주라 증류소 숙성창고가 자리한 곳의 기후는 바로 옆 아이라와 다소 구별된다고 한다. 증류소 옆에 자리한 두 그루의 야자수 나무가 그 증거라고 하며, 아이라의 위스키 숙성창고보다 더 강한 습도 속에서 위스키가 숙성되어간다고 한다.

현재 주라 증류소의 핵심 제품은 10년 16년 18년 21년 그리고 Jura Superstition이다. Jura Superstition 13년은 피트처리를 한 원액이 함유되어 있고, 나머지는 13~21년 사이의 여러 가지 통 속 원액들을 혼합해 병입한 제품이다. 최근에는 바롤로와 카베르네 소비뇽 통을 이용한 숙성 제품을 출시하는가 하면 40년의 고숙성 제품도 출시하고 있다. 조용한 섬 주라에서 평온한 대지의 기운 속에 잠들어 있던 주라가 스카치위스키 팬들에게 감추어져 있던 매력을 발산하고 있는 추세이다.

개인적으로 주라 섬에 꼭 한 번 방문할 것을 추천한다. 조용히 혼자 산책하는 즐거움을 만끽할 수 있을 뿐만 아니라 숨겨진 보석과 같은 정원이 있기 때문이다. '이상한 나라의 앨리스'를 연상시키듯 낯선 곳을 호기심 있게 걸어가다 마주한 문, 그뒤에 펼쳐지는 아름다운 정원. 그 안에서 거닐 수 있는 즐거움은 직접 방문한 사람만의 특권이다.

현재 올레길 도보여행으로 유명한 제주도 면세점에서 주라 싱글몰트 위스키를 판매 중에 있다. 제주도를 떠나면서 한 병 구입해 올레길을 걸었을 때의 추억을 상상하면서, 혹은 주라 섬의 평온함을 상상하며 혼자 즐겨보시길 권한다.

ISLE OF JURA SUPERSTITION
ALCOHOL CONTENT 45% abv
TYPE Single malt

증류소 근처의 정원

스카파의 몰트 저장소

REGION OF ORIGIN
HIGHLAND

OWNER
Chivas Brothers
(Pernod Ricard)

WATER OF
SOURCES
Lingro Burn

STILLS
1 x wash still,
1 x spirit still

CAPACITY
PER YEAR
1,000,000 Litres

스카파 www.scapamalt.com
St Ola, Orkney, KW15 1SE

하이랜드 파크만 아니었다면 세계에서 가장 높은 위도에 위치한 증류소 타이틀을 가질 수 있었던 증류소이다. 스카파 해변에 위치한 이 증류소는 'SCAPA'라는 이름이 그려진 증류소 벽 뒤로 나가서 해안을 바라보면 참으로 멋진 풍경을 선사한다. 이 증류소에는 관람객 안내 프로그램도, 가이드도, 접객센터도 갖춰지지 않았다. 그러나 이 증류소가 위스키마니아에게 유명한 이유는 발렌타인에 들어가는 핵심 몰트위스키이기 때문이다. 이 증류소에는 세미 라우터가 장착된 매쉬툰이 설치되어 있고, 8개의 발효조가 있는데 그중의 3개는 스테인리스 스틸로 만들어졌고, 1개는 코르텐 스틸로 만들어진 발효조를 사용하고 있다. 스카파 증류소의 가장 큰 특징은 스코틀랜드의 어느 증류소보다 긴 발효시간을 채택하고 있다는 점이다. 보통 발효시간 72시간 내외인 걸 감안할 때 이 증류소는 160시간 동안 발효를 거쳐 위스키를 생산한다. 긴 발효시간은 최종 결과물인 위스키에게 과일향을 가지게 한다. 그러나 발효시간이 긴 만큼 잡균의 노출 위험이 증가하고 발효액이 오염될 확률도 높다고 할 수 있다. 또한 긴 발효시간은 아크로레인(acrolein)이라는 물질을 만들어내는데 이 물질은 위스키에 탄 맛을 갖게 하는 것으로 알려져 있다. 1차 증류기의 경우 상부가 평평한 모습을 띄고 있고 2차 증류기는 전형적인 양파 모양을 하고 있다. 2004년 스카파 14년이 출시되었고 2008년에는 16년이 출시되어 판매 중이다.

SCAPA
16-YEAR-OLD
ALCOHOL CONTENT 40% abv
TYPE Single malt

스카파 증류소 전경

하이랜드 지역에서 가장 오래된 펍

REGION OF ORIGINE
ISLAY

아이라 지역

스코틀랜드 남서쪽에 위치한 이 아이라 섬은 한때 1만6천 명이 거주할 정도로 인구가 많은 섬이었으나 지금은 3천 명 정도 살고 있다. 3천 명의 주민 대부분이 위스키 산업에 종사할 정도로 이 지역은 위스키와 아주 밀접한 지역이다. 아이라 특유의 이탄을 사용해서 위스키를 만들기 때문에 위스키를 마시는 사람 누구라도 아이라 위스키라는 것을 금방 알아챌수 있을 정도로 개성이 강한 위스키가 만들어진다. 강한 훈제향, 병원 소독약내음, 갯내음이 강한 것을 특징으로 하는 위스키들이 생산되며 덕분에 위스키 마니아들에게는 성지로 추앙받는 곳이다.

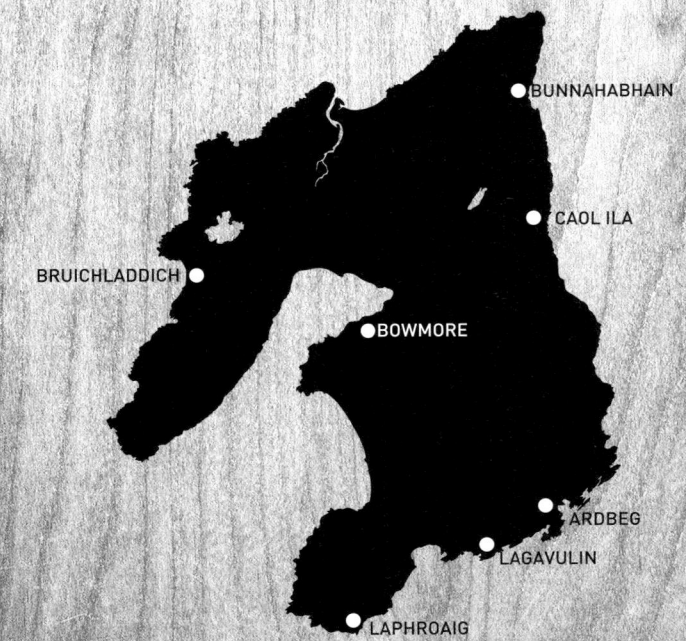

아드벡 증류소의 방문객 센터

REGION OF ORIGINE
ISLAY

OWNER
Glenmorangie Co (Moet Hennessy)

WATER OF SOURCES
Lochs Arinambeast & Uigidale

STILLS
1 x wash still,
1 x spirit still

CAPACITY PER YEAR
1,000,000 Litres

아드벡 www.ardbeg.com
Port Ellen, Isle of Islay PA42 7EB

자신의 개성을 강렬하게 표출하는 위스키는 스코틀랜드 남서쪽 섬 아이라 태생이 많다. 그중에서도 포트 앨런을 중심으로 아드벡, 라가불린, 라프로익은 독특한 훈제향으로 유명한 위스키이다. 하지만 이 세 증류소 중에서도 한때 오피셜 보틀(증류소 정식 출시제품)에 피트처리를 가장 강하게 해 악명이 높았던 증류소가 바로 아드벡 증류소다. 일단 그 이름만으로도 어떤 이들에게는 공포의 대상이가, 또 어떤 이들이게는 충성의 대상이 되는 제품이다. 특히 검정색 바탕에 흰색의 독특한 문체로 적어진 Ardbeg의 A는 마치 아드벡을 사랑하는 사람들 사이의 단체 표식으로 사용해도 무방할 정도로 의미를 지니고 있다.

글자 하나까지도 사람을 끌어당기게 만드는 이 증류소는 기록상으로는 1794년부터 밀주업자들에 의해서 위스키를 생산하기 시작했다고 전해지고 있지만, 정식 생산은 맥두걸(MacDougall) 가문에 의해서 1815년 시작되었다고 알려져 있다. 아드벡 증류소는 19세기 과거보다는 20세기 후반의 역사에 주목해야 한다. 1970년대 아드벡 증류소는 생산된 몰트위스키의 너무 강한 개성으로 인해 블렌디드위스키를 생산하는 블렌더들로부터 외면을 받기 시작했다. 결국 1981년 문을 닫게 되어 황량한 건물만이 남아 있던 시절이 있었다. 그러다 주인이 글렌모렌지로 바뀌면서 다시 오픈하게 되었고 그때부터 다시 아드벡의 르네상스 시대를 맞이하기 위해 불철주야 뛰어다닌 한 부부의 이야기가 위스키업계에서는 유명하다.

글렌모렌지가 아드벡 증류소를 인수하면서 글렌모레이(Glen moray) 증류소에서 일하던 스튜어드 톰슨(남편)과 글렌모렌지 비지터 센터에서 일하고 있던 재키 톰슨(부인)은 아드벡의 부활을 위해 아이라 섬에 정착한다. 그리고 끊임없는 노력과 홍보를 통해 아드벡의 위대함을 세상에 알리기 위해 동분서주한다. 또한 아드벡 커뮤니티를 만들어 전 세계 아드벡 팬들의 힘을 집결시키기도 했다. 증류소 방문 중에 재키 톰슨을 만났는데, 그가 아드벡 증류소에 가진 열정을 알게 된다면 누구든 아드벡을 사랑하지 않고는 배길 수 없을 것만 같았다. 아드벡이 가진 강렬함을 만드는 특징은 세 가지가 있는데 강한 피트처리와 증가가 어렵게 설계된 증류기 그리고 아드벡 증류소를 사랑하는 사람의 힘이 아닐까 싶다.

1970년 후반까지 아드벡 증류소는 자체적으로 몰트를 생산했다. 특히 환기시설 없는 건조실에서 몰팅을 했기에 더더욱 몰트에 피트향을 강하게 입힐 수가 있었다. 지금은 인근 포트 앨런에 있는 공장에서 대량 생산된 몰트를 가지고 위스키를 생산하고 있기에 일부 소수의 위스키 근본주의자들은 진정한 아드벡은 1970년대까지 생산된 위스키가 진정한 아드벡이고 그 후 생산된 제품들은 단순한 모방에 지나지 않는다고 평하며 1970년 생산된 위스키에 큰돈을 지불하면서 구입하고 있다. 이런 이유로 아드벡 팬들은 현재는 식당으로 개조되어 방문객들을 맞이하고 있는 그 건조실에서 과거의 방식으로 만든 위스키가 생산되기를 꿈꾸기도 한다. 피트향이 강하게 처리된 몰트 껍질(겨)의 사용량을 다른 증류소보다 높였기에 강한 피트의 훈제향을 위스키에 담을 수 있다. 증류과정에서도 특이하게 생긴 증류관이 아드벡만의 복합적인 향을 만들어낸다. 발효액이 증류기 안에서 증류되어 증류관을 따라 이동하면서 온도가 낮아져 응축될 때 증류관 끝에 붙어 있는 독특한 정제장치(purifier)를 거치게 되는데 이때 농도가 진한 휘발 성분이 제거된다. 이렇게 생산된 위스키 원액들은 대부분 아메리칸 버번을 숙성시켰던 오크통에서 숙성되는데 일부는 유럽산 셰리 오크통에서 숙성되기도 한다.

뛰어난 품질의 아드벡을 만드는 요인 중의 하나가 바로 팀워크이다. 아드벡은 한때 문을 닫았던 암울한 시절을 지나 새롭게 문을 열던 당시의 팀들이 뭉쳐 다시 증류소를 가동시켰다. 손발이 잘 맞는 팀워크뿐만 아니라 그들이 아드벡 증류소에 가지고 있는 애정이 아드벡 위스키의 품질에 기여한다. 이런 열정과 결부되어 아드벡은 지역 주민들과 많은 연관을 맺고 있으며 그 지역 발전에도 많은 기여를 하는 것으로도 유명하다.

최근 아드벡 싱글몰트 위스키에 대한 그리움과 관련된 일화가 하나 있다. 한 영국군 병사가 아프카니스탄으로 파병을 가게 되었다. 병사는 멀리 낯선 땅에 떨어져 고향에 대한 그리움과 어디선가 날아올지 모를 총알에 대한 두려움으로 파병생활을 하고 있었다. 그러다 문득 아드벡 위스키의 독특한 훈제향을 그리워하게 되었고 그 사정이 우연히 아드벡 커뮤니티를 통해 전달되었다. 증류소 측은 그 병사가 근무하는 부대로 아드벡 싱글몰트 위

밀링머신

스키 2상자를 보내 그의 힘든 군 생활을 위로했다. 그로부터 몇 달이 지난 어느 날 아드벡 증류소 앞 바다에 큰 군함이 정박했다. 그리고 그 군함에는 그 당시 위스키를 전달 받은 부대원들이 고국으로 복귀하면서 아드벡 증류소가 보내준 정성에 보답하기 위해 그곳에 정박했다고 한다. 위스키에 대한 열정과 그리움이 맺은 인연이 얼마나 아름다운가를 보여주는 사건이 아닌가 한다. 위스키는 사람의 손으로 만든다. 사람의 마음가짐에 따라 위스키 맛도 달라질 수 있다는 얘기다.

**ARDBEG
10-YEAR-OLD**
ALCOHOL CONTENT 46% abv
TYPE Single malt

발효조

증류실

전통적인 방식의 몰팅룸

REGION OF ORIGINE
ISLAY

OWNER
Morrison Bowmore

WATER OF SOURCES
Laggan River

STILLS
2 x wash stills, 2 x spirit stills

CAPACITY PER YEAR
2,000,000 Litres

보모어 www.bowmore.com
Isle of Islay, Argyllshire PA43 7GS

2004년 여름, 아무 생각 없이 집어든 책 한 권 때문에 마음 한구석에서 지구 반대편의 스코틀랜드 작은 섬을 동경하게 되었다. 『무라카미 하루키의 위스키 성지여행』이라는 책이었다. 당시 싱글몰트 위스키에 한창 관심이 많았던 건 사실이지만, 그중에서도 아이라의 갯내음 나는 위스키에 대한 호기심을 자극한 건 순전히 이 책 때문이었다. 그러던 중 보모어 스카치 싱글몰트 위스키가 과거 수입되었던 사실을 알게 되어, 그 위스키를 구입하기 위해 뜨거운 여름날 서울 시내에 있는 모든 주류 판매점을 사방팔방으로 수소문했다. 간신히 위스키를 손에 넣자마자 긴장된 마음으로 개봉해 마신 순간부터 위스키와의 질기고 긴 인연이 시작되었는지도 모르겠다. 그날 놀라운 충격을 선사했던 위스키가 이제는 국내에 정식 수입되고 있다는 반가운 소식이다.

스코틀랜드에 남서쪽 아이라의 중심지 역할을 하는 보모어 타운 중심부에 보모어 증류소가 위치해 있다. 보모어 타운 언덕배기에는 보모어 교회가 멋지게 자리 잡고 있으며 그 아래쪽 광장에는 아이라에서 제일 예쁘기로 소문난 아가씨 파멜라가 근무하는 스코틀랜드 왕립은행이 있다. 그 광장 아래쪽에 위스키 증류소를 상징하는 증류소 굴뚝 여러 개가 서 있는 걸 볼 수 있다. 그 증류소가 바로 아이라 섬에서 가장 오래된 증류소인 보모어 증류소이다.

보모어 증류소는 1779년 지역 농민이었던 데이비드 심슨(David Simpson)에 의해 설립되었다. 예나 지금이나 아이라 위스키의 주요 생산품은 농산물과 양, 그리고 위스키였다. 농민들은 대부분 농번기엔 농사를 짓고 휴경기엔 자신들이 먹고 남는 잉여 생산 곡물로 위스키를 증류했다. 위스키는 자가 소비용일 뿐만 아니라 주요한 소득원 중의 하나였다. 데이비드 심슨은 자신이 생산한 보리와 아이라 지역에서 생산된 보리를 가지고 위스키를 생산했다. 위스키에 필요한 물은 증류소에서 약 11km미터 떨어진, Laggan 강에서 물을 끌어오는데 이 물은 아이라 지역의 피트를 흠뻑 머금고 있다. 필자도 보모어 증류소를 직접 방문했을 때 그 물을 본 적이 있는데 황토빛을 띤 물이 증류소로 들어오는 걸 볼 수 있다. 이 물을 몰팅에 사용하므로 몰트에 훈연향이 좀더 담겨 있다고 말하기도 한다.

1852년 무터(Mutter) 집안에 인수된 후 몇 차례 소유주들이 바뀌고 1963년 모리슨으로 넘어갔다가 1994년 일본 기업 산토리에 인수되었다. 이때 많은 이들이 스코틀랜드의 자존심을 잃었다면서 슬퍼했다고 한다. 하지만 좀

더 우수한 경영기술과 뛰어난 마케팅 덕분에 단조로웠던 제품 라인들이 활발하게 탈바꿈되었다. 처음 이 증류소를 방문했을 때의 인상은 깔끔하게 흰색으로 칠해진 벽의 건물들과 예쁘게 꾸며진 꽃길 그리고 나란히 펼쳐진 흰 바다가 매우 인상적이었다.

증류소를 방문하면 가장 먼저 싹 틔운 젖은 보리를 바닥에 깔아놓고 삽으로 뒤집어 말리는 전통적인 방식의 몰팅룸을 보여준다. 방문객들이 원하면 삽을 들고 실제로 뒤집어 보게 하는 체험도 실시하고 있다. 현재 보모어는 자신들이 소비하는 몰트의 30%를 전통적인 방식으로 직접 생산하고 있다. 그 몰팅룸에서 평생 동안 보모어 증류소에서 위스키를 만들어온 장인을 만날 수 있었다. 나이가 들어서도 여전히 땀을 흘리며 젊은 동료 후배들과 함께 삽을 들고 젖은 몰트를 뒤집는 데 한창 몰입하고 있었다. 저런 장인들이 묵묵히 일하고 있었기에 훌륭한 위스키가 만들어지는 사실을 깨닫는 순간이었다.

워시백을 보면서 재밌는 것을 발견했다. 워시백 상단에 역대 증류소 오너들의 이름과 그들이 재직했던 기간들을 명시해 놓은 것이다. 관람객으로 하여금 보모어가 지닌 역사적 가치를 느낄 수 있도록 만들어 놓은 것인지도 모르겠다. 뜨거운 열기가 가득 찬 증류실에서는 구릿빛 나팔 모양의 증류기들이 한창 위스키를 만들어내고 있었다. 보모어 증류소는 위스키를 생산하면서 나온 열기를 가지고 예전 보모어 숙성창고를 개조해 만든 수영장의 물을 데우는 데 사용하고 있다. 이 수영장은 보모어 증류소 바로 옆에 있으며 주민들에게 복지시설의 역할을 담당한다. 위스키 증류소는 주민들의 생활과 아주 밀접하게 연관되어 있다. 그들에게 일자리를 제공하고 관광객을 유치해 관광소득을 올려주며 이렇게 복지시설을 제공하기도 한다.

증류실을 나와 숙성창고 들어가자 어둡고 고요한 분위기가 온몸을 감쌌다. 적막감 속에서 아메리칸 버번통과 스페인산 셰리통에서 숙성 중인 위스키들을 하나둘 맛보는 순간 그 갯내음과 훈연향 가득한 생명수가 그동안 내가 꿈꾸던 그곳에 왔음을 깨닫게 했다. 평온한 바닷가의 정취와 그에 어울리는 위스키 한 잔을 마실 수 있는 곳 보모어 타운. 위스키를 좋아하는 당신이라면 꼭 한 번 가볼 것을 추천한다.

보모어의 유명세를 확인할 수 있는 일화를 하나 소개한다. 캐나다의 에드몬트 지역의 한 주류가게에 도둑이 들어 한정품으로 생산된 294번 보모어 40년을 도난당한 사건이 있었다. 그런데 그 도둑은 위스키를 별로 좋아하지 않았던지 몸값을 내놓으면 그 위스키를 되돌려주겠다며 협상을 요구했다. 최초의 위스키 인질극이 발생한 것이었다. 당시 그 위스키의 값어치는 8천 달러였고 도둑이 요구한 몸값은 2천5백 달러였다. 하지만 그 주류점 사장은 보모어 증류소의 설득에도 불구하고 흥정에 응하지 않아 결국 협상은 결렬되고 그 위스키는 사라져버렸다. 만약 여러분이 제품번호 249번의 보모어 40년 제품을 보신다면 인질이었던 그 위스키를 만난 것이다.

BOWMORE
12-YEAR-OLD
ALCOHOL CONTENT 40% abv
TYPE Single malt

피트 처리장의 직원

REGION OF ORIGINE
ISLAY

OWNER
Bruichladdich Distillery Co

WATER OF SOURCES
Private

STILLS
2 x wash stills, 2 x spirit stills

CAPACITY PER YEAR
1,500,000 Litres

브룩라디 www.bruichladdich.com
Islay, Argyll, Scotland, PA49 7UN

스코틀랜드 위스키 성지 중의 하나인 아이라를 여행할 때 보모어 타운에서 머물렀는데, 당시 묵었던 숙소가 보모어 B&B였다. B&B는 bed&breakfast의 약자로 숙박과 아침식사를 제공하는 숙소를 말하는데 이 마을 이름인 Bowmore에서 따온 이름일 뿐이지 보모어 증류소와는 아무 상관이 없다. 보모어 증류소에는 운영하는 숙소가 따로 있는데 그 지역에서는 꽤 좋은 것으로 유명하다. 혹 아이라를 방문한다면 그 숙소를 권하고 싶다. B&B에서 창문을 열면 로크인달(Loch Indaal) 해협이 보이고 그 맞은편에 불빛이 보이는데 그곳이 바로 브룩라디(Bruichladdic) 증류소다. 브룩라디는 게일어로 '융기 해안(raised beach)'이라는 뜻을 지니고 있는데 이 증류소는 2005년 커호만(Kilchoman) 증류소가 정식 가동하기 전까지는 아이라 섬에서 가장 서쪽에 위치한 증류소였다. 스코틀랜드 아이라 섬에 살고 있는 주민들에게 가장 좋아하는 위스키가 무엇이냐고 물어보면 많이 이들이 브룩라디라고 답한다. 다른 증류소들은 큰 기업 소유이며 오너가 대부분 아이라에 거주하지 않고 있지만 브룩라디의 오너는 바로 그들의 이웃이기 때문이다. 브룩라디는 1881년 하비(Harvey) 가의 형제인 Robert, William John Gourlay에 의해서 설립되었다. 브룩라디 증류소의 역사는 그리 순탄치 않았다. 대부분의 증류소들처럼 브룩라디 증류소 역시 양차대전을 겪으면서 고난을 겪었고, 소유주가 자주 바뀌거나 폐업하는 기간을 거쳤다. 그러다 Whyted & Mackay 소속으로 가동 중단의 기간을 맞이하던 중 2000년 12월 19일 마크 레이니어, 고든 라이트 그리고 사이몬 컬린의 의기투합으로 작은 콘소시움을 이뤄 650만 파운드에 증류소를 인수했다. 그리고 〈올해의 distiller〉를 두 번이나 수상했던 전 보모어 증류소 책임자 짐 맥완(Jim McEwan)을 영입해 부흥기를 맞이하게 되었다.

브룩라디는 증류소 IT 시대에 걸맞게 증류소 곳곳에 웹캠을 설치해 전 세계 네티즌들에게 위스키 제조 과정을 실시간으로 공개해 더욱 친밀감을 준다. 위스키를 만들 때 사용되는 보리는 전부 스코틀랜드 산 보리만을 사용한다. 그중에 30~40%는 유기농 보리로 위스키를 만들고 있으며 증류소 인근 농장에서 생산된 보리를 사용하기 때문에 지역민으로부터 사랑받지 않을 수 없다. 스모키하지 않은 위스키를 만들 때 사용되는 몰트의 피트 함유량은 3~5ppm 정도이며, 과거 증류소였던 포트 샤롯(Port Charlotte)을 모티브로 생산된 몰트위스키 Port Charlotte을 만들 때 사용되는 몰트는 40ppm 정도의 페놀 수치가 기록된다. 그리고 최근 스카치위스키 역사상 가장 높은 피트 페놀 수치를 자랑하는 옥토모어(Octomore)의 페놀 수치는 152ppm을 기록한다.

브룩라디에서 위스키 제조에 사용되는 물은 세 가지이다. 피트가 함유되어 있는 브룩라디 로크(Bruichladdich Loch)와 브룩라디 번(Bruichladdich Burn)은 매싱 과정과 콘덴싱 과정에 사용되며 옥토모어 스프링(Octomore spring)의 물은 병입할 때 사용된다. 브룩라디에서는 자체 병입 라인을 갖추고 있어 위스키 제조에 혼합하는 물조차도 브룩라디만의 독특함을 유지하는 요인이 된다. 브룩라디에서는 과거엔 피트가 함유되지 않은 몰트(non peated malt)로 위스키를 만들어 아이라답지 않았지만 최근 옥토모어를 비롯해 강한 피트 제품을 생산함으로서 가장 아이라다운 위스키 생산 라인을 갖추게 되었다. 보통 일반 위스키 증류를 2회 3회 하는 것에 반해 브룩라디는 4회 증류시킨 위스키도 생산해 판매하고 있으며, 프랑스 특급 와인너리에서 와인을 숙성시켰던 오크통을 가져와 추가 숙성시켜 제품으로 출시하는 등 실험적인 모습을 많이 선보이고 있다. 게다가 위스키에 대한 철학도 뚜렷해 모든 위스키에 인위적인 공정을 배제하고 있다. 캐러멜을 이용한 컬러링, 위스키를 저온으로 내린 다음 필터링을 하는 냉각여과 공정을 배제하고 있어 오크통 속 위스키의 순수성을 보존하여 소비자에게 제공하고 있다. 그래서 다른 증류소의 제품들과 달리 위스키 도수를 46%로 맞춰 출시하고 있다. 그것이 브룩라디가 가장 맛있는 도수이기 때문이다. 브룩라디는 끊임없이 변화하며 그 변화 속에서도 변치 않는 위스키에 대한 철학을 선보이기 때문에 많은 소비자들에게 신뢰받고 있다. 최근 우리나라에도 정식으로 수입되어 앞으로의 활약이 주목되는 브랜드이다.

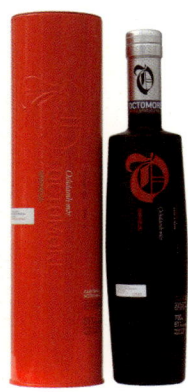

BRUICHLADDICH OCTOMORE ORPHEUS
ALALCOHOL CONTENT 61% abv
TYPE Single malt

짐 맥완

브룩라디의 밤

REGION OF ORIGINE
ISLAY

OWNER
Burn Steward Distillers

WATER OF SOURCES
River Margadale

STILLS
2 x wash stills, 2 x spirit stills

CAPACITY PER YEAR
2,500,000 Litres

부나하벤 www.bunnahabhain.com
Port Askaig, Isle of Islay PA46 7RR

싱글몰트 위스키를 즐기는 사람들에게 일종의 성지로 취급받는 아이라에 위치해 있어 오히려 약간 손해 보는 증류소가 있다면 바로 부나하벤 증류소일 것이다. 아이라에 있는 다른 증류소들에서 생산된 위스키들이 워낙 개성이 강하다 보니 부나하벤의 개성이 상대적으로 약하게 보이기 때문이다. 그러나 만일 이 증류소가 하이랜드나 스페이사이드 지역에 위치해 있었다면 다른 대우를 받을 것이 틀림없다. 게일어로 '강의 입구'라는 의미를 지니고 있는 부나하벤은 1881년 Willam Greenlees와 James Greenlees 형제에 의해 설립되었다.

부나하벤 증류소는 증류소 이름의 어원답게 margadale 강에 위치해 있는데 이 지역은 피트 채취가 용이하고 물이 풍부하며 바다가 인접해 있다. 이 증류소는 아이라에서 보모어와 함께 숙박시설을 갖춘 유일한 증류소이다. 증류소의 숙소에 머물면서 창문을 열면 바다 건너편의 주라 섬이 한눈에 보이며 아이라 특유의 바다내음이 창문 안으로 밀려들어온다. 아이라 해협과 인접한 지형적 영향으로 부나하벤의 라벨엔 뱃사람이 그려져 있는데 스코틀랜드 전통 민요인 〈Westering home〉에서 유래되었다고 한다. 이 증류소는 사람이 거주하는 지역과는 조금 떨어져 있고, 주변에 나무도 없어 다소 황량하다.

아이라 사람들에게 어떤 몰트위스키를 좋아하냐는 질문을 던지면 여러 가지 답변이 나오지만 어떤 블렌디드위스키를 좋아하냐는 질문에는 한결같이 블랙보틀(Black Bottle)이라는 이름을 댄다. 아이라의 지역적 특색이 흠뻑 묻어나는 위스키 블랙보틀을 생산하는 증류소가 바로 부나하벤 증류소이다. 이 증류소에 사용되는 물은 수원에서부터 지하를 통해 증류소까지 끌어오는데 지하지대가 피트지대이다. 피트가 함유된 물이 위스키 생산에 사용되었음에도 불구하고 초기 이 증류소에서 생산된 몰트에서는 스모키한 향을 느낄 수 없어 위스키를 만들 때 사용되는 물이 위스키에 어떠한 영향을 주는가에 대한 논란을 만들어내기도 했다.

부나하벤 증류소에는 관리하기 쉬운 스테인리스 매쉬툰과 6개의 오레곤 파인오크로 만든 워시백, 그리고 4개의 큰 증류기로 위스키를 생산해내고 있다. 2개의 1차 증류기는 양파 모양을 하고 있으며 1차 증류기보다 조금 더 작은 사이즈의 2차 증류기는 서양 배 모양을 하고 있다. 이곳에서 생산된 위스키 원액들은 대부분 아메리칸 버번위스키를 숙성시켰던 통에서 숙성시키지만 가끔 유럽산 셰리오크통에서 숙성시키기도 한다. 또한 2005년에 출시된 한정품처럼 특별하게 포트 와인통에서 숙성시키

기도 한다.

부나하벤은 증류소 주변에 풍부한 피트가 있음에도 불구하고 피트를 사용하지 않고 건조시킨 몰트를 사용해 위스키를 생산했는데, 최근에는 다른 아이라 몰트위스키처럼 훈연향이 강한 위스키들을 생산하고 있다. 심지어 페놀수치 35ppm로 강하게 훈연 처리된 위스키도 생산하고 있다. 1970년대 후반까지 이 증류소에서 생산된 원액은 전부 블렌디드위스키를 생산하는 데 사용되었다. 이 증류소의 원액이 들어간 제품 중에는 블랙보틀을 비롯해, 스코티쉬 리더, 커티삭, 페이머스 글라우스 같은 당대에 한 획을 그은 제품들을 만들 때 사용되었다. 그러다 싱글몰트 위스키가 출시된 이후에는 영국, 미국, 프랑스 그리고 특히 네덜란드를 주요 타깃으로 판매를 촉진시켜왔다.

부나하벤 증류소에서 생산된 위스키들은 대부분 스모키하지 않은 게 특징인데 그와 반대로 최근에는 훈연시킨 몰트로 만들어진 제품들이 하나둘씩 선보이고 있다. 대표적인 제품으로 게일어로 '이탄'이라는 뜻을 지닌 부나하벤 모인(Bunnahabhain Moine)과 게일어로 '스모키'의 의미를 지닌 부나하벤 토이티치(Bunnahabhain Toiteach) 제품이 출시되고 있다. 또한 면세점 시장을 중심으로 저온여과 과정을 거치지 않은 제품 부나하벤 다라크 우르(Bunnahabhain Darach Ur)라는 제품을 출시했는데 '새로운 오크통'이라는 의미를 지니고 있다. 보통 위스키를 숙성시킬 때 사용되는 통들은 미국이나 유럽에서 술을 한 번 숙성시켰던 통을 가져와 숙성시키는데, 최근에는 처음 사용되는 새로운 오크통(New Oak)을 가지고 숙성시키는 경우도 종종 볼 수 있다. 이는 오크통 사용에 대한 변화를 통해 새로운 위스키 맛을 창출하고자 하는 시도이다. 아이라에 있으면서도 아이라 싱글몰트 위스키답지 않아 다소 낮게 평가되었던 부나하벤이지만 묵묵하게 자신의 역할을 충실히 수행하면서 소비자들에게 새롭게 평가받는 중이다.

BUNNAHABHAIN
ALCOHOL CONTENT 46.3% abv
TYPE Single malt

블랙보틀의 스피릿 세이프

쿨일라 www.malts.com
Knockando, Aberlour, Banffshire AB38 7RY

REGION OF ORIGINE
ISLAY

OWNER
Diageo

WATER OF SOURCES
Loch Nam Ban
(Torrabolls Loch)

STILLS
3 x wash stills,
3 x spirit stills

CAPACITY PER YEAR
5,800,000 Litres

스코틀랜드 남쪽 섬 아이라와 마주보고 있는 섬 주라는 스카치 싱글몰트 위스키 팬들이라면 꼭 한 번쯤 가보고 싶은 동경의 대상이다. 아이라 섬과 주라 섬은 서로 멀지 않지만 페리를 타고 건너야 한다. 페리를 타는 선착장이 아스카이그항(Port Askaig)에 있는데 주변이 깔끔하게 잘 정비되어 있다. 선착장에서는 주라 섬의 전경이 보이는데 주라 섬의 산악지형 모습이 울퉁불퉁해 마치 여인이 누워 있는 듯한 착각을 불러일으킨다고 한다. 그 항구 근처에 있는 증류소가 바로 쿨일라 증류소이다. 쿨일라는 게일어로 '아이라 해협(Sound of Islay)'이라는 의미에서 따왔는데 실제 아이라 사람들이 하는 발음을 들어보면 마치 고릴라처럼 들린다. 실제로 이 증류소를 방문해 보면 왜 이런 이름을 얻게 되었는지 눈으로 확인할 수 있다. 증류소를 방문했을 때 가장 눈에 들어오는 것이 증류실인데 증류실을 전면 유리창으로 꾸며놓아 아이라 해협과 주라 섬이 한눈에 보인다. 바람이 심하게 불어 파도가 높고 거친 날이면 마치 큰 파도가 증류실을 덮칠 것 같은 분위기가 연출되기도 한다.

이 증류소는 1846년 로우랜드 지역의 리틀밀(littlemill) 증류소에 사업파트너로 참여하고 있던 핵터 핸더슨(Hector Henderson)에 의해 설립되었다. 핸더슨이 이 지역에 증류소를 설립했던 이유는 로크남밤(loch Nam Bam) 호수가 근처에 있어 물 공급이 풍부했기 때문이다. 과거 스코틀랜드 증류소 탐방기를 작성했던 알프레드 베르나르드(Alfred Barnard)는 이 지역에 대해 '헤더와 도금양 향이 둥둥 퍼진다'라고 묘사해 놓았다. 또 이 지역은 야생의 면모를 꽤 간직하고 있으며 그림과 같은 풍광을 보여준다. '안락한 주거지는 주민들에게 고요함을 주며 우리는 그들의 건강한 삶을 부러워했다'라고 적혀 있다. 실제로 방문했을 때도 마을이 매우 평온하다는 인상을 받았다.

쿨일라 증류소는 1879년 규모를 확장했으나 1927년 DCL로 소유권이 넘어갔고, 1972년 완전히 현대화 시설로 탈바꿈했는데, 이때 기존 건물들을 전부 부셔버리고 새롭게 다시 지었으나 건축물 스타일은 예전 디자인을 따라서 지었다고 한다. 쿨일라의 역사 중에 재밌는 일화가 하나 있다. 설립자인 핸더슨이 증류소를 설립하고 얼마 지나지 않아 위스키 사업에서 손을 뗄 때면서 1857년 Bulloch Lade & co라는 회사에 소유권을 넘겨버렸는데, 그 회사는 증류소 한가운데에 전도 예배당을 지어버렸다. 그리고 일요일마다 에든버러나 글래스고의 신학생을 불러 마을 사람들에게 설교를 했다. 한때 설교와 찬송

가가 울려 퍼지는 곳에서 위스키가 만들어졌다는 걸 생각하면 아이러니하지 않은가? 물론 이 건물도 파괴되어 버렸다. 하지만 겨울철 밤에 전면 유리창으로 꾸며진 증류실에서 바다를 바라보면 당시의 숭고하고 장엄했던 분위기가 다시 느껴진다는 이들도 많다.

쿨일라는 위스키 제조용 몰트를 포트앨런에 있는 몰트 플랜트에서 가져오는데 이때 훈제처리의 강도를 일괄적으로 맞추는 것이 아니라 여러 종류의 몰트를 주문해서 사용한다고 한다. 구리 돔 형식의 매쉬툰과 8개의 캐나다산 소나무로 만든 워시백, 일렬로 나열된 6개의 큰 증류기를 가동시키고 있다. 일반적으로 증류된 기체를 다시 액체로 만드는 응축과정에 물이 사용되는데 쿨일라는 특이하게 바닷물을 사용해 응축시킨다. 바닷물은 금속에 별로 좋지 않아 사용을 꺼리는데 아무래도 여름철 증류소를 가동할 때 사용되는 물이 부족하기 때문일 것이다.

증류기의 모양은 양파 모양이며 1차 증류기의 용량은 3만5천 리터, 2차 증류기의 용량은 2만9천5백 리터이다. 숙성창고도 3층 규모로 굉장히 크며 아이라 지역 증류소 중에 위스키 생산량이 가장 많다. 이곳에서 생산된 원액은 대부분 미국 버번위스키를 숙성시켰던 오크통에 숙성시키고 있다. 현재 이 증류소에서 생산된 원액은 대부분 조니워커 제품과 영국에서 가장 인기 있는 블렌디드 위스키인 벨스(Bell's)의 핵심 원액으로 사용된다. 증류소 정규 제품으로 12년 제품, 18년 제품, 캐스크 스트랭스 제품, 1975년 빈티지 제품, 레어 몰트(Rare Malts) 시리즈 제품으로 23년 제품이 출시 중이다. 또한 이 증류소가 위치한 선착장인 아스카이그를 따서 Port Askaig라는 위스키도 출시되었는데, 쿨일라 원액이 담겨져 있다고 한다. 최근에는 아이라의 상징인 피트를 하지 않은 몰트로 만들어진 위스키도 출시하고 있다.

쿨일라는 가장 전형적인 아이라 위스키를 생산하는 증류소라는 평가도 있다. 한국에도 정식 수입되어 많은 이들의 평가를 기다리고 있는 쿨일라야말로 가장 경쾌한 아이라 싱글몰트 위스키라는 것이 개인적인 소견이다.

**CAOL ILA
12-YEAR-OLD**
ALCOHOL CONTENT 43% abv
TYPE Single malt

REGION OF ORIGIN
ISLAY

OWNER
Kilchoman Distillery Co.

WATER OF SOURCES
unknown

STILLS
**1 x wash stills,
1 x spirit stills**

CAPACITY PER YEAR
100,000 Litres

커호만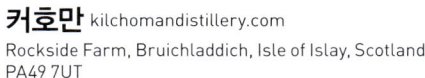

Rockside Farm, Bruichladdich, Isle of Islay, Scotland, PA49 7UT

'농장 증류소(farm distillery)'라는 용어가 있다. 이는 지금처럼 대량생산의 시대가 아닌 과거 농민들이 농가에서 소규모로 위스키를 생산할 때 사용하던 말이다. 그런데 이 용어를 다시 되새기게 하는 증류소가 2005년 스코틀랜드 남서쪽에 있는 아이라 섬에 설립되었다. 이 증류소의 이름은 커호만으로 실제로 방문하면 농가의 목가적인 분위기도 느낄 수 있을 뿐만 아니라 작은 조랑말을 타고 승마를 즐길 수도 있다. 지리적으로는 브룩라디 증류소와 가까운 라인스(Rhinns) 지역에 위치해 있다.

이곳이 흥미로운 것은 신생 증류소이지만 과거 방식대로 위스키를 생산한다는 점이다. 농장 주위를 감싸고 있는 농장에서 생산된 보리를 가지고 위스키를 만드는데 그 공급만으로는 꾸준한 수요를 감당할 수 없기 때문에 일부는 다른 증류소들과 마찬가지로 포트앨런 몰트 공장에서 몰트를 공급받고 있다. 보리 품종은 옵틱(Optic)을 주종으로 사용한다. 보리를 12시간 동안 물에 담가놓은 다음 물을 빼고 12시간 동안 놔두었다가 다시 12시간 동안 물에 담가놓는 방식으로 발아를 시킨다. 그런 다음 전통적인 방식으로 플로어몰팅 작업을 실시한다. 바닥에 넓게 뿌려두고 일정한 시간마다 뒤집어줘야 하기 때문에 여간 힘든 작업이 아닐 수 없다.

아궁이에 이탄을 태워 건조시킬 때 몰트에 입혀지는 페놀 수치는 다른 아이라 위스키들보다 높은 수치인 45ppm 정도까지 올라간다. 그런 다음에 1톤 용량의 매쉬툰 기기에 넣고 64~80도 사이의 물을 넣고 혼합시켜 워트(맥즙)를 뽑아낸다. 그리고 5400리터 규모의 워시백에 넣고 이스트를 첨가해서 약 72시간 발효를 시킨다. 이때 발효되는 워시는 대단히 스모키하다. 이렇게 발효된 워시를 두 개의 양파 모양 증류기를 통해 증류시키는데 다른 증류기들보다 키가 커서 역류되는 양이 많은 편이다. 이때 가동되는 증류기의 열전달 방식은 스팀코일을 통한 간접방식이며 응축기 역시 증류실 내부에 있는데 조개와 튜브 모양으로 생겼다. 증류기의 높은 증류관 때문에 위스키 원액의 성질은 라이트한 편이면서 과일향이 많이 난다. 스모키함 역시 강렬하다. 1, 2차 증류기를 통해 증류된 원액의 도수는 대략 68도 내외이며 물을 첨가해 다시 63.5도 정도로 낮춘 다음 오크통에 들어간다. 2006년에는 5만 리터를 숙성시켰으며 최근에는 10만 리터를 목표로 하고 있다. 위스키 숙성에 사용되는 오크통은 버번오크통과 셰리오크통이다.

이곳은 진정한 농장 증류소이다. 아이라에는 추천할 만한 음식점이 몇 개 없는데 그럼에도 불구하고 이 증류소

에서 운영하는 식당은 아이라 관광객이 꼭 가봐야 하는 필수 코스가 되었다. 사실 맛이 있어서라기보다는 증류소 근방에 레스토랑이 없기 때문이다. 그 정도로 외진 곳에 자리 잡고 있는 증류소이다. 온 사방을 둘러보아도 넓은 보리밭, 밀밭이 펼쳐져 있는 진짜 농장이다.

하지만 이곳은 농장 증류소 외에 다른 의미도 지니고 있다. 위스키, 특히 싱글몰트 위스키를 즐겨 마시는 사람들에게는 아이라는 환상이며 일종의 성지처럼 취급받는 지역이다. 그 지역에서 새롭게 증류소가 생겨 새로운 싱글몰트 위스키를 생산해낸다는 기대감을 싱글몰트 위스키 팬들에게 선사했다. 위스키 증류소를 세운다는 건 큰 모험이 아닐 수 없다. 최소 3년 동안 거의 수입이 없이 투자만 해야 하는 위험을 감수해야 하며, 출시되었다고 해서 소비자들로부터 사랑을 받는다는 보장이 없기 때문이다. 그런 의미에서 이 증류소가 재미있는 점은 한두 명의 자본가에 의한 투자가 아니라 여러 명의 위스키 팬들이 십시일반 투자해서 설립되었다는 점에서 의미가 깊다. 지분을 가장 많이 투자한 사람이 농장의 경영과 증류소 경영을 맡고 있는데 나름 효율적으로 운영하고 있다. 위스키를 생산하기 위한 최소 기간인 3년 동안은 숙성되지 않은 스피릿을 판매했으며 증류소의 부수입원인 레스토랑도 잘 운영하고 있다. 오래된 다른 증류소들도 하지 못

하는 관람객 센터를 운영하면서 기념품을 판매해 위스키 팬들에게 추억을 선사하고 있다. 또한 아이라 위스키 팬들을 겨냥해 막 증류시킨 원액을 비교적 저렴한 가격에 오크통째로 판매해 미리 수익을 얻기도 한다.

흥미로운 것은 이 증류소 제품들은 출시와 동시에 매진될 정도로 인기가 높다는 점이다. 얼마 전 2005년에 숙성시켜 2009년에 출시된 3년 숙성의 위스키는 지금은 프리미엄이 붙을 정도로 매우 인기가 높다. 또 몰트를 생산하면서 생긴 싹이나 위스키를 증류시키고 남은 찌꺼기들은 소의 사료나 밭의 거름으로 사용되기 때문에 친환경적인 요소를 갖춘 농장 증류소라 하지 않을 수 없다. 이곳을 다녀온 후 우리나라도 이렇게 소형으로 작게 운영되는 증류소가 가능할까 생각해 보았다. 하지만 우리나라 위스키 팬들의 고정관념인 12년의 벽이 깨지지 않는 한 힘들겠다는 결론이다. 짧게 숙성시킨 위스키도 나름의 풍미와 맛을 지니고 있다는 점에서 아쉬운 점이 아닐 수 없다.

KILCHOMAN SINGLE CASK
ALCOHOL CONTENT 61.7% abv
TYPE Single malt

REGION OF ORIGINE
ISLAY

OWNER
Diageo
WATER OF SOURCES
The Solan Lochs
STILLS
2 x wash stills,
2 x spirit stills
CAPACITY PER YEAR
2,200,000 Litres

라가불린 www.malts.com
Port Ellen, Argyll PA42 7DZ

와인처럼 위스키에도 평론가들이 있는데 그중에 제일 유명하고 선구적 역할을 했던 평론가가 마이클 잭슨이다. 그가 최초로 95점을 안겨준 위스키가 바로 라가불린 16년이다. 와인에서는 100점 만점의 평을 받은 와인들이 많지만 위스키에는 100점 만점의 위스키가 없다. 마이클 잭슨의 경우 가장 높은 점수를 95점으로 했고 최초로 95점을 부여한 위스키가 바로 라가불린 16년이다. 그런데 더 흥미로운 것은 그가 선호한 취향은 강한 훈연향의 아이라 계열이 아니라, 꽃향기 혹은 과일향이 강한 스페이사이드 계열을 좋아했다는 사실이다. 그럼에도 불구하고 아이라의 위스키 라가불린 16년에게 최고점을 주었다는 사실은 꽤 놀랄 만한 사건이었다. 실제로 라가불린 16년을 마셔보면 그의 판단이 틀리지 않았다고 저절로 고개가 끄덕여진다.

스코틀랜드 남쪽 아이라 섬에는 라(La)로 시작하는 증류소 두 곳이 나란히 있다. 하나는 라프로익이고 다른 하나는 라가불린 증류소이다. 비슷한 성격의 증류소라서 가끔씩은 프랑스 샤또 페트뤼스와 샤또 슈발블랑으로 비유되기도 한다.

라가불린 증류소는 한때 이 지역의 성주가 살았던 두니벡(Dunyveg) 성의 인근에 위치해 있다. 1700년대 이 지역에는 10개의 불법 증류소가 있었으며, 100여 년 후 1887년경 스코틀랜드 전역을 돌아다니며 증류소 탐방기행문을 남긴 알프레드 버나드의 기록에 따르면, 이 지역에서는 오직 몇 개의 증류소만이 싱글몰트 위스키용으로 위스키를 생산하며 그중에서 라가불린 증류소의 명성이 가장 좋다고 기록되어 있다. 원래 라가불린 증류소는 2개였다. 1816년 존 존스톤(John Johnston)이 설립했고 1817년 아치볼드 캠벨(Archibald Campbell)에 의해 또 하나의 라가불린 증류소가 설립되었다. 그러다 1825년 존 존스톤이 둘 다 소유하게 되었고 1837년에는 하나의 증류소로 통합되었다. 그 후에는 위스키 산업의 빅5라고 불리는 피터 맥키(Peter Mackie)의 삼촌인 제임스 로건 맥키(James Logan Mackie)와 그레이엄(Graham) 형제에 의해서 운영되었다.

피터 맥키가 어린 시절 삼촌 밑에서 일을 배운 증류소가 바로 라가불린 증류소이다. 피터 맥키는 나중에 '화이트호스(White Horse)'라는 걸출한 스카치 블렌디드위스키를 만들어내는데, 화이트호스에 들어간 핵심 몰트위스키가 라가불린에서 만들어진 몰트위스키이다. 실제로 화이트호스와 라가불린을 동시에 마셔보면 둘 사이에 이어진 공통된 특징을 느낄 수 있다. 라가불린 증류소는 후에 화

이트호스에 소속되었다가 DCL(Distiller Company Ltd)과 SMD(Scottish Malt Distillers Ltd.)를 거쳐 현재는 디아지오에 편입되었으며, 디아지오의 클래식 몰트 시리즈 중에 가장 인기 있는 제품으로 사랑받고 있다.

몰트는 인근 포트앨런에서 주문해서 사용하고 있으며 물은 솔란(Solan)에서 끌어오는데 피트가 가득 함유되어 있어 물에 황토빛이 돈다. 위스키 생산에 가장 중요한 물 때문에 라가불린과 라프로익 사이에는 법정 다툼까지 있었다. 그 결과 라프로익에서는 새로운 물을 찾아야 했고, 그 물이 지나는 땅을 라프로익 마니아들에게 임대하는 이벤트까지 제공하게 된다. 이처럼 예전에는 원수 같은 사이였지만, 지금은 아주 친한 이웃이다. 예전에 라프로익과 라가불린은 같은 스타일의 위스키를 생산했고 라이벌 관계로 서로 자극이 되어오다가 라가불린에서 새로운 타입의 위스키로 전향해 현재는 전혀 다른 스타일의 위스키를 서로 선보이며 발전하고 있다.

워시백은 검은색으로 낙엽송 재질로 만들어졌으며, 2개의 증류기는 마치 금관악기 같은 형태를 띠고 있다. 라가불린은 여타의 아이라 위스키와 다른 특징을 만들어내는 데 가장 큰 요인은 위스키를 숙성시키는 오크통이다. 다른 아이라 위스키들이 버번오크통을 주력으로 하는 반면 라가불린 증류소에서는 셰리오크통을 주력으로 사용해 강한 꽃향기와 과일향을 입혔다. 라가불린 증류소는 1980년대에 생산량을 줄였다가 1990년대 이후

싱글몰트 위스키 붐과 더불어 급격히 수요량이 늘어 품귀현상이 있을 정도였다. 또한 많은 호평 덕분에 16년 제품의 경우 1994~1996년 3년 연속 주류업계의 올림픽인 International Wine and Spirit Competition에서 금메달을 수상했으며, 12년 Distillers Edition 제품의 경우 1999년 금메달을 수상했다.

라가불린 16년은 뛰어난 복합적인 향미 덕분에 오케스트라의 교향악을 듣는 것 같은 느낌을 들게 만든다. 풍부한 과일 향과 후에 불어오는 폭풍 같은 스모키함이 매력적이다.

**LAGAVULIN
16-YEAR-OLD**
ALCOHOL CONTENT 43% abv
TYPE Single malt

REGION OF ORIGINE
ISLAY

OWNER
Beam Global Spirits & Wine

WATER OF SOURCES
The Kilbride Dam

STILLS
2 x wash stills, 2 x spirit stills

CAPACITY PER YEAR
2,200,000 Litres

라프로익 www.laphroaig.com
Port Ellen, Isle of Islay PA42 7DU

라프로익 증류소는 1815년 알렉스 존스톤과 도널드 존스톤 형제에 의해 설립되었다. 형제 중의 한 명인 도널드는 위스키를 만들 때 사용되는 발효조에 익사를 하는 불운을 겪었다. 그후 다른 증류소들과 마찬가지로 여러 명에 의해 소유권이 이전되었는데 그 기간 중에 1954년에는 여성 오너인 베시 윌리암스(Bessie Willamson)에 의해 경영되는 기간도 있었다. 위스키 산업이 주로 남성을 중심으로 움직였던 걸 고려한다면 흥미로운 사실이다. 2005년 Fortune Brands Inc의 소유로 편입되었다. "There is a thin line between love and hate"라는 슬로건으로 유명한 라프로익은 말 그대로 좋아하거나 싫어하거나 극단적으로 반응이 갈리는 위스키로 유명하다. 미국의 금주령 기간에도 의약품으로 둔갑시켜 수출했을 정도로 강한 요오드향, 크레졸향, 페놀향이 인상적인 위스키이다. 이런 독특한 향은 위스키를 생산할 때 세 가지 요인에 의해 만들어진다.

첫째, 사용되는 물의 영향이다. 현재 라프로익은 자체적으로 필요로 하는 몰트의 20% 정도를 예전 생산방식을 유지하며 생산하고 있다. 물에 불려 발아를 시킨 후 시멘트 바닥에 깔아놓고 일일이 뒤집어가면서 생산하는 플로어몰팅 방식을 유지하는 것이다. 발아시킬 때 사용되는 물속에는 피트향이 녹아들어 있어 갈색 빛을 띠고 있는 게 특징이다. 라프로익 증류소에서는 자신들의 수원(水原)을 보호하기 위해 킬브라이드(Kilbride) 댐 주변을 매입해 철조망을 둘러 가축의 배설물로부터 수원을 보호하고 있다.

둘째, 몰트를 건조시킬 때 증류소 인근의 피트밭에서 채취한 피트를 태워 그 독특한 향을 입힌다. 이곳의 피트는 다른 지역의 피트와 달리 크레졸과 페놀 함량이 높다.

셋째, 위스키 원액이 만들어지고 숙성되는 창고가 바닷가에 인접해 있고, 위스키가 잠들어 있는 시간 동안 바다의 갯내음을 비롯한 해양적인 영향을 품게 된다.

이런 특징들이 조합되어 라프로익만의 특성을 발산하게 되고 많은 이들이 그 독특함에 매료되어 열광하고 있다. 팬들의 사랑은 '프렌드 오브 라프로익(Friend of Laphroaig)'이라는 증류소 팬클럽을 형성시켰다. 증류소를 방문하면 한곳에 그들만을 위한 안락한 공간과 회원 명부가 나열되어 있으며 또한 가입자들은 증류소 입구의 넓은 풀밭에 일정한 토지를 평생 임대받을 수 있다. 이때 연간 임대료는 증류소를 방문해서 마시는 한 잔의 위스키면 충분하다. 그 공간은 자신이 임대한 곳이므로 집을 짓든 건물을 올리든 뭐든 할 수 있다. 1square foot

(0.093m2) 공간에 지을 수 있다면 말이다.
라프로익은 현재 영국의 왕위 서열 1위 찰스 왕세자와도 밀접한 관련이 있다. 영국 왕실은 로얄 워런트(Royal Warrant)라는 일종의 라이선스를 부여한다. 로얄 워런트를 우리 식으로 쉽게 비유하자면 청와대 공식 납품업체 정도로 생각하면 될 듯하다. 대신 그 회사는 왕가의 문양을 사용할 수 있는 자격이 주어진다. 지금은 로얄 워런트의 영향력이 예전만 못하지만, 그럼에도 불구하고 아직까지는 영국 왕실에서 품질을 보증했다는 징표이므로 큰 가치를 품고 있는 셈이다.

현재 로얄 워런트를 수여할 수 있는 사람은 여왕인 엘리자베스 여왕, 여왕의 부군인 에든버러 공작인 필립 공과 찰스 왕세자 이 세 사람만이 자신의 문양을 수여할 수 있다. 라프로익은 찰스 왕세자로부터 사랑을 받은 증류소로 1994년 찰스 왕세자가 직접 라프로익 증류소를 방문해 자신의 로얄 워런트를 수여했고, 2008년에도 새로운 부인 파멜라와 함께 다시 방문해 변함없는 애정을 과시하기도 했다. 라프로익 증류소 제품 중에서 찰스 왕세자가 가장 즐겨 마시는 제품은 라프로익 15년으로 알려져 있다.

라프로익은 대부분의 오크통을 아메리칸 버번위스키를 숙성시켰던 통으로 숙성시키고 있다. 물론 간혹 셰리오크 캐스크를 이용하기도 하지만 극히 예외적인 경우이다. 최근 라프로익은 쿼터 캐스크(Quarter Cask)라는 특별한 사이즈의 통으로 위스키를 숙성시켜 출시하고 있다.

**LAPHROAIG
10-YEAR-OLD**
ALCOHOL CONTENT 40% abv
TYPE Single Malt

REGION OF ORIGINE
LOWLAND

로우랜드 지역

덤바튼과 던디의 경계선으로 이어지는 하이랜드 라인 남쪽에 위치한 로우랜드 지역은 말 그대로 낮은 평야지대를 이룬다. 얕은 구릉지의 초원에서 소들이 한가로이 풀을 뜯는 모습을 쉽게 볼 수 있으며 농사 지을 땅도 넉넉한 지역이다. 이 지역의 위스키는 역사적으로 하이랜드 지역의 위스키와 생산방식이 달랐다. 하이랜드 지역이 2회 증류를 기본으로 하는 반면, 로우랜드 증류소들은 3회 증류 방식을 택했다. 그만큼 차별화에 신경을 썼던 것이다. 이 지역은 밀주를 만들던 지역이 아니었기 때문에 이탄을 사용하지 않아 훈제향이 없으며, 가볍고 단맛이 나며, 풀냄새가 나는 것을 특징으로 한다.

REGION OF ORIGINE
LOWLAND

OWNER
Morrison Bowmore

WATER OF SOURCES
Cochna Loch in Kilpatrick Hills

STILLS
1 x wash still,
1 x low wines still,
1 x spirit still

CAPACITY PER YEAR
1,650,000 Litres

오큰토션 www.auchentoshan.com
Distillery, Dalmuir, Dunbartonshire G81 4SJ

오큰토션 증류소는 1823년 글래스고 위쪽에 위치한 달뮈어(Dalmuir) 지역에 설립되었다. 에든버러에서는 승용차로 한 시간 정도 걸리는 거리이다. 글래스고 지역 가이드의 말에 의하면 한국인에 대한 인식이 그리 좋지 않다고 한다. 원래 글래스고는 조선 산업이 발달했는데 한국이 모든 일감을 수주해 가버리는 바람에 지역 경제가 많이 나빠졌기 때문이라고 한다. 오큰토션이라는 이름은 게일어로 '들판의 가장자리(corner of field)'라는 의미를 지니고 있는데 실제 이 증류소 주변은 넓은 목초지와 초원으로 이루어져 있다.

이곳은 2차 세계대전 중 독일 폭격기의 공격으로 파괴되었던 아픈 과거를 지니고 있다. 그러지 않아도 인화성이 강한 위스키들을 보관하고 있어 늘 화재의 위험이 있는 위스키 숙성창고에 폭탄이 투하되었으니 그 폭발력이 가히 대단했다고 한다. 당시 파괴된 숙성창고에서 위스키들이 흘러나와 개울을 따라 흘러 목초지로 스며들었는데, 이 목초지의 풀을 먹은 젖소들에게서 짠 우유에서 위스키 향이 났다는 웃지 않을 수 없는 에피소드를 들었다. 위스키 제조에 사용하는 물은 코크나로크(Cochna Loch)와 킬 패트릭(Kilpatrick) 언덕에 2차 세계대전 당시 폭격으로 생겨난 웅덩이에 고인 물이 사용되고 있다. 몰트는 가공한 몰트(unpeated malt)를 사용하고 있는데, 이는 위스키 역사와 관련이 있다. 과거 스코틀랜드에서 밀주를 만들던 시절 많은 밀주업자들이 산악지대인 하이랜드 지역으로 숨어 위스키를 만들었다. 몰래 위스키를 만들어야 했기 때문에 보리를 발아 건조시킬 때 석탄을 사용할 수 없어 대신 인근의 땅을 파서 채굴한 이탄을 사용해 보리를 건조시켰다. 덕분에 현재 스카치위스키 하면 떠오르는 스모키한 향을 지니게 되었다. 반면 잉글랜드에 가까운 지리적 위치 때문에 정식으로 위스키를 생산하고 있던 로우랜드 지역 위스키 생산업자들은 이탄이 아닌 석탄을 사용했기 때문에 로우랜드 지역의 몰트위스키에서는 스모키한 느낌 대신 부드러운 향을 느낄 수 있다. 이탄 가공을 하지 않은 몰트 사용 외에 이 증류소가 가지고 있는 또 한 가지 특징이 있다면 독특한 증류방식이다. 이 증류소는 과거 위스키 생산 방식과 동일하게 3개의 증류기를 가지고 3회 증류시키는 시스템으로 운영된다. 처음 몰트 발효액인 알코올 8%의 워시를 가지고 1차 증류기인 워시스틸을 통해 1회 증류되었을 때 18%, 다시 2차 증류기인 인터미디엇 스틸을 통해 두 번째 증류시켜 54% 원액을 얻고, 다시 이 원액을 3차 증류기인 스피릿 스틸을 통해 세 번째 증류시켜 알코올 도수 81%의 원액

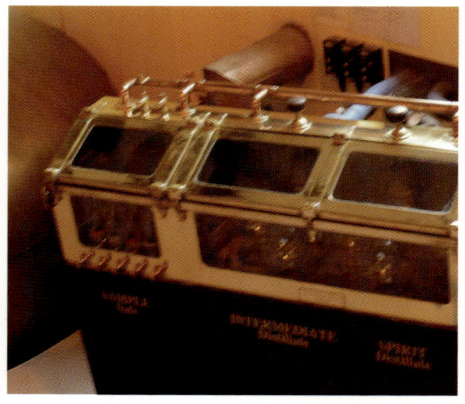

재는 12년을 주력제품으로 하여 Three wood, 18년, 21년, classic이 정규제품으로 출시되고 있다. 원래 로우랜드 지역의 몰트위스키들은 블렌딩용으로 많이 사용되었으나 최근 싱글몰트 위스키에 대한 인기가 높아지면서 독특한 캐릭터를 지닌 몰트위스키를 맛볼 수 있게 되었다. 우리나라에는 최근 12년 제품이 정식으로 수입되었다.

을 생산해 위스키를 숙성시켰다.
3회에 걸친 증류과정 동안 순수한 알코올에 가까운 원액을 얻었고 그 과정 덕분에 가볍고 마시기에 부담 없는 성질을 지닌 위스키가 생산되었다. 실제로 이 위스키를 마셔보면 입 안에서 솜사탕처럼 사라져 버린다는 느낌을 갖게 된다. 아이리시 몰트위스키와 맛이 비슷하다. 아이리시 위스키도 이탄 가공을 하지 않은 몰트를 가지고 3회 증류방식을 통해 생산하기 때문에 같은 성격을 느끼게 되는 것이다. 3회 증류시킨 원액은 버번오크통, 셰리오크통을 비롯해 다양한 통 속에서 숙성시킨다.
과거에는 오큰토션 10년을 주력제품으로 출시했으나 현

**AUCHENTOSHAN
12-YEAR-OLD**
ALCOHOL CONTENT 40% abv
TYPE Single malt

오큰토션 증류소 전경

REGION OF ORIGINE
LOWLAND

OWNER
Diageo
WATER OF SOURCES
Reservoirs in the Lammermuir Hills
STILLS
1 x wash still,
1 x spirit still
CAPACITY PER YEAR
2,350,000 Litres

글렌킨치 www.malts.com
Pentcaitland, East Lothian EH34 5ET

스코틀랜드 수도인 에든버러에서 가장 가까운 곳에 위치한 글렌킨치 증류소는 매년 4만여 명의 관광객이 다녀갈 정도로 매우 인기 있는 증류소이다. 우리나라 사람들에게 많이 알려지지 않았지만 국내 스카치 블렌디드위스키의 대명사 윈저의 핵심 블렌딩용 몰트위스키를 생산하는 증류소이기도 하다. 로우랜드 지역에서는 1837년만 해도 115개의 정식 증류소가 가동 중이었지만, 현재는 오큰토션, 브래드노크(Bladnoch), 대프트밀(Daftmill), 아일사베이(Ailsa Bay), 글렌킨치 5곳만이 가동 중이다.

에든버러에서 남동쪽으로 약 40분 정도 달려가면 만날 수 있는 글렌킨치 증류소의 '킨치(kinchie)'라는 이름은 원래 이 지역의 농장을 소유했던 퀸시(Quincey) 가문의 이름에서 유래되었다. 에든버러에서 이곳까지 달려오면서 시종일관 펼쳐지는 보리밭은 증류소 근방의 지형이 '스코틀랜드의 정원(Garden of Scotland)'이라는 별칭답게 보리 성장에 이상적인 조건을 가지고 있음을 보여주고 있었다. 18세기 농업혁명 당시 이 지역은 보리의 대량생산으로 부유했으며 덕분에 위스키 생산에도 유리했다. 1950년대 글렌킨치 증류소에서 위스키를 만들고 남은 찌꺼기를 건조시켜 만든 사료를 먹은 소들이 스코틀랜드 최고의 육질을 가진 소로 평가되어 챔피언 타이틀을 가져갈 정도로 이곳의 토양은 비옥하다.

1825년 존 레이트(John Rate)와 조지 레이트(George Rate) 형제에 의해 설립되었을 당시 이름은 밀튼(Milton)이었다. 1837년 정식으로 위스키 생산면허를 발급받을 때 비로소 'Glenkinchie'라는 이름을 사용하게 되었다. 다른 위스키 증류소들과 마찬가지로 몇 차례의 소유주가 바뀌고 1914년 SMD 소유로 들어간다. SMD는 디아지오 그룹의 전신이며, 글렌킨치 증류소도 지금은 디아지오 그룹에 속해 디아지오에서 출시하는 클래식몰트 시리즈 싱글몰트 위스키로 소비자에게 선보이고 있다. 대부분의 위스키 증류소들이 2차 세계대전 당시 위스키 생산을 중단했는데, 이 증류소는 전쟁 중에도 계속해서 위스키를 생산했다고 한다. 1968년 위스키 제조 시 사용하는 몰트 생산을 중단하고 다른 곳에서 만들어진 몰트를 가져와 위스키를 생산했고, 몰트를 만들던 곳은 현재 위스키 박물관의 역할을 담당하고 있다.

이 증류소에도 재미있는 이야기가 전하는데 증류소 내부를 돌아다니다 보면 귀신을 만날 수도 있다고 합니다. 귀신을 본 사람들이 묘사하는 귀신의 모습은 모두 한결같은데 흰 머리칼, 긴 콧수염, 흰색 바지와 셔츠 그리고 발목의 끝을 매고 있다고 한다. 한때 이 증류소에서 몰트를 만들던

랜드 지역의 대표적인 위스키로 주력제품이 10년 숙성 제품이었다. 현재는 소비자들의 고숙성 제품 추구 현상으로 인해 12년 제품이 주력으로 출시 중이다. 가볍고 산뜻하며 적당한 과일향과 풀내음이 특징인 글렌킨치 12년 제품은 강하고 부담스러운 맛을 싫어하는 사람에게 어울리며, 디너 식전주로서도 훌륭하다.

사람으로 추정하고 있으며, 실제로 1902년에 몰팅을 하는 곳에서 그의 시체가 발견되었다고 한다.

물은 일반적으로 연수를 많이 사용하나 이곳은 라메르무어 언덕(Lammermuir Hill)에서 끌어오는 물로 위스키를 만들고 있다. 1981년 증류소의 증류실과 증류기 가동 시스템을 스팀가동 방식으로 변경했다. 전형적인 로우랜드 위스키와 달리 약간의 피트처리가 된 몰트로 위스키를 생산하고 있으며 위스키 생산에 사용되는 증류기는 1번 증류 시에 3만1천 리터를 처리할 수 있는 대형 증류기이다. 증류되어 모인 증기를 다시 응축시키는 응축관 역시 최신 시설이 아닌 과거 응축관(Worm Tube)을 사용함으로써 다른 몰트위스키와 차별화된 맛을 갖는다. 글렌킨치 증류소에서는 2차 증류 때 일부러 가볍고 깨끗한 맛을 지닌 위스키를 만들기 위해서 증류 시 처음 나오는 초류와 중류, 마무리 단계의 후류를 제외한 중간 부분의 원액을 받아내는 컷(Cut) 과정에서 65%의 도수로 맞춰서 위스키를 생산하고 있다. 이렇게 생산된 위스키 대부분은 아메리칸 버번위스키를 숙성시켰던 오크통에서 숙성을 시키며 간혹 스페인 셰리오크통에서 숙성시키기도 한다. 글렌킨치 증류소는 3곳의 숙성창고를 가지고 있는데 이들 숙성창고는 일반적인 증류소들과 달리 3층 구조로 이루어져 있다. 대략 1만 통 정도가 숙성 중인데 이중에 가장 오래된 통은 1952년에 담겨진 통이 가장 오래 숙성된 통이라고 한다.

글렌킨치는 과거에 '에든버러 몰트'라고 불릴 만큼 로우

GLENKINCHIE
ALCOHOL CONTENT 43% abv
TYPE Single malt

REGION OF ORIGINE
CAMPBELTOWN

캄블튼 지역

스코틀랜드 남쪽에 있는 킨타이어반도에 위치한 이 지역은 한때 위스키 수도라고 불리울 정도로 많은 증류소들이 있었다. 1887년 알프레드 베르나드의 기록에 의하면 당시 21개의 증류소가 가동 중이었다고 한다. 위스키 수도라고 불리며 위스키가 세계적으로 붐을 일으키던 시절, 품질이 나쁜 제품들이 많이 생산되어 악평을 받다가 때마침 발생한 금융위기로 거의 모든 증류소들이 문을 닫았다. 그리고 현재는 단 3곳에서만 가동 중인데 이 지역에서 생산되는 몰트위스키의 특징은 전형적으로 무겁고, 풍미가 강한 것을 특징으로 하고 있으며 품질도 인정받아 증류소 명성이 점점 좋아지고 있다.

REGION OF ORIGINE
CAMPBELTOWN

OWNER
Loch Lomond Distillery Co

WATER OF SOURCES
Crosshills Loch and private well

STILLS
1 x wash still and
1 x spirit still

CAPACITY PER YEAR
750,000 Litres

글렌스코티아
Campbeltown, Argyll & Bute, PA28 6DS, Scotland

원래 작은 규모의 증류소들은 방문객들을 받는 접객센터나 가이드가 없는 경우가 많아서 관람이 불편한 게 사실이다. 글렌 스코티아의 경우가 대표적이었는데 옆 증류소인 스프링뱅크 직원의 안내로 관람할 수 있었다. 물론 가이드는 없고 시설을 한 번 둘러보는 정도였다. 스프링뱅크에서 글렌스코티아로 향하는 길에 스치는 캠블튼의 모습은 한가롭고 여유로운 마을의 이미지였다. 예전에 이 지역에 30개가 넘는 증류소가 있었다는 사실을 말해주듯 곳곳에서 옛날 증류소의 흔적들이 눈에 띄었다. 또한 스코틀랜드에서 흔히 볼 수 있는 100년 넘은 펍들의 간판도 자주 볼 수 있었다. 글렌스코티아 증류소는 오래된 증류소답게 고풍스런 느낌이 가득한 곳이다. 1832년 세워진 글렌스코티아 증류소는 우리나라와 같은 등기부가 있다면 등기부가 꽉 찰 정도로 소유주가 자주 바뀌었다. 경제적 파산으로 바뀐 경우도 있었고, 심지어 어떤 소유주는 자살하기도 했다. 그야말로 암울한 20세기를 보낸 증류소이다. 그러다가 1999년 스프링뱅크 증류소를 운영하고 있는 JA Mitchell & Co에서 정상적인 생산을 시작하면서 2000년 Loch Lomond Distillery에서 인수했다. 이 증류소의 특징은 발효조인 워시백이 스테인리스로 만들어졌다는 점이다. 스테인리스로 발효조를 만들면 청소하기 쉽고, 발효과정에 잡균의 침입을 막아 변질의 위험이 낮다는 장점이 있다. 이 발효조에서 보통은 48시간 동안 발효하지만 때로는 5일 동안 발효시키는 경우도 있다. 또한 특이하게 1년에 두 번 정도는 15ppm의 페놀수치를 지닌 몰트로 특색 있는 위스키를 만들어내기도 한다. 이 증류소의 주력 제품은 12년이지만 조만간 10년 제품으로 낮게 출시할 예정이며 15ppm의 페놀수치를 가진 몰트로 만든 위스키는 6~7년 숙성제품으로 출시하고 있다.

**GLEN SCOTIA
12-YEAR-OLD**
ALCOHOL CONTENT 40% abv
TYPE Single Malt

REGION OF ORIGINE
CAMPBELTOWN

OWNER
Springbank Distillers
(J&A Mitchell)

WATER OF SOURCES
Crosshill Loch

STILLS
1 x wash still,
2 x low wines stills

CAPACITY PER YEAR
7,500,000 Litres

스프링뱅크 www.springbankwhisky.com

Campbelltown, Argyll PA28 6EJ

스코틀랜드 남쪽 킨타이어반도에 자리 잡고 있는 캄블튼 지역은 한때 위스키의 수도라 불릴 정도로 왕성하게 위스키를 생산하던 지역이다. 이 도시는 위스키의 역사와 밀접하게 관련되어 있다. 일설에 의하면 아일랜드로 전파된 증류기술이 이 킨타이어반도를 통해서 스코틀랜드로 전파되었다고 한다. 이런 연유로 캄블튼 지역에서는 1880~1920년대까지 34개의 증류소가 가동되었고 매년 900만 리터의 위스키가 생산되었다. 그러다 거의 모든 증류소가 문을 닫고 지금은 딱 3개 증류소에서 5가지 싱글몰트 위스키를 생산하고 있는데 스프링뱅크 증류소는 이곳의 터줏대감 역할을 하고 있다. 스카치 싱글몰트 위스키를 생산하는 증류소 가운데 설립자의 집안에서 현재까지 운영하고 있는 증류소는 몇 군데 되지 않는데 그 중의 하나가 스프링뱅크 증류소이다.

이 증류소는 1828년 아치볼드 미첼(Archibald Mitchell)에 의해 설립되었지만 정식으로 면허를 취득하기 이전부터 몰래 밀주를 생산하고 있었고 몇 년부터 시작했는지에 대한 정확한 기록은 없다. 이 증류소의 특징은 위스키를 생산하는 전 과정이 한 증류소에서 전부 이루어진다는 것이다. '보리에서 위스키병까지(From barley to bottle)' 라는 표어가 이 증류소를 대표하는 용어로 사용되는데 스코틀랜드의 모든 증류소 중에 유일하다. 캄블튼 지역은 킨타이어반도와 아란 지역에서 생산된 풍부한 보리 덕분에 위스키를 생산하기에 적합하다. 그리고 몰팅 과정을 과거 방식인 바닥몰팅으로 생산하기 때문에 품질을 더욱 인정받고 있으며, 과거방식을 고집하기 때문에 위스키의 생산단가가 높아 위스키 가격도 비싼 편이다.

몰팅과 병입 시 사용하는 물은 크로스힐 로크(Crosshill Loch)의 샘물에서 끌어와 사용하는데 몰팅, 병입 시 사용하는 물이 동일하므로 스프링뱅크만의 독창성을 유지할 수 있다고 한다. 몰트를 갈아 100년 전에 만들어진 아이언 매쉬툰에 혼합한 후, 한때 선박의 목재였던 낙엽송으로 만든 발효조에서 발효시키고 증류과정에 들어가는데, 다른 증류소에서는 발효도수를 8~9도까지 올리는 반면에 스프링뱅크 증류소는 4.5~5도 사이의 알코올까지만 발효시키고 증류과정에 들어가는 것이 특징이다. 또한 발효시간도 다른 증류소들과 달리 100시간을 들여 천천히 발효시킨다. 이 두 가지만 보아도 위스키 하나를 만드는 데 얼마나 섬세하고 많은 공을 들이는지 알 수 있다.

증류소 안쪽에 들어가면 2층 높이에 설치된 3개의 증류기를 볼 수 있는데 일반적으로 짝수를 맞춰 설치된 스카치 몰트위스키 증류소와 달리 아일랜드 타입의 증류기 설치

를 보여준다. 스프링뱅크에서는 이 3개의 증류기를 독특한 방식으로 운영하고 있는데 일반 스카치 몰트위스키 증류소들이 2회 증류하거나 3회 증류하는 방식과 조금 달리 2.5회 증류시킨다. 1회 증류시키고 2회 증류시킬 때 나온 초류와 후류를 1차 증류시키고 나온 원액과 다시 혼합해 증류시키는 방식이라고 하여 2.5회 증류라고 한다.

증류과정을 통해 나온 원액을 스페인의 셰리오크통, 미국의 버번오크통뿐만 아니라 이탈리아 와인통 등 독특한 통에서 숙성시켜 출시하기 때문에 인기가 높다. 캄블튼 지역은 항구도시의 특징상 바람 속에 소금기를 머금고 있어 이 소금기가 위스키를 숙성시킬 때도 영향을 미친다. 스프링뱅크 증류소에서 생산된 위스키들에게서 약간의 짠맛과 바다의 느낌이 나는 것은 이런 연유다. 또한 모든 싱글몰트 위스키에 저온여과방식을 생략하고 블렌딩할 때 어떠한 첨가물도 넣지 않기 때문에 위스키 원액 자체의 캐릭터를 그대로 보존하게 해준다.

스프링뱅크는 생산방식을 조금씩 달리하여 3가지의 다른 싱글몰트 위스키가 생산되기 때문에 그 독특함을 인정받는다. 몰팅할 때 중간 정도의 피트처리를 해 2.5회 증류시켜 생산한 싱글몰트 위스키가 스프링뱅크, 몰팅할 때 피트 처리를 하지 않고 3회 증류시켜 생산해 아이리시 싱글몰트 위스키와 비슷한 성격을 지닌 헤즐번(Hazelburn), 몰팅할 때 강하게 피트 처리해 2회 증류시킨 롱로우(Longrow)가 그 주인공이다. 각 제품마다 독특한 성격을 가지고 있어서 같은 증류소에서 생산된 것이 맞나 싶을 정도로 개성들의 차이가 커서 소비자들에게 큰 인기를 끌고 있다.

SPRINGBANK 10-YEAR-OLD
ALCOHOL CONTENT 46% abv
TYPE Single Malt

스프링뱅크의 프랭크 맥하디

REGION OF ORIGINE
CAMPBELTOWN

OWNER
J&A Mitchell
WATER OF SOURCES
Unknown
STILLS
1 x wash still,
x low wines stills
CAPACITY PER YEAR
7,500,000 Litres

글렌가일

85 Longrow Campbeltown Argyll PA28 6EX

글렌가일은 1872년 윌리엄 미첼(William Mitchell)이 설립했다. 이후 1919년 웨스트 하이랜드 몰트 디스틸러리(West Highland Malt Distilleries Ltd)에 팔렸다가 1925년 문을 닫았다. 그리고 몇 번의 증류소 회생 프로젝트가 있었지만, 결국 2000년 들어와 윌리엄 미첼과 친척 관계인 헤들리 라이트(Hedley Wright)가 매입해 2004년 3월에 다시 증류를 시작했다. 당시 대부분의 설비는 처음 증류소가 세워졌을 때의 모습을 가능한 한 그대로 유지하려 했다. 보일러실만 공사를 했을 정도였다. 증류기는 폐업한 증류소인 벤 위비스(Ben Wyvis)에서 가져와 라인암을 들어올리는 정도로 수정해 가동시켰고, 밀링머신은 클라이갤라치(Craigellachie) 증류소에서 가져왔다. 매쉬툰은 새로 만들어 장착했으며, 3만 리터 용량의 4개 발효조는 폐선시킨 목선의 목재를 이용해 만들었다. 몰트는 인접한 스프링뱅크에서 만든 몰트를 사용하며, 특이한 점은 워시액을 발효시킬 때 최소 72시간 동안 발효시키며 때로는 그 시간보다 더 오래 발효시킨다.

글렌가일 증류소에서 2004년 첫 증류하고 3년 숙성시켜 2007년 출시한 한정품을 시작으로 2009년부터 지금까지 매년 제품을 출시하고 있는데 시리즈 형식을 취하고 있다. 2009년 'Work in progress'(5년 숙성), 2010년 'Work in progress 2'(6년 숙성), 2011년 'Work in progress 3'(7년 숙성), 2012년 'Work in progress 4'(8년 숙성)를 선보였다. 원래 싱글몰트 위스키는 대부분 증류소 이름으로 제품 브랜드를 삼는데 글렌가일은 로크 로몬드 증류소에서 과거에 '글렌가일'이라는 이름으로 배티드 몰트위스키를 출시한 적이 있어서 글렌가일이라는 이름을 사용하지 못하고 킬케란(Kilkerran)이라는 이름으로 위스키를 출시하고 있다. 그래서 앞서 말한 시리즈 이름 앞에는 킬케란이라는 이름이 붙어 킬케란 웍 인 프로그레스(Kilkerran Work in Progress)라고 불린다.

KILKERRAN
ALCOHOL CONTENT 46% abv
TYPE Single malt

CHAPTER 3

위스키 이슈 & 트렌드

싱글몰트 위스키와
블렌디드 위스키와의 관계(Key Malt)

블렌디드 스카치위스키는 몰트위스키와 그레인위스키를 혼합해 만들어진다. 보통 한 블렌디드위스키에 들어가는 몰트위스키의 비율은 30~40% 정도이며 나머지는 그레인위스키로 채워진다. 블렌디드위스키에서 몰트위스키의 사용 비율은 그레인위스키의 사용 비율보다는 낮지만 어떤 몰트위스키가 사용되었느냐에 따라 스카치 블렌디드위스키의 맛과 향이 달라진다. 통상 블렌디드위스키에 사용되는 몰트위스키의 종류는 적게는 3가지에서 많게는 40가지가 사용되며, 블렌디드위스키의 맛과 향에 가장 큰 영향을 좌우하는 몰트위스키를 Key Malts, Packers, Core Malts 혹은 Top Dressing 이라고 한다.

SINGLE MALT WHISKY and BLENDED WHISKY

Key Malts
Packers
Core malts
Top dressing

대부분의 블렌디드위스키 생산자들은 키몰트위스키 증류소들을 소유하고 있으며 각별하게 생각한다. 소위 명주라 불리는 블렌디드위스키에는 항상 좋은 키몰트가 사용된다. 우리나라 사람들이 가장 사랑하는 프리미엄 위스키 몇 가지를 예로 들어보자.

1920년대 출시되어 한국과 일본 시장에서 대표적인 프리미엄 위스키로 자리 잡은 발렌타인 30년에는 글렌버기와 밀톤더프 증류소의 원액과 스코틀랜드 아이라 섬의 신비로움을 간직한 라프로익 증류소의 30년 숙성 이상의 위스키가 함유되어 있다. 가장 부드러운 위스키와 가장 파워풀한 위스키가 함께하고 있다는 점이 꽤 아이러니하다. 그러나 오래된 아이라 위스키가 품고 있는 강건함이야말로 고숙성 위스키의 품위를 지켜주는 요인이다. 발렌타인 30년의 젠틀함과 라프로익 25년의 강인함을 함께 비교해보아도 좋을 듯하다.

1820년 스코틀랜드 길마녹에서 식품점을 운영하던 존 워커에 의해 탄생한 조니워커도 빼놓을 수 없는 브랜드이다. 1992년부터 판매를 시작한 조니워커 블루라벨은 조니워커 제품 중에서 가장 프리미엄급으로 품질 좋은 몰트위스키가 많이 함유되어 있다. 발렌타인 30년처럼 숙성 년수를 표기하지 않은 NAS(non age statement) 제품으로 숙성 년수에 구애받지 않고 마스터 블렌더의 능력을 한껏 발휘해 만들어진 제품이다.

조니워커 블루라벨의 대표적인 원액은 카듀 증류소에서 나온다. 카듀 증류소는 조니워커의 상징이자 홈그라운드 같은 곳이다. 카듀 증류소의 원액이 조니워커 블루라벨의 맛 중에 원숙미를 보여준다면 스코틀랜드 서남쪽 스카이 섬에 있는 탈리스커 증류소는 조니워커 블루라벨에 역동적인 맛을 갖게 한다. 스카이 섬 지역은 화산지대로 이루어졌는데 우연인지 모르겠지만 이 섬의 유일한 증류소인 탈리스커에서 만들어진 위스키는 화산이 폭발하는 듯한 강렬함을 가지고 있다. 조니워커 블루라벨과 탈리스커 25년을 함께 마셔본다면 몰트위스키와 블렌디드위스키와의 관계를 쉽게 이해할 수 있을 것이다.

발렌타인, 조니워커와 함께 우리나라 3대 스카치위스키로 불리는 시바스리갈. 그중에서도 엘리자베스 여왕의 대관식에 맞춰서 만들어진 로얄 살루트 21년은 에든버러 성의 대포 모양을 본뜬 도자기병 덕분에 국내 수집가들 사이에서 색깔별로 모으는 게 유행일 정도였다. 술에 대해서 전혀 모르는 이들은 색깔별로 맛이 다르다고 주장하지만, 전혀 근거 없는 이야기다. 색깔과 상관없이 동일한 맛을 지니고 있다. 시바스리갈에 함유된 대표적인 몰트위스키에는 스트라스아이라와 글렌리벳 증류소의 원액이 있다. 로얄 살루트 특유의 부드러운 과일향과 감칠맛의 비법은 글렌리벳 원액 덕분이라고 말하는 이들도 많다.

스카치 블렌디드위스키는 나라마다 인기 있는 제품들이 다른데 미국의 경

©H.Factory

스키가 탄생했다.

이름난 명주에는 그에 걸맞게 이름난 증류소 원액이 들어간다. 다음은 주요 블렌디드위스키와 그에 혼합되는 대표적인 증류소 이름이다.

블랙앤화이트(Black&White) → 발멘나흐(Balmenach) + 달후아인(Dalwhinnie)

뷰캐넌(Buchanan's) → 쿨일라(Caollla)

페이머스 글라우스(Famous Grouse) → 하이랜드 파크(Highland Park)

딤플(Dimple) → 글렌킨치(Glenkinchie)

커티삭(Cutty Sark) → 글렌고인(Glengoyne)

올드파(Old Parr) → 크래간모어(Cragganmore)

따라서 싱글몰트 위스키를 마시는 것이야말로 블렌디드위스키를 훨씬 잘 이해하게 되는 지름길이라고 할 수 있다. 천천히 하나씩 맛을 보아 나간다면 기존에 무의미하게 마시던 위스키들에 대해 새로운 시각으로 다가설 수 있을 것이다.

우 듀어스가 가장 인기 있다. 이 제품은 1860년대 스코틀랜드에서 주류 중계상을 하며 최초로 블렌딩 기술을 도입해 블렌디드 위스키를 만든 선구자 중 한 사람인 존 듀어스에 의해 설립된 듀어스 사에서 1899년 만든 제품이다. 국내에는 지명도가 낮은 편이지만 뛰어난 품질로 각종 주류품평회에서 수많은 상을 휩쓸어 명주의 반열에 올라 있는 위스키로 아버펠디 증류소의 원액이 담겨 있다. 아버펠디 증류소는 1890년 설립되었는데, 이 증류소에서 생산된 원액을 블렌딩한 덕분에 듀어스가 탄생할 수 있었다.

대부분의 위스키들은 대규모 자본을 가진 다국적 위스키 업체들에 의해 생산되고 있는 반면 아직까지도 증류소를 설립한 가문에 의해서 운영되는 증류소가 있다. 세계 판매율 1위의 싱글몰트 위스키인 글렌피딕을 생산하고 있는 '윌리엄그랜츠앤선'의 경우가 대표적이다. 윌리엄그랜츠앤선에서 생산하는 위스키 중에서 설립자의 이름에서 따온 그랜츠(Grant's)라는 블렌디드 위스키가 있다. 그랜츠에는 윌리엄그랜츠앤선 소유의 증류소 원액이 들어가는데, 대표적인 원액이 발베니이다. 전통적인 수공방식으로 생산된 발베니의 뛰어난 품질과, 위스키 제조 시 사용된 로비듀의 샘물이 블렌딩할 때도 사용되어 맛과 향의 일관성을 가진 위

위스키 트렌드

세계 경제가 불황을 겪고 있지만 싱글몰트 위스키의 판매량과 판매금액은 오히려 점점 증가하는 추세이다. 왜 그럴까? 싱글몰트 위스키의 주소비층은 경기변화에 둔감한 부유층이며, 트렌드세터들이 싱글몰트 위스키의 애호가로 자리잡고 있기 때문이다. 또 단순한 판매의 증가뿐만 아니라 질적으로도 많은 변화의 모습을 보이고 있다. 특히 21세기를 맞이하면서 달라진 위스키 시장의 변화된 모습과 트렌드를 짚어보자.

WHISKY TREND

LABEL
CASK STRENGTH
ISLAY WHISKY
HEAVY PEAT
OAK CASK
40-50 YEARS OLD
MARIAGE CONCEPT
VINTAGE
HIGHBALL

TREND 1 라벨이 상세화되었다. 단순히 증류소 이름과 숙성년수, 도수만 표기하던 기존의 라벨에서 작업번호, 숙성 시 사용되었던 통의 종류와 사용횟수, 숙성창고 번호 등 고객에게 좀더 자세한 위스키 정보를 제공해주고 있다. 이는 고객의 위스키 선택에 있어 구매가이드 역할을 수행한다.

TREND 2 기존 40%, 43%의 위스키 도수에서 물을 타지 않고 숙성통 속의 도수 그대로를 병입하는 캐스크 스트랭스 제품들이 눈에 띄게 늘었다. 증류소의 특성을 여과 없이 즐기고 싶어하는 소비자들의 욕구를 충족시키기 위함이다.

TREND 3 아이라 위스키의 부활이다. 너무 강한 개성으로 외면 받던 아이라 싱글몰트 위스키들이 부활하면서 최근에는 제품들이 출시와 더불어 매진되는 사태가 빈번하게 발생하고 있다. 특히 아이라 팬 커뮤니티까지 설립해 활발하게 운영하고 있는 위스키 마니아들의 두터운 충성도는 증류소의 든든한 후원군이다.

TREND 4 일부 소비층에서 Heavy Peat or Non peat로 구분되는 경향을 보이고 있다. 일부 소비자들은 피트처리를 하지 않은 위스키를 추구하는 반면, 어떤 이들은 극단적인 스모키함을 추구하는 것이다. 결국 위스키 증류소들은 마니아들을 위한 제품을 출시하게 되는데, 일반적으로 훈제향이 강한 아이라 위스키들의 페놀 함유량이 20ppm 내외의 수치를 보인다면 최근 마니아들을 위한 위스키들은 100ppm 수치의 제품들도 출시되고 있으며 이 극단적인 제품들은 출시와 더불어 품절되는 사태를 맞이하곤 한다.

TREND 5 숙성시키는 통이 여러 가지로 다양하게 사용되는 경향을 보이고 있다. 과거에는 스페인의 셰리를 숙성시켰던 오크통이나 아메리칸 버번을 숙성시켰던 오크통을 주로 사용했으나, 최근에는 프랑스, 이탈리아, 헝가리 등

각국의 와인통을 가져와 숙성을 시키고 있으며 와인 오크통뿐만 아니라 포트, 마데이라, 럼, 프랑스 코냑을 숙성시켰던 오크통을 가져와 숙성시키고 있다. 오크통의 다변화는 결국 위스키 풍미의 다변화로 이어지게 되었다.

TREND 6 고숙성 위스키들이 많이 출시되고 있다. 19세기 말에만 하더라도 과연 위스키를 숙성시킬 필요가 있는가에 대한 논란이 있을 정도였지만 지금은 숙성이 당연시되고 40~50년 이상의 고숙성 위스키들이 우수수 출시되고 있다. 싱글몰트 위스키 주소비층이 부유층임을 감안하면 당연한 마케팅일 수밖에 없다.

TREND 7 와인업계에서 주로 펼치는 마케팅이 위스키업계에서 활용되고 있다. 특히 와인업계의 마케팅 중에 대표적인 마리아주 컨셉을 벤치마킹해서 활발하게 시도하고 있다.

TREND 8 위스키에도 빈티지 바람이 불고 있다. 이는 한정생산의 의미를 가지는 것으로 특정해에 증류시킨 원액을 오크통에 숙성해 출시하는 제품을 말한다. 와인에서는 빈티지 차트를 이용해 특정해의 기후와 와인의 품질, 가격에 영향을 나타내지만 위스키에서는 증류소에서의 생산방식 변화, 생산 담당 매니저나 마스터 블랜더 교체 등의 의미를 표현한다. 소비자들에게 의미 있는 년도가 구매조건이 된다.

TREND 9 음용법의 변화로 하이볼이 강세를 보이고 있다. 일본에서 유행한 위스키 음용법인 하이볼은 우리나라에도 조금씩 영향을 미쳐 일부 업체에서는 자사 위스키와 탄산수를 함께 묶어 판매하는 전략을 선보이고 있다.

위스키도 재테크를 할 수 있다?

"위스키에 투자하는 것과 주식에 투자하는 것 중에 어느 것이 더 효과적인 투자일까?"라는 질문이 생소하다면 당신은 술과 별로 친하지 않은 사람이다. 만약 그런 질문을 한 번쯤이라도 들어본 사람이라면 당신은 분명 술을 잘 아는 사람일 것이다.

INVESTMENT OF WHISKY

MARKET
CLOSED DISTILLERY
SPECIAL EDITION

이 질문에 최근 World Whisky Index(이하 WWI, http://www.worldwhiskyindex.com/)를 설립한 마이클 카펜(Michel Kappen)의 답변에 따르면 위스키는 안정적으로 매년 약 12% 정도의 수익을 기대할 수 있는 투자처라고 답을 한다. WWI는 세계적으로 이름이 알려져 있는 위스키 옥션(http://www.whiskyauction.com/)과 더불어 2007년에 생긴 위스키 옥션 사이트이다. WWI의 특징은 웹사이트에서 현재 위스키 가격 현황을 바로 살펴볼 수 있다는 것이다. 시시각각 변동하는 위스키 가격은 여러 요인에 의해서 책정이 된다. 예를 들어 최근 위스키 경매 사상 최고가가 등장했는데, 라리크 크리스탈에 담긴 맥켈란 64년 제품 100cc 용량이 대만에서는 우리나라 돈으로 약 4천7백만 원에 판매된 반면, 같은 제품이 우리나라에서는 7백만 원에 낙찰되었다. 이러한 변수들을 고려해 조금만 관심을 가지고 힌트에 살짝 눈을 돌린다면 위스키도 단기, 중기, 장기의 훌륭한 투자처임에는 분명하다. 위스키 투자에 대상이 되는 위스키는 스카치위스키가 많은 비중을 차지한다. 그중에서도 과거 소비되는 양의 대부분을 차지했던 조니워커, 시바스리갈, 발렌타인 등과 같은 스카치 블렌디드위스키보다는 단일 증류소에서 생산된 원액만을 가지고 생산된 스카치 싱글몰트 위스키가 각광받는 투자상품으로 떠오르고 있다. 최근 SWA(스카치위스키 협회, Scotch Whisky Association) 발표 자료에 따르면 지난 10년간 수출되는 스카치위스키 양의 증가는 미비한 데 반해 스카치위스키의 수출로 얻는 이익은 급격하게 늘어났다. 이는 1990년대 후반부터 전 세계적으로 일어난 싱글몰트 위스키의 인기와 더불어 각 스카치위스키 증류소들이 고숙성년의 최고급 제품들을 많이 출시하고 있기 때문이다. 투자가치가 있는 싱글몰트 위스키를 고르는 요령 몇 가지를 소개한다.

1. 위스키 마켓에서 사라진 위스키

한창 많은 사랑을 받던 위스키가 어느 날 갑자기 사라지는 경우가 종종 있는데, 그 경우는 원액 수급 부족과 회사의 판매 전략 수정, 인수 합병 등 다양한 요인 때문이다. 대표적인 예가 최근 출시된 글렌모렌지 10년 제품이다. 과거 스코틀랜드에서 판매율 1위를 달리

던 제품이 회사의 인수합병 과정을 통해 LVMH (루이뷔통 모엣헤네시)로 넘어가고 예전 제품을 대신해 새로운 글렌모렌지 오리지널로 리뉴얼되어 출시한 제품인데, 새롭게 나온 글렌모렌지 오리지널이 30파운드 내외에 거래되는 반면 시장에서 철수한 지 얼마 되지 않은 구형 제품은 벌써 160파운드에 판매되고 있다. 이런 제품들이 몇 가지 있는데 카듀 퓨어몰트(Cardhu Pure Malt), 글렌오드 12년(Glen Ord) 이 대표적이다.

2. 폐업한 증류소
싱글몰트 위스키가 각광받기 시작한 것은 1990년대 후반부터이다. 그전에 생산된 원액들은 대부분이 블렌디드위스키를 생산하는 데 사용되었고, 마스터 블랜더에게 선택받지 못한 많은 증류소들이 1980년대에 문을 닫거나 휴업을 해야 했다. 그런데 아이러니하게도 과거 폐업한 증류소의 싱글몰트 위스키들이 소비자들에게 사랑을 받기 시작하면서 예전에 생산하여 창고에 숙성 중인 위스키 원액들을 출시한 제품이 다른 숙성년수의 위스키들보다 훨씬 비싸게 거래가 된다. 이런 위스키들은 품질이 좋고 원액 양이 얼마 남지 않았다는 희소성이 더해지면서 출시된 제품 시리즈마다 품절되고 있다. 대표적인 예가 스코틀랜드 남서쪽 아이라 섬의 포트앨런과 로우랜드의 로즈뱅크 제품들이다. 만약 이 제품들이 보인다면 적극적으로 구매하기를 권한다.

3. 사연이 있는 특별 출시품
이런 경우는 증류소의 역사와 관련된 제품일 경우가 많다. 예를 들어 스코틀랜드 아드벡 증류소에서 생산된 제품 중에 1974년 이전에 생산된 제품이 보인다면 반드시 구매를 추천한다. 1974년은 아드벡 증류소에서 과거 생산하던 전통적인 수공방식을 벗어나 위스키를 생산하는 데 필요한 몰트를 공장생산용으로 바꾸어 위스키를 생산하기 시작한 해이다. 그래서 아드벡 마니아들은 1974년 이전의 전통적인 방식을 통해서 생산된 위스키에 대한 애착을 갖게 되었고 그 결과 높은 가격대에 거래되고 있다. 현재 아드벡 1974년 빈티지 제품(1974년 6월 14일 증류, 2005년 9월 20일 병입)이 우리나라 돈으로 약 1500만 원에 거래되고 있다.

그 외에도 전설적인 제품이나 증류소의 팬클럽을 위해 출시된 제품들이라면 투자할 가치가 충분히 있다. 위스키는 와인과 달리 쉽게 상하지 않아 보관이 용이하고 시간이 흐를수록 위스키의 품질은 변함이 없는 대신 그 가치가 높아지기 때문에 중장기 투자 상품으로 손색이 없다. 상속 재산으로서도 충분히 활용해 볼 만하다.

위스키 테이스팅 어떻게 할까?

'위스키를 어떻게 마셔야 하는가?'라는 질문에 정답은 없다. 위스키를 마시는 사람들 각자의 취향이 정답일 뿐이다. 그러나 어떻게 마셔야 위스키의 맛을 잘 이해하고 음미할 수 있는가에 대한 질문에는 정답이 있다. 모든 술에는 마시는 방법이 두 가지가 있다. Drinking과 Tasting이다. 드링킹은 말 그대로 편히 취하기 위해 술을 마시는 것을 말한다. 반면에 테이스팅은 술을 냉정하게 평가하는 방법이다.

WHISKY
TASTING
DRINKING

COLOR
LEGS
NOSE
PALATE
OVERALL

와인문화가 많이 보급되면서 테이스팅에 대한 이해도가 높아지긴 했지만, 와인 테이스팅만을 강조하는 면이 엿보이는 게 사실이다. 그에 반해 위스키는 국내에 소개된 지 100년 가까운 시간이 흘렀지만 아직까지 테이스팅 문화는 없고 오로지 취하기 위한 드링킹 문화만이 존재하고 있는 실정이다. 이러한 현상이 오랜 시간 누적되면서 위스키에 대한 오해와 편견이 생겨나고 있는 것 같다. 대표적인 오해와 편견이 '숙성년수가 오래된 술이 좋다', '목넘김이 좋은 위스키가 좋다', '알코올 도수가 높으면 독하다' 등이다. 이러한 오해와 편견은 위스키를 제대로 평가해 볼 수 있는 기회가 없었던 데다가 어떻게 평가를 해야 하는지에 대한 방법을 몰랐기 때문이다. 평소 실행해 볼 수 있는 위스키 테이스팅 방법을 알아보자.

준비물

위스키 테이스팅 글라스, 물, 마음 맞는 친구, 그리고 여유로운 시간

위스키 테이스팅 글라스는 투명하고 조각이나 무늬가 없어야 하며, 위스키 색깔을 왜곡시키는 요인이 있어서는 안 된다. 아래가 넓고 입구가 좁아지는 튤립 모양이 이상적인 테이스팅 글라스이다. 위스키 테이스팅 글라스는 전문 글라스 판매점이나 해외전문점을 통해서 구하는 것이 좋다. 위스키 테이스팅 글라스가 없다면 코냑 브랜디잔인 스니프터도 괜찮다. 그마저 없다면 온더락 잔을 이용해야 한다. 통상 위스키 마실 때 많이 사용되는 스트레이트 잔은 최악의 잔이다. 잔이 작아 향이 모여지지 않으므로 위스키 테이스팅에 가장 중요한 향을 음미하기에 부적합하다. 물은 스카치위스키를 만드는 스

코틀랜드의 물이 가장 좋지만 현실적으로 쉽게 구할 수 없고 대신 상온의 생수면 충분하며 정수기 물도 상관없다. 그리고 마음이 맞는 친구와 위스키를 함께 마시면 위스키에 대한 진솔한 대화를 나누게 되어 맛과 향을 훨씬 풍성하게 느낄 수 있어 좋다.

시간과 장소

몸의 컨디션이 가장 좋은 오전 10시경에 테이스팅하면 이상적이지만 보통 사람들에게는 지키기 어려운 시간이다. 시간에 쫓겨 테이스팅하는 것보다 여유로운 환경에서 테이스팅하는 것이 좋다. 장소는 바람이 부는 야외보다는 실내가 좋으며 음식 냄새가 너무 심한 곳은 피하는 것이 좋다.

COLOR 싱글몰트위스키는 물론 한 통의 원액으로만 병입시킨 싱글캐스크 위스키의 경우 위스키의 색깔은 더더욱 중요한 의미를 담고 있다. 위스키 색깔이 옅거나 연한 노란색의 경우, 버번통에서 숙성시켰거나 여러 번 재사용된 통에서 숙성시켰을 확률이 높다. 짙은 호박색 혹은 갈색을 띄는 경우 스페인에서 가져온 셰리통에서 숙성시켰을 확률이 높으며, 이 경우 과일향이나 꽃향기가 강하게 날 수 있다.

일반적으로 블렌디드위스키의 경우 여러 가지 위스키를 혼합하기 때문에 컬러에 대한 주목도가 낮다. 하지만 서로 비슷비슷한 향을 가진 위스키의 경우에는 컬러로 구별되는 경우도 있으니, 컬러를 중심으로 살펴보는 것도 필요하다.

LEGS 위스키가 담긴 잔을 흔들어 잔의 벽을 타고 흘러내리는 위스키의 눈물을 legs라고 한다. 위스키가 흘러내리는 속도가 빠르면 향이 가볍고 라이트한 바디감을 가진 위스키이고, 위스키가 천천히 흘러내린다면 향이 진하며 풀바디감을 가진 위스키이다.

NOSE 위스키 잔을 코에 가져가본다. 위스키에 익숙하지 않은 사람들의 경우 코를 강하게 자극하는 기운을 받게 된다. 이 자극이 익숙하지 않고 너무 강렬하게 느껴진다면 상온의 물을 첨가한다. 이때 물을 첨가하는 양에 대해 의견이 분분한데, 코를 자극하는 기운이 사라질 때까지 넣으면 된다. 그러나 아무리 위스키에 익숙한 사람일지라도 딱 한 방울의 물을 첨가할 것을 추천한다. 위스키에 물이 첨가되면 그동안 평온 상태에 있던 위스키가 물과 혼합하기 위해 에스테르 체인을 풀고 물과 융합하면서 이때 평소보다 더 다양하고 풍부한 향을 발산하게 된다.

위스키의 향을 잘 맡아보면 여러 가지 복합적인 향이 숨겨져 있다. 일부 위스키 전문가들은 수백 가지 향을 느낄 수 있다고 하지만 일반인으로서는 무리이다. 대신 스코틀랜드 세인트 앤드류 대학 데이비드 위셔트 교수가 8년간 연구한 12가지 대표 향을 소개한다. 위스키의 맛과 스타일에 쉽게 적용할 수 있는 '12가지 기준'은 달콤함(sweetness), 스모크향(smoky), 감칠맛(농도, body), 약냄새(medicinal), 담배맛(tobacco), 꿀맛(honey), 매운맛(spicy), 와인맛(winey), 견과류맛(nutty), 맥아맛(malty), 과일맛(fruity), 플로랄향(floral) 등 감각으로 느낄 수 있는 대표적 맛이다.

PALATE 향을 맡은 다음, 잔을 입에 가져가 맛을 본다. 중요한 것은 이때 마시는 위스키의 양이다. 10ml 내외의 적은 양을 입 안에 넣고 5~10초 정도 머금으면서 즐기면 된다. 처음에는 신맛, 단맛, 짠맛, 쓴맛, 매운맛을 먼저 느끼면서 바디감을 구별하고, 그다음 입 안에 머금고 있을 때 무슨 향(flavour)이 느껴지는지 찾으면 된다. 잘 만들어진 위스키는 코로 느꼈을 때 향이 좋으며 입으로 즐겼을 때도 향이 좋다. 위스키를 머금고 있다가 목으로 삼킨 후 지속적으로 느껴지는 향을 피니시라고 한다. 대부분 피니시의 길이로 많이 평가하며 오래 숙성된 위스키일수록 긴 피니시를 보인다. 1시간 이상의 긴 피니시를 보여주는 훌륭한 위스키도 있다.

OVERALL 부분적으로 평가된 위스키가 어떤 면에서 좋고 어떤 면에서 별로였는지 총체적으로 평가하는 단계이다. 위스키가 지니고 있는 인상적인 면을 강조해서 그 위스키를 연상시킬 수 있는 표현을 생각하는 것도 좋은 방법이다.

위스키 마시는 방법

우리나라에선 위스키를 마실 때, 흔히 스트레이트나 온더락의 방식만 있다고 생각하지만, 위스키를 마시는 법은 생각보다 다양하다. 위스키는 무조건 독하다는 선입견을 버리고 자신의 주량과 스타일에 맞는 방식을 찾으면 순수한 위스키의 풍미를 즐길 수 있다. 다양한 방법에 도전해보자.

THE WAY OF DRINKING WHISKY

STRAIGHT or NEAT
CHASER
ON THE ROCKS
みずわり
お湯割り

스트레이트(straight) 혹은 니트(neat)
위스키에 아무것도 첨가하지 않고 위스키 그 자체를 즐기는 가장 일반적인 방법을 말한다. 위스키 자체를 즐기는 가장 기본적이며 이상적인 방식이다. 때로는 한두 방울 혹은 약간의 물이 위스키 향을 증가시킨다는 포인트는 놓치지 말아야 한다.

체이서(chaser)
위스키를 스트레이트로 즐기면서 위스키를 마신 후에 뒤에 따라 마시는 음료이다. 이때 마시는 체이서로 가장 일반적인 음료는 물이다. 물은 입 안을 개운하게 하면서 한편으로는 위스키를 마시면서 올라오는 취기를 막는 훌륭한 방패막이 역할을 하기도 한다. 전통적인 스코틀랜드 방식에서는 체이서로 맥주가 사용된다. 그런데 일반적인 체이서 방식과 달리 위스키의 피니시를 즐기기 위해 맥주를 먼저 마시고 위스키를 즐긴다. 위스키만 마실 때 입 안이 건조해지는 느낌을 막는 역할을 하면서 물을 싫어하는 사람들에게 권하는 방식이다. 단, 술이 세야 한다. 중화권에서는 체이서로 차를 즐기곤 한다. 입 안을 개운하게 해주는 장점과 동시에 차의 타닌감이 때로는 위스키의 풍미를 감쇄시킬 수도 있다. 그런 점을 고려할 때 차를 체이서로 하기 적당한 위스키는 풀내음, 허브향이 나는 것이 좋다.

개인의 취향에 따라 체이서로 커피를 즐기는 이들도 점차 늘어나고 있다. 에스프레소의 쓴맛이 때로는 위스키의 달콤한 맛을 끌어내는 경우도 있고, 커피 풍미가 나는 위스키와 함께 마셨을 때 시너지 효과가 나는 경우도 있다.

스키 하이볼이 된다.

오유와리(お湯割リ)

위스키에 온기가 남아 있는 물을 첨가하여 즐기는 방법이다.

온더락스(On the Rocks)

위스키에 얼음을 넣고 즐기는 방식이다. 위스키에 얼음을 넣으면 위스키 향이 많이 죽어 위스키의 거친 향에 익숙하지 않은 이들에게는 마시기 편하지만, 위스키 향을 즐기기에는 적합하지 않은 방식이다. 온더락으로 위스키를 즐길 때 얼음은 단단하면서 크기를 크게 얼린 얼음을 사용해야 얼음이 늦게 녹아 조금이나마 오랫동안 위스키의 풍미를 즐길 수 있다.

미즈와리(みずわり)

독주를 싫어하는 사람들에게 많이 추천되는 방식이다. 일본의 위스키회사인 산토리에서 40년 전에 개발하여 보급, 대중화한 방식으로 위스키에 얼음과 찬물을 넣어 즐긴다. 미즈와리를 제대로 즐기는 방법은 일단 잔에 얼음을 넣어 돌려 잔을 차갑게 식힌 다음, 얼음을 버리고 그 컵에 위스키를 따르고 얼음을 넣은 후 몇 차례 돌려준다. 그리고 나서 위스키의 2~2.5배 되는 시원한 물을 넣은 다음 다시 한 번 저어주면 된다. 이때 시원한 물 대신에 시원한 녹차를 첨가해서 마시기도 한다. 시원한 물 대신에 탄산수를 넣는다면 위

같은 제품인데도 위스키 맛이 다르게 느껴지는 이유

평소 자주 마시는 위스키인데 유독 다르게 느껴질 때가 있다. 이유가 몇 가지 있는데 그중에 대표적인 이유는 다음과 같다.

DIFFERENT TASTE

SAME WHISKY

첫째, 컨디션의 문제 때문이다. 평소와 달리 몸 상태가 좋지 않을 때는 다르게 느껴질 수 있다. 또한 술을 마시기 전 혹은 술과 같이 먹는 음식의 영향으로 다르게 느껴질 수 있다. 그래서 전문가들은 테이스팅을 할 때 하루 중 신체 상태가 가장 좋은 오전 10시경에 물과 함께 한다.

둘째, 면세품, 해외 판매제품, 그리고 국내 판매 목적 정품 사이에 차이가 있다. 우리나라에서 판매되는 위스키들은 우리나라 사람들 입맛에 맞게 다시 블렌딩되어 판매된다. 패스포드, 썸씽 스페셜, 발렌타인, 조니워커 등 대부분의 제품들이 우리나라 사람들 입맛에 맞게 블렌딩되어 판매되는 제품이기 때문이다.

셋째, 군납 제품과 일반 제품 사이의 차이이다. 우연히 해외 브랜드 인수 프로젝트 문서를 본 적이 있는데 그때 요구 조건 중의 하나가 국내에서의 블렌딩이었다. 그 이유는 군납용 블렌딩 때문이다. 스카치위스키나 코냑에 관한 규정법에 따르면 블렌딩은 다른 나라에서 얼마든지 마음대로 할 수 있다. 이것은 일반 소비되는 제품보다 더 낮은 숙성년수의 원액을 첨가해도 상관없다는 의미이다. 군납용 제품의 원액은 좋은 원액이 들어가지 않는다. 또한 100% 완전 판매 소비되는 특성상 품질에도 신경 쓰지 않는다.

넷째, 개봉된 한 병의 술 자체가 변하는 경우이다. 알코올 도수 20%가 넘는 제품은 변질되지 않는다. 이때 변질은 위생상의 변질을 의미할 뿐 성분의 변화와는 다른 얘기다. 술은 개봉된 후 계속해서 공기와 접촉하며 산화를 일으킨다. 이때 술의 잔량이 적을수록 공기가 차지하는 부분이 많아져 점점 맛이 달라진다. 따라서 술병에 술이 얼마 남지 않았을 때는 더욱 빨리 맛과 향이 변하는 것이다.

싱글몰트위스키에 어울리는 음식은?

사실 위스키를 마실 때 물 이상의 안주는 없다. 스코틀랜드에서는 위스키를 마실 때 안주로 맥주를 마시는 이들이 많다. 그러나 최근 위스키업계에서는 프랑스 와인업계의 마리아주(궁합)를 벤치마킹해 싱글몰트 위스키와 음식의 마리아주를 시도하고 있다. 물론 판매량 증가의 목적도 있겠지만 기존 위스키가 가지고 있는 '올드맨의 술'이라는 이미지를 걷어내고, 저녁 정찬, 파티요리, 코스요리와 함께할 수 있는 술의 이미지를 심어주기 위한 작업의 성격도 있다. 몇몇 대형업체들은 전속 셰프를 고용해 자사의 대표적 제품과 어울리는 코스요리를 만들어내고 있으며 그 레시피를 자사 웹사이트를 통해 일반인들에게 알리고 있다.

FOOD WITH SINGLE MALT WHISKY

싱글톤 18년 + 모듬전
보모어 + 병어회
라프로익 + 붕장어 구이
글렌피딕 15년 + 갈비찜
스카치블루 싱글몰트 + 너비아니 구이

싱글몰트 위스키는 향이 풍부하고 고유한 개성을 지니고 있기 때문에 와인처럼 그 향에 따라 음식을 매칭하는 시도가 가능하다. 과거 지역적인 기준으로 구분을 한다면 일반적으로 로우랜드 지역의 싱글몰트 위스키들은 가볍고 드라이한 제품들이 많아 식전주(아페리티프, Aperitif)로 적당하다. 해산물의 경우 스모키향이 강한 아이라의 위스키들과 매칭하는 게 일반적이며, 달콤한 음식과 소스로 만들어진 음식에는 스페이사이드 지역의 셰리향 강한 싱글몰트 위스키를 추천한다. 만약 소고기 스테이크를 대접할 일이 있다면 과일향과 스모키향이 밸런스를 이루는 하이랜드 지역의 제품들과 함께하는 것도 좋을 듯하다. 그러나 최근에는 지역별 구분은 의미가 없고 위스키 풍미 자체로 구분해 음식과 매칭하는 것이 일반적이다.

가장 기본적인 매칭으로 식전주엔 역시 가볍고 부담 없는 제품으로 입맛을 돋우고, 샐러드는 연한 바닐라 향이 풍기는 제품으로 매칭하면 좋겠다. 메인요리는 스모키향이 강한 제품과 어울리며 디저트는 달콤한 셰리향이 강한 위스키와 매칭하면 무난하다. 그러나 이것은 서양음식의 얘기이고 찌개와 국, 매운맛이 주를 이루는 우리나라의 음식과 매칭시키는 것은 현실적으로 여간 힘든 일이 아니다. 그럼에도 불구하고 최근 한국에도 싱글몰트 위스키와 음식을 매칭하려는 시도가 일어나고 있다. 싱글몰트 위스키와 한식를 다양하게 즐기는 방법을 알아보자.

싱글톤 18년 & 모둠전

전은 어떠한 식재료로도 만들 수 있다는 장점이 있다. 육전, 생선전, 야채전은 기본이고 심지어 최근에는 햄과 소시지도 전으로 부치는 것이 일반적이다. 남녀노소 누구나 즐기는 싱글몰트 위스키로 싱글톤 18년을 추천한다. 싱글톤 18년은 셰리오크통에서 숙성시킨 원액과 버번오크통에서 숙성시킨 원액으로 블렌딩되어 부드러운 셰리향과 밸런스를 이루는 몰트향이 특징이다. 마일드한 맛과 부드러운 질감을 지니고 있어 요리 재료 본연의 맛을 살려준다. 특히 전의 치명적인 단점이라고 할 수 있는 부담스러운 기름진 맛을 싱글톤 18년의 전체적인 드라이한 맛이 훌륭하게 잡아주면서 입 안을 깔끔하게 정리해준다. 특히 전 중에서 육전과 야채전을 추천한다.

추가로 싱글톤 12년의 경우 위스키향 속에 살구향과 오렌지향이 잼처럼 농축된 듯한 향을 지니고 있는데 이와 어울리는 음식은 무화과 혹은 트뤼플 초콜릿이다. 신선한 무화과향이나 달콤한 트뤼플 초콜릿 자체가 가지고 있는 응축된 향과 싱글톤 12년의 밸런스 잡힌 과일향이 절묘하게 어울리면서 1+1=3이라는 공식을 만들어낸다.

보모어 & 병어회

아이라 위스키가 해산물과 잘 맞는다는 사실은 많이 알려져 있다. 그중에서도 보모어는 감칠맛과 진한 맛이 일품인 생선들과 궁합이 잘 맞는다. 보모어와 병어의 경우, 보모어가 가지고 있는 장점을 극대화하는 마리아주를 보여준다. 생선 자체가 지닌 비린 맛을 잡아주는 훌륭한 스모키함, 그리고 그 뒤에 절묘한 밸런스를 이끌어내는 과일향이 너무 진하지도 부담스럽지도 않게 입맛을 마무리한다. 생선회는 크게 넙치, 조피볼락, 농어 등과 같은 흰살 생선회와 방어, 참치, 전갱이, 고등어, 전어 등과 같은 붉은살 생선회로 나뉘는데, 흰살 생선회는 육질이 단단한 반면 혀로 느끼는 맛 성분이 적어서 담백한 맛을 낸다. 붉은살 생선회는 흰살 생선회보다 씹는 맛은 떨어지지만 지방을 비롯해 혀로 느끼는 맛 성분이 많이 들어 있어 진한 맛을 낸다. 보모어의 경우 붉은살 생선의 진한 맛과 잘 어울린다. 전어와 참치라면 최고의 궁합이다.

라프로익 & 붕장어 구이

붕장어는 고단백 스태미나 음식으로 많은 이들에게 사랑 받고 있다. 고소하면서도 담백한 맛 그리고 은은한 숯불에서 구웠을 때의 훈제한 맛이 일품인 식재료이다. 이러한 붕장어에는 라프로익이 근사하게 어울린다. 그런데 주의할 점이 있다. 반드시 고추장 양념이 아닌 소금구이로 해야 한다. 고추장 양념을 한 음식과 위스키를 함께할 경우 입 안에서 자극적인 맛 때문에 고생할 수 있다. 붕장어를 숯불에 구웠을 때의 훈연향과 라프로익이 갖고 있는 전형적인 아이라의 피트향이 함께 상승효과를 일으키면서 붕장어의 약간 비린 맛까지 잡아주기 때문에 더욱 훌륭하다. 특히 라프로익이 지니고 있는 약간의 짠맛과 드라이한 감촉이 입 안의 기름진 감을 없애주어 요리에 젓가락질을 재촉하게 한다. 그러나 이 조합은 스코틀랜드 아이라 위스키를 처음 접하는 사람들에게는 다소 실험적일수도 있다. 하지만 한 번쯤은 도전해 보기를 권한다. 붕장어 구이 외 고래고기, 꼼장어, 골뱅이, 소라, 문어 등 해산물을 추천한다.

글렌피딕 15년 & 갈비찜

소갈비에 갖은 양념과 야채를 함께 넣고 쪄낸 갈비찜과 어울리는 싱글몰트 위스키로 글렌피딕 15년을 선정했다. 글렌피딕 15년은 솔레라 공법이라는 독특한 방법으로 숙성된 싱글몰트 위스키이다. 15년 이상 스페인의 셰리오크통에서 숙성된 원액과 15년 이상 아메리칸 버번오크통에서 숙성시킨 원액 그리고 15년 이상 새 오크통에서 숙성시킨 원액을 저장 용량이 큰 솔레라 통에 함께 넣어 숙성시키다가 일정량만을 빼내어 병입하고 그 남은 원액에 또다시 새로운 3가지 원액을 부어 함께 숙성시키는 방식을 솔레라 공법이라고 한다. 이런 특색 있는 공법 덕분에 글렌피딕 15년에서는 셰리향과 바닐라향 그리고 초콜릿, 캐러멜향을 물씬 즐길 수 있다. 그런 향들 덕분에 갈비찜 특유의 달콤한 향과 적절하게 어울리면서 서로 방해하지 않고 오히려 갈비찜의 단맛을 증진시킨다. 또한 약간의 기름진 고기 맛을 잡아주는 연한 피트향이 상당히 좋은 궁합을 이룬다. 원래 달콤한 간장 양념과 마리아주를 맞춘다는 게 쉽지 않지만 이 경우 글렌피딕 15년이 가지고 있는 초콜릿의 느낌이 풍기는 셰리향이 큰 역할을 한다.

스카치블루 싱글몰트 & 너비아니 구이

전 세계인이 소고기를 좋아하지만, 우리나라처럼 소고기의 부위를 세밀하게 구별하고 그 부위에 따라 요리법이 다른 나라는 거의 없다고 한다. 그중에 많이 접하는 너비아니와 어울릴 만한 싱글몰트 위스키도 있다. 원래 너비아니는 소 등심 혹은 안심을 양념해놓고 석쇠와 숯불에 은은하게 굽는 조리법을 사용한다. 양념과 숯불의 특성과 함께 어울리는 싱글몰트 위스키로 셰리향이 은은하게 퍼지는 스카치블루 싱글몰트 위스키를 추천한다. 그러나 너무 과한 양념 혹은 너무 단 양념의 너비아니에는 어울리지 않는다. 양념을 약간 싱겁고 담백하게 하는 것이 좋다. 너비아니 특유의 달콤한 향은 셰리 계열과 어울린다. 또한 함께 가니쉬로 구워지는 야채와 스카치블루 싱글몰트 위스키는 최적의 궁합을 이룬다. 스카치블루 싱글몰트 위스키는 너무 진하거나 과하지 않은 부드러운 셰리향과 연유향, 풀내음을 지니고 있으며 입 안에서는 부드러운 질감과 짧지만 잔잔한 피니시를 지니고 있는데, 잡채를 감히 추천한다.

위스키와 시가

위스키와 시가의 궁합에 대해서 아직까지 국내에서는 덜 소개되었지만 이미 스카치위스키 업계에서는 시가 업체과 공동 마케팅을 통해 World Whisky and Cigar challenge 대회를 매년 개최하고 그 대회에서 가장 최고의 궁합을 선보이는 위스키와 시가에게 상을 주고 있다. 또한 위스키 업체에서 시가와 함께할 목적용 제품을 블렌딩하여 출시하기도 한다.

WHISKY AND CIGAR

Davidoff Millennium Blend
Avo Domaine
Bolivars
Partagas Serie D No.4

아직 국내에는 생소한 부분이라 조심스럽게 이 부분의 세계적인 권위자인 화이트 앤 맥케이 마스터 블랜더 리차드 패터슨의 조언과 의견을 함께 제시하고자 한다. 뭐든지 서로 마리아주 혹은 궁합을 맞출 때는 대부분 비슷한 성향으로 맞추어야 실패의 위험성이 적다. 시가도 마찬가지인데 라이트한 시가의 경우, 예를 들어 지노, 다비도프의 제품들은 가벼운 향의 위스키 제품과 매칭하고, 향이 진한 시가는 숙성년수가 오래된 제품 혹은 강렬하거나 스모키향이 강한 제품과 매칭한다.

리차드 패터슨의 조언에 따르면 달모어 블랙 펄(Dalmore Black Pearl)의 경우 다비도프 밀레니엄 블렌드(Davidoff Millennium Blend) 시가 혹은 도미니카공화국에서 만든 아보 도멘(Avo Domaine)이 궁합을 이룬다고 한다. 스페이사이드 지역 몰트의 경우 코히바나 도미니칸 공화국 시가를 권장하고 강렬한 향을 지닌 아이라섬 출신의 싱글몰트 위스키 제품의 경우에는 볼리바(Bolivars)를 권한다. 달모어 시가 몰트, 글렌파클라스 21년, 글렌로시스 21년, 글렌피딕 18년, 발베니 더블 우드의 경우 라이트한 시가와 매칭시키면 아주 좋다고 한다. 특히 달모어 시가 몰트의 경우에는 쿠바산 파르타가스 시리즈 디 넘버4(Partagas Serie D No.4)와 매칭되도록 블렌딩을 했다고 알려져 있다.

시가는 싱글몰트 위스키 종류만큼이나 다양하고 여러 가지 개성들을 담고 있어 앞으로 이 두 가지 궁합을 계속 탐구해 간다면 색다른 즐거움을 느낄 수 있을 것이다. 그러나 시가와 위스키의 공통점이 있다면 항상 다른 사람을 배려하면서 즐겨야 한다는 사실이다.

위스키와 보이차도 잘 어울린다

위스키와 함께 즐기기에 좋은 것으로 홍차나 커피를 추천하는 사람들이 의외로 많이 있다. 커피와 홍차가 가지고 있는 맛과 향이 위스키의 그것과 어우러져서 풍미가 더해지거나 더욱 깊은 느낌을 주는 듯하다. 커피와 홍차 같은 티문화가 활성화되면서 이제는 보이차 같은 고급차들을 즐기는 사람들도 늘어났다.

WHISKY AND PUER TEA

2011년 맹랍 야생교목차
1999년 양빙호
1988년 후전

위스키와 보이차의 궁합이 어떨까 하는 호기심으로 인터넷 포털사이트에서 닉네임 '몽(夢)'으로 활동하는 보이차 전문가의 도움을 받아 보이차와 위스키를 하나씩 매칭하는 시도를 해보았다. 스코틀랜드에서 생산되는 싱글몰트 위스키 가운데 지역별 특징을 잘 나타내는 4가지(아드벡 10년, 오반 14년, 글렌피딕 18년, 글렌드로낙 12년)를 선정해 보이차와 매칭을 시도했다.

1. 2011년 맹랍 야생교목차(猛臘 野生喬木茶, 3월 15일 이전 채집)

민트향, 허브향, 구수한 향과 탄내음이 묻어나는 차였기에 아드벡과 어울릴 것으로 생각했는데 개인적으로는 매우 흡족했다. 시간이 2년 채 안 되어 숙성이라고 하기엔 애매하지만 지속적으로 강하게 발효가 되어 뿜어내는 푸른 잎의 향기를 아드벡의 풀내음, 짚단내음이 조화롭게 감싸주는 느낌이었다. 푸릇한 신선함으로 잘 어울렸다. 특히 위스키 한 모금을 마시면 연이어 혀 아래와 아랫니 사이에서 침이 나오는데, 이때 100도의 물로 잘 우려낸 보이차를 잔에 따라 60~70도 정도로 식혀서 마셔보면 단맛이 증가한다. 마치 아드벡의 강한 토탄향 위에 푸른 싹이 돋는 듯한 느낌으로 고단한 인생 속에서 작은 희망과 부드러운 미소가 시간이 지나면서 파릇하게 피어나는 그림이 눈앞에 펼쳐지는 듯하다. 고단하고 힘들었던 하루의 일과를 마치고 날이 어둑어둑 저물 때 한번 마셔보길 권하고 싶다.

2. 1999년 양빙호(楊聘號)

생산된 지 10년이 넘은 보이차에서 우선 느껴지는 향은 젊고 강인한 흙먼지 냄새다. 금방이라도 소나기가 쏟아질 듯한 여름 시골길을 걸으면서 예상했던 소나기를 만나 길바닥의 흙에서 피어오르는 미세하고 건강한 황토의 흙내음, 하루를 꼬박 은근한 불에서 내린 홍삼

©몽(夢)

夢이 알려주는 TIP

보이차가 생산된 지 얼마 안 되는 것은 연둣빛이 나며(다녹소 茶綠素), 숙성이 진행되면서 점점 노란색(다황소)을 띠다가, 나중에는 갈색으로 (다갈색) 변화하고 홍색에서 다시 심홍(다홍소)색을 띄우게 된다. 접하기 힘들지만, 80~150년의 세월을 지나 숙성된 것은 다시 호박색으로 변한다. 와인이 그렇듯 보이차도 고온저습에서 제대로 익히면 그러하다. 보이차가 여타의 차와 다른 점은 한번 우려내고 그만두는 것이 아니라 처음부터 몇 잔까지 우려내면서 그 맛의 변화를 즐기는 데 있다. 처음에 뜨거운 물에 적셔지면서 옅게 나오는 맛에서 방부제와 여타 농약 비료의 맛을 몇 잔에서 낱낱이 느낄 수가 있으며, 두 잔 세 잔 넘어가면서 그 맛과 향의 풍미가 짙어지고 농밀해진다. 정점을 지나 맛을 다시 내려놓게 되는데, 그만의 대추맛과 향, 감초의 맛과 향 등 오리엔탈 허브의 깊고 유려한 맛이 나는 것이 제대로 된 보이차의 특징이다. 어린 차는 마지막 잔을 내려놓을 곳에서는 아주 강한 떫은맛이 나고, 오래된 차는 앞에 언급한 맛이 난다. 이것이 연대를 감별하는 또 하나의 요소이다. 마지막 잔으로 다다라갈 때 단맛이 증가되면서 점점 정제된 맛이 난다. 이때 고귀한 단맛의 위스키들과 가장 잘 어울리게 되는 것이다. 이 순간을 놓치지 말고 즐기길 권한다.

의 향과 기운, 더불어 여운이 긴 떫은맛이 힘으로 강하게 느껴진다. 타닌이 강하게 혀와 뺨을 수렴할 때를 기다렸다는 듯이 풍요로운 과일향이 섬세하게 나는 하이랜드 계열이 잘 어울린다. 특히 1999년의 이 차를 우려내면 우려낼수록 아드벡과는 동떨어지게 되고 버번오크통에서 숙성시킨 위스키보다는 셰리오크통에서 숙성시킨 위스키들과 더 어울린다. 빈티지가 오래된 보이차일수록 셰리오크통에서 나는 달콤하지만 천박한 맛이 아닌, 그러나 과일향이 아름다운 위스키와 조화를 이룬다.

3. 1988년 후전

1988년에 생산된 후전의 첫인상은 넉넉히 자사호에 넣어 마셨을 때, 에스프레소 같다는 느낌이었다. 다소 익어서 부드럽고 윤택한 맛 속에도 유칼립투스 향이 모나지 않게, 그러나 강한 타닌 속에 켜켜이 숨겨져 조화를 이뤄내는 말로 다할 수 없이 훌륭한 숙성된 보이차의 파워를 확인하게 했다. 순간 떠오르는 위스키는 글렌모렌지. 몰트를 구워서 위스키를 만든 글렌모렌지 시그넷과 88후전은 그야말로 환상의 궁합이었다. 에스프레소를 연상시키는 88 후전의 부드러움 속에서도 끊임없이 발동하는 강한 타닌감은 글렌모렌지 시그넷 속의 커피와 카카오향이 완벽하게 조화를 이루어 만족스런 피날레를 선사했다.

보이차는 오크통 속의 위스키처럼 계속 숙성이 진행되어 변화한다. 갓 생산된 차를 처음 우려낼 때에는 아이라 혹은 훈제향이 강한 위스키가 어울리지만, 숙성이 오래될수록, 그래서 여러 번의 차를 우려내면 낼수록 차에서 내어주는 단맛이 감미롭고 감칠맛이 날수록, 셰리오크통에서 숙성시킨 과일향이 풍부한 위스키와 환상적 조화를 이룬다는 결론을 얻을 수 있었다. 물론 이것은 지극히 주관적인 관점이다. 차를 우려내는 자사호, 마시기 전에 선택하는 찻잔이 어떠한 것인지, 더불어 어떠한 분위기에서 누구와 마셨는지에 따라 조금씩 다른 결론이 나올 수도 있을 것이다.

추천 위스키 바

싱글몰트 위스키를 즐기기에 좋은 바는 다양한 싱글몰트 위스키를 구비해야 하고, 그에 맞는 적합한 테이스팅 글라스를 고객에게 제공해야 한다. 그리고 무엇보다 싱글몰트 위스키에 대한 지식과 전문성을 지닌 바텐더가 있어야 한다. 위 세 가지 조건에 부합하는 바를 소개한다.

WHISKY BAR

Coffee Bar K
미스터 사이몬바
리츠 칼튼 더 리츠 바
플라자호텔 더 라운지
몰트바 오프
홍대 Factory

Coffee Bar K

청담동에 2007년 문을 연 커피바 케이는 싱가포르와 도쿄에서 운영되고 있는 커피바 케이를 한국에 일종의 체인 형식으로 오픈한 싱글몰트 위스키 전문점이다. 개업 초기에는 바 문화가 발달한 일본에서 이름을 날리던 바텐더가 운영했고, 현재는 그에게 교육을 받은 전문 바텐더들이 고객을 응대하고 있다. 각종 희귀 싱글몰트 위스키에서부터 전 세계의 유명한 명주는 거의 다 만나볼 수 있으며 특히 비치된 모든 제품에 대해 잔으로 주문해 마실 수 있다. 또한 싱글몰트 위스키 한 잔을 주문하더라도 각종 리델 글라스와 바카라 글라스 등을 비롯한 고가의 희귀 테이스팅 글라스에 시음할 수 있다. 온더락을 시키면 큰 얼음덩어리를 송곳과 칼로 깎아내어 테니스공 모양으로 만든 후 위스키에 넣어 마실 수 있는 아이스 카빙 서비스도 제공해 주는데, 이 작업은 숙달된 바텐더만이 제대로 할 수 있으며 작업 과정에 얼음을 맨손으로 계속 잡고 있어야 하기 때문에 동상의 위험도 있다. 은은한 조명의 테이블에 앉아 바 문화의 정석에 가까운 서비스를 즐기고 싶다면 이곳을 추천한다.

서울 강남구 청담동 89-20번지
02-516-1970

미스터 사이몬바

신천에 위치한 미스터 사이몬바는 싱글몰트 위스키 마니아들에게는 일종의 성지와 가깝다. 2007년과 2008년 두 차례에 걸쳐 Whisky Live & Party를 개최해 500명 가까운 참가인원의 행사를 치러낸 곳이다. 국내 정식 유통 중인 모든 위스키들을 구비하고 있으며 대부분 잔으로 판매해 주머니의 부담이 없다. 미스터 사이몬바의 가장 큰 매력은 싱글몰트 위스키 초보자 시음코스 메뉴의 운영이다. 초보자 시음코스 메뉴를 주문하면 경력이 오래된 바텐더 미스터 사이몬(안성진-바텐더들은 자신의 이름보다 닉네임이 더 익숙하다)의 친절한 설명과 함께 위스키를 즐길 수 있다. 저렴한 비용으로 세계 5대 위스키 생산지를 대표하는 위스키 5가지를 테이스팅하거나 스카치위스키의 테루아를 알 수 있는 스카치 싱글몰트 위스키 5가지를 테이스팅할 수 있는 메뉴가 운영 중이다. 특히 위스키향을 이해하는 데 도움을 주는 위스키 아로마 키트를 구비하고 있어 초보자들에게 적극 추천한다.

서울 송파구 잠실동 190-6 | 02-415-6108

리츠 칼튼의 더 리츠 바

리츠 칼튼 호텔 내에 위치한 더 리츠바는 2010년 세계적인 바텐더대회인 월드 클래스대회에서 준우승한 경력의 루이스(엄도환)가 수석바텐더로 일하고 있다. 최근 연예인 못지않은 인기를 누리며 각종 주류 관련 행사장에서 멋진 창작 칵테일 시연으로 이름을 날리고 있는 그는 싱글몰트 위스키에 대한 높은 지식과 감식안으로 고객에게 최상의 서비스를 제공하는 것으로 유명하다. 고객의 취향을 들어보고 그에 어울리는 싱글몰트 위스키를 권해주는 것은 물론, 그 싱글몰트 위스키를 베이스로 한 창작 칵테일을 즐길 수 있다. 리츠 바에서만 맛볼 수 있는 진귀한 칵테일의 경험이 될 것이다. 싱글몰트 위스키의 강하면서도 복합적인 향을 새롭게 즐기고 싶거나 가볍게 칵테일 한잔을 원할 때 제격이다.

서울 강남구 역삼동 602 리츠칼튼 호텔 2층 | 02-3451-8277

플라자호텔 더 라운지

서울 시청 앞에 자리 잡고 있는 플라자 호텔이 2011년 리모델링하면서 로비와 지하 1층에 '더 라운지'라는 공간을 운영하고 있다. 라운지는 바의 공간을 보라색의 칼라와 모던한 디자인으로 꾸몄으며, 특히 고객들이 편히 앉아 바텐더와 눈높이를 맞출 수 있는 바 테이블 높이와 50kg의 무거운 의자가 주는 안락감이 편안한 분위기를 연출한다. 바의 중심에는 12년차 경력의 바텐더 안소니(배병준)가 책임을 지고 있는데 바텐더 계에서는 꽤 유명한 실력파이다. 현대적으로 아이패드를 이용해 메뉴판을 선보이고 있으며, 국내 유통되는 싱글몰트는 거의 구비하고 있다. 잔술로 판매하고 있는데 엔트리급이 1만5천 원 선에서 시작한다. 추천하고 싶은 메뉴도 있는데, 싱글몰트 위스키 18년 3잔과 안주세트가 6만8천 원이라는 아주 경제적인 가격에 판매되고 있다. 안주도 제법 그럴싸하게 나온다. 싱글몰트 위스키를 주문하면 싱글몰트 위스키 전용 리델글라스가 따라 나오는 서비스를 선보인다. 싱글몰트 위스키와 제대로 된 칵테일을 즐기기에 부족함이 없는 공간이다.

서울 중구 소공로 119 플라자호텔 | 02-310-7400

몰트바 오프(Off)

조용히 혼자 한잔하기 좋은 바를 추천한다면 강남구청 근처에 위치한 몰트바 오프(Off)를 권한다. 처음 가보는 사람들은 조금 찾기 힘든 위치와 눈에 잘 띄지 않는 간판 덕분에 바 자체가 베일에 싸인 느낌을 주는 곳이다. 그래서 아는 사람들만 찾아가는 바로 통한다. 귀에 거슬리지 않는 정도로 잔잔한 음악이 흐르고 약간은 어두운 듯하지만 따뜻한 느낌을 주는 이 공간은 미스터 프리(김재형)라는 실력 있는 바텐더가 지키고 있다. 각종 희귀 싱글몰트 위스키를 구비하고 있으며 특히 수제 초콜릿을 안주로 제공하고 있다는 점이 굉장히 매력적이다. 부드럽고 진한 수제 초콜릿과 그에 어울리는 싱글몰트 위스키 한 잔이면 혼자 마시면서 울적했던 마음까지 위로받을 수 있을 것이다. 다양한 싱글몰트 위스키를 거의 잔으로 판매하고 있어 저녁 시간 귀가하기 전 '딱 한 잔'의 유혹을 즐기기에 무난하다.

서울 강남구 삼성동 9-7 | 02-516-6201

홍대 Factory

공장이라는 다소 생뚱맞은 가게 명을 지닌 홍대 팩토리는 'Love Drink, Trust Bartender'라는 모토 아래 운영되고 있는 바이다. 이 바는 싱글몰트 위스키를 전문적으로 다루는 바라기보다는 젊은 층에게 싱글몰트 위스키를 전파하는 바라고 하는 게 맞을 듯싶다. 지하 계단을 타고 내려가면 빙글빙글 돌아가는 미러볼 조명에 감각적인 라운지 음악이 흘러나오며 한쪽에는 신발을 벗고 올라가는 좌식 테이블로 인테리어가 꾸며져 있다. 2011년 위스키 라이브 서울 행사에 참석차 방한했던 세계적인 위스키평론가 데이비드 브룸이 이곳 팩토리를 방문한 후 'Great people, Great drinks and Great attitude'라는 평을 자신의 트위터에 남겼다. 희귀 싱글몰트 위스키까지는 구비하지 않았지만 국내 유통 중인 제품은 거의 충실하게 갖춰놓았으며 고객들에게 싱글몰트 위스키를 스트레이트 방식뿐만 아니라 다양한 칵테일을 통해 즐기는 방법을 권하고 있다. 호텔 바나 격식이 딱딱한 바가 부담스러운 사람이라면 적극 추천한다. 흥겨운 음악에 어깨를 들썩이며 사랑하는 연인과 주말 밤을 즐기기에 최적이다.

서울 마포구 서교동 402-13
02-337-3133

그 외에 양재천변에 위치한 크로스비, 강남역의 파복스, 서래마을의 Bar Liquid Soul도 싱글몰트 위스키를 즐기기에 무난한 곳이다.

독립병입자

독립병입자는 직접 증류소를 소유하지 않고 다른 증류소에서 원액을 사와 자신들의 브랜드로 제품을 출시하는 회사를 말한다. 이들 독립병입자들은 결과적으로 스카치위스키 역사에 큰 역할을 하게 됐는데, 기존 증류소들이 블렌딩용으로 위스키를 공급할 때 이들은 싱글몰트 위스키 공급에 앞장섰기 때문이다. 또한 기존 증류소에서 원액을 구입해와 자신들의 오크통에 담거나 자신들의 숙성창고에 숙성시켜 제품을 출시했기 때문에 기존 증류소 제품들과 다른 새로운 타입의 위스키들을 소비자들에게 공급하는 역할을 한 셈이다. 특히 기존 오크통과 다른 오크통을 찾아 활발히 사용했다. 일부 독립병입자들은 위스키 본래의 순수한 맛을 즐겨야 한다고 주장하며 캐스크 스트랭스 제품, 난칠필터링, 난칼러링 제품을 출시했다.

INDEPENDENT BOTTLERS

대표적인 독립병입자들

Adelphi
Douglas Laing
Praban Na Linne Ltd.
Alchemist
Douglas Murdoch
Scottish Malt Whisky Society
Berry Bros and Rudd
Duncan Taylor & Co Ltd
Scott's Selection
Blackadder
Gordon & MacPhail
Signatory
Brands Development Worldwide

Hart Brothers
The Vintage Malt Whisky Company
Cadenhead
Ian MacLeod
The Queen of the Moorlands
Clydesdale
James McArthur
Whiskies of the World
Compass Box Whisky
Meadowside Blending Co.
Whisky Castle
Dewar Rattray
Murray McDavid
Whyte & Whyte

영국의 대표적인 위스키 샵

WHISKY SHOP IN UK

Royal mile whiskies
www.royalmilewhiskies.com

런던과 에든버러 두 곳에 오픈한 위스키 샵이다. 특히 과거 오직 왕족들만이 걸을 수 있었던 로얄마일에 위치한 로얄마일 위스키 샵은 에든버러성의 관광을 마친 후 위스키를 좋아하는 이들이라면 반드시 들려야 하는 필수 코스이다. 이곳을 방문하면 두 번 놀란다. 우선 일단 작은 규모에 놀라며 그 작은 규모에 없는 위스키가 없다는 사실에 또 한 번 놀란다. 희귀 제품은 물론 가끔씩 위스키 샵 자체적으로 주문 생산한 제품들도 만날 수 있다. 위스키에 대해 해박한 지식을 가진 직원들 덕분에 취향을 얘기하면 그에 맞는 위스키를 즉석에서 추천해 준다.

The Whiskyexchange

런던의 애비로드(Abbey Road)에 위치한 더 위스키익스체인지는 초기 인터넷으로 위스키를 판매하기 시작했던 샵 중의 하나이다. 이곳에는 1500종 이상의 위스키들이 있으며 특히 Bell's 도자기 제품을 비롯해 각종 시리즈 도자기 디캔터 제품들을 잘 갖추고 있어 수집가들에게 매우 인기 있는 샵이다.

The Vintage house
www.sohowhisky.com

런던 소호거리에 위치한 더 빈티지 하우스는 각종 희귀 보틀을 판매하는 것으로 유명하다. 게다가 맥켈란, 글렌리벳, 글렌파클라스에서 출시하는 빈티지 시리즈 제품을 거의 구비하고 있으며 디아지오의 Rare Malts 시리즈와 같이 점점 구하기 힘든 제품들도 보유하고 있다.

그 외 바쁜 출장길에 위스키를 구한다면 런던 히드로 공항 면세점을 추천한다. 각 증류소에서 생산된 최신 제품들을 가장 먼저 출시하는 것으로 알려져 있어 신상 위스키를 구입하기에 좋다.

SMWS

1983년 한 그룹의 위스키 애호가들이 스카치위스키의 대표적인 생산지인 스페이사이드 지방으로 여행을 갔다가 글렌파클라스 증류소에서 위스키를 오크통째로 구입해 차에 싣고 돌아왔다. 멤버들끼리 집에서 파티를 하며 통을 열어 맛을 본 순간 그들은 이제까지 자신들이 마셔왔던 위스키와 차원을 달리하는 뛰어난 품질에 놀라게 되었다. 이후 그들은 위스키를 직접 증류소에서 구입하는 협회를 조직했다. 이것이 SMWS의 시초이다.

SMWS는 현재 전 세계에 12개 지부가 있으며 약 4만 명의 멤버가 동참해 운영되고 있다. SMWS에서 출시하는 위스키는 몇 가지 특징을 가지고 있는데 증류소의 평판에 선입관을 갖지 않도록 모든 라벨을 통일시키고 대신 번호로 제품을 구별했다. 예를 들어 1번은 글렌파클라스 증류소 고유번호로 제품번호가 1.30이면 SMWS에서 글렌파클라스로 30번째로 주문한 오크통에서 만든 제품임을 알 수 있다. 또한 모든 제품이 오직 한 통의 위스키로만 출시되기 때문에 모든 제품이 최대 300병 내외의 빈티지 한정품이다. 또한 위스키가 가지고 있는 자연스러운 맛을 지키기 위해 제조공정 과정에 어떠한 인위적인 과정도 배제시키고 있다. SMWS 위스키를 즐기기 위해서는 일정액의 가입회비와 연회비를 내야 하며, 대신 회원들의 경우 리스(Leith), 에든버러, 런던의 SMWS 멤버들을 위한 모임장소(Venues)를 이용할 수 있다. 동반 게스트를 초청할 수 있기 때문에 자신들의 비즈니스 공간으로 활용하는 경우가 많다.

스코틀랜드 위스키 마스터 블렌더들이 분류한 몰트위스키 등급

1970년대 블렌디드 위스키를 블렌딩하는 마스터 블렌더들이 몰트위스키를 자신들의 블렌디드 위스키에 사용되는 중요도에 따라 분류해 놓았다. 이 분류는 싱글몰트위스키로서의 중요도나 선호도가 아닌 블렌딩 재료로서의 중요도이다. 로우랜드, 아이라, 캄블튼, 그리고 그레인위스키는 종류가 얼마 안 되기 때문에 분류의 의미가 없고, 모두 중요 재료로 사용되었다. 따라서 하이랜드와 스페이사이드의 증류소만을 분류했다.

MALT WHISKY CLASSI-FICATION

출처
MacLean's Miscellany of Whisky(2004)
- Charles MacLean

Top Class
- Aultmore
- Benrinnes
- Cragganmore
- Glen Elgin
- Glen Grant
- Glenlivet
- Glenlossie
- Glenrothes
- Linkwood
- Longmorn
- Macallan
- Mortlach

1st Class
- Balmenach
- Balvenie
- Cardow
- Craigellachie
- Dailuaine
- Glenburgie
- Glendronach
- Glenfarclas
- Glenfiddich
- Glen Keith
- Highland Park
- Lochnagar
- Milton Duff
- Mosstowie
- Talisker
- Caperdonich
- Benriach
- Strathisla
- Tomintoul

2nd Class
- Aberfeldy
- Aberlour
- Ardmore
- Banff •
- Blair Athol
- brackla
- Clynelish
- ColeBurn •
- Convalmore •
- Dalls Dhu
- Dalmore
- Dalwhinnie
- Dufftown
- Glenallachie
- Glencadam •
- Glendullan
- Glenfyne •
- Glenglassaugh •
- Glen Moray
- Glenmorangie
- Glenspey
- Glentauchers
- Glenury •
- Knockando
- Knockdhu
- Macduff •
- Millburn •
- Oban
- Parkmore •
- Pulteney
- Speyburn
- Strathmill
- Tamdhu
- Teaninich
- Glen Craig •
- Deanston
- Rosdhu
- Tormore

3rd Class
- Balblair
- Ben Nevis
- benromach
- Brechin •
- Edradour
- Fettercairn
- Glen Albyn
- Glencawdor •
- Glengarioch
- Glenlochy •
- Glen Mhor •
- Glen Turret
- Glen Ugie •
- Imperial •
- Inchgower
- Lochside •
- Lomond •
- North Port •
- Scapa
- Speyside
- Strathdee •
- Strathmore •
- Tomatin
- Towiemore •
- Tullibardine
- Ben Wyvis •
- Killyloch •
- Tamnavulin
- Dunglass •
- Dumbuck •
- Inchmurrin
- Ledaig
- Braes of Glenlivet
- Allt a' Bhainne

• 은문을 닫은 증류소

위스키와 인물

위스키와 관련된 유명인사들의 일화가 많이 있는데 그 일화들 중에 위스키와 함께하는 술자리에서 화제로 삼을 만한 재미있는 이야기 몇 가지를 소개한다.

PEOPLE WHISKY

Robert Burns
Elizabeth II
Winston Churchill
The Prince Charles
Margaret Hilda Thatcher

앞서 이야기했듯 스카치위스키는 스코틀랜드를 대표하는 위스키로 한때 세금을 피하기 위해 몰래 숨어서 만들었던 술이다. 위스키 생산에 부과된 세금은 잉글랜드의 지배를 상징했고 부과된 세금을 내는 것은 스코틀랜드인의 독립을 부정하는 행위라고 생각되어 많은 이들이 저항했다. 그리고 그 중심에 스코틀랜드 출신의 천재 시인 로버트 번스(Robert Burns)가 있다. 그의 시들은 스코틀랜드의 향토애를 자극했고 많은 작품들에 곡조가 붙여져서 지금의 대중가요처럼 불렸다. 그는 스코틀랜드 저항의 상징이라고도 할 수 있다. 지금도 많은 증류소와 위스키 생산업자들이 로버트 번스의 탄생일에 맞춰 술을 출시하고 있는 사실을 감안하면 그가 한때 밀주를 단속하러 다닌 세관원이었다는 사실은 대단한 아이러니일 수밖에 없다. 당시 밀주업자와 단속원의 관계는 무시무시했기 때문이다. 지금같이 "세무조사 나왔습니다"라고 했다가는 바로 죽는다. 스코틀랜드의 애버딘 미술관에서 전시중인 존 피티에의 〈Tussle For The Keg〉라는 작품을 보면 그때의 살벌함을 느낄 수 있다. 또한 누구보다 가장 먼저 위스키 생산면허를 받았던 더 글렌리벳 증류소 설립자인 조지 스미스는 허리에 항상 쌍권총을 차고 손님을 맞이할 정도였으니 말이다.

전 세계적으로 많은 수출 성과를 가져왔던 위스키가 1차 세계대전과 2차 세계대전을 거치면서 급속하게 위축되던 즈음 주목받는 술꾼이 등장하는데 그가 바로 윈스턴 처칠이다. 애주가로 유명했던 그는 "물은 마시기에 적합하지 않으므로 위스키를 첨가해야 마시기 좋다(The water was not fit to drink. To make it palatable, we had to add whisky)"는 말을 서슴지 않고 했다. 영국 해군 함정이었던 HMS Royal Oak호가 독일의 U보트 잠수함에게 공격을 당해 침몰했던 오크니 제도를 방문했을 때조차도 차를 내오는 순간, 그 지역에서 생산된 하이랜드 파크 위스키를 차에 타도록 했을 정도였다. 게다가 보리, 석탄은 군수물자라 전쟁기간에는 술 생산을 금지했는데 그가 사랑하는 위스키를 만드는 증류소는 계속 가동하도록 지시했을 정도였다.

영국의 왕실과 관련된 위스키 이야기도 있다. 현재 영국 왕실에서는 왕실 자체에서 품질을 보증한다는 의미에서 로얄워런트(Royal warrant, 왕실인증서)를 수여한다. 품목은 여러 가지가 있지만 지금까지 위스키에서는 스코틀랜드 라프로익 증류소에 수여한 찰스 왕세자의 로얄워런트가 유일하다. 1994년 우연한 기회에 라프로익 증류소를 방문하게 된 찰스 왕세자가 라프로익 증류소만의 독특한 매력에 빠져 자신의 로얄워런트를 수여했다. 라프로익은 미국의 금주령 당시에 소독약으로 속여서 수출했을 만큼 독특한 소독약 내음을 지니고 있다. 그런 독특함 속에 숨겨진 매력을 발견한 왕세자가 이 증류소의 위스키를 사랑하게 되었고 그 뒤로도 이 증류소의 제품을 자주 찾았다고 한다. 혹 다이애나와의 불화 그리고 숨겨두었던 연인 카밀라 파커볼스와의 삼각관계의 고민을 라프로익과 함께 하지 않았을까?

영국 왕실 얘기를 더 해보자면, 현재 영국 왕실에서 로얄워런트를 처음으로 수여한 증류소는 브라클라(Brackla)였다. 조지 4세는 스카치위스키를 양성화하려고 노력했던 인물로 당시 밀주인 스카치위스키를 양지로 끌어내기 위해 1823년 증류법을 제정했고 글렌리벳 증류소가 최초로 면허를 획득했다. 하지만 하이랜드 지역의 많은 증류소들은 여전히 면허 획득을 거부하며 밀주 생산에 주력하고 있었다. 브라클라 증류소는 오히려 밀주업자들을 피해 스코틀랜드 남쪽으로 내려와 생산을 계속하여 잉글랜드까지 판매를 확대시켰다. 이런 공로를 인정받아서 1835년 윌리엄 4세로부터 로얄워런트를 받게 되었고, 윌리엄 4세가 죽은 다음에 즉위한 빅토리아 여왕으로부터도 로얄워런트를 수여받았다. 이런 연유로 브라클라 증류소는 '로얄'을 앞에 붙여 '로얄 브라클라'라는 이름을 갖게 되었다.

스코틀랜드를 즐겨 방문했던 빅토리아 여왕은 로크나가 증류소의 주인인 존 베그로부터 증류소 초대를 받아 친히 왕실 가족들을 동반하여 증류소를 방문, 위스키 제조과정을 견학했다. 이후 빅토리아 여왕이 로크나가 증류소에 로얄워런트를 수여하면서, 이 증류소의 이름 앞에 '로얄'을 붙여 '로얄 로크나가 증류소'라는 이름을 갖게 되었다.

현재 영국 여왕인 엘리자베스 2세 여왕도 아이라의 보모어 증류소와 관계가 있다. 1980년 8월 9일 엘리자베스 여왕 최초로 방문한 스카치위스키 증류소가 바로 보모어 증류소이다. 이날 오크통에 담겨진 5774번 5775번 오크통이 유명한데 5775번 오크통의 원액은 2003년 엘리자베스 여왕의 골든 쥬빌레(즉위 50주년)를 맞아 21년 숙성 제품으로 출시, 일절 소매 판매하지 않고 전량 영국 왕실로 운반되어, 버킹엄 궁전에서 연회와 귀빈접대에 사용되었다. 5774번 오크통은 2012년 3월에 30년 숙성 제품으로 출시되어 수익금은 자선 단체에 기부되었다.

또 위스키과 관련 있는 여인으로 철의 여인 마가렛 대처 수상을 빼놓을 수 없다. 애주가였던 그녀가 스코틀랜드 글렌파클라스 증류소를 방문하자 존 그랜트는 저녁 만찬으로 코냑 대신 자신이 즐겨 마시던 글렌파클라스 15년으로 바꿀 것을 추천했는데, 그 맛에 반한 대처 수상이 그날 이후 수상 관저에 항상 글렌파클라스를 구비해놓았다고 한다. 그런데 그보다 더 재밌는 사실은 그녀가 달걀과 위스키 다이어트를 했다는 사실이다. 다이어트 식단은 육식과 달걀, 시금치와 위스키였고, 꽤 효과가 좋았다고 한다.

위스키 기네스

세계에서 가장 오래 숙성된 위스키 | 세계에서 가장 큰 위스키 | 세계에서 가장 큰 아메리칸 위스키
세계에서 가장 큰 몰트위스키 | 세계에서 가장 비싼 위스키 | 세계에서 가장 작은 위스키
세계에서 가장 큰 위스키 테이스팅 행사 | 병입된 제품 중에 가장 오래된 위스키
병입된 제품 줒에 가장 오래된 위스키 | 위스키 별별 랫킷

WHISKY GUINNESS

세계에서 가장 오래 숙성된 위스키

2010년 3월 독립병입자 회사인 고든 앤 맥필(Gordon & MacPhail)이 몰트락(Mortlach) 증류소에서 1938년 10월 15일 증류하여 70년 동안 숙성시킨 원액을 가지고 46.1% 도수로 700ml짜리(1만 파운드) 제품 54개, 200ml짜리(2,500 파운드) 162개를 제작하여 출시했다. 이 회사에서는 2012년 9월 글렌리벳 증류소에서 생산하여 70년 동안 숙성시킨 제품도 출시했다.

세계에서 가장 큰 위스키

2012년 8월 블렌디드 스카치위스키 브랜드인 페이머스 글라우스에서 200리터 용량의 위스키 병을 만들었다.

세계에서 가장 큰 아메리칸 위스키

2011년 9월 잭 다니엘에서 생산된 위스키로 184리터 용량의 아메리칸 테니시 위스키이다.

세계에서 가장 큰 몰트위스키

세계에서 가장 큰 몰트위스키는 스코틀랜드에 있는 토민톨(Tomintoul) 증류소에서 105.3리터의 용량에 14년 숙성 위스키를 1.44M 크기의 병에 담아 출시했는데 이 제품이 가장 큰 몰트위스키이다.

세계에서 가장 비싼 위스키

세계에서 가장 비싼 위스키는 맥켈란 64년 라리끄 서퍼듀 제품으로(Macallan 64 Year Old in Lalique) 2010년 11월 뉴욕 소더비 경매 현장에서 $460,000(한화 5억 2천만 원)에 낙찰되어 세계 최고가 비싼 위스키로 등극했다. 전 세계 단 1병밖에 없는 제품으로 3개의 오크통 속에서 숙성되었던 위스키 원액을 프랑스의 크리스탈 전문 회사인 라리끄와 손잡고 출시했다. 이 제품의 수익은 전 세계 물로 고생하는 사람들을 위해 사용되었다고 한다.

그 외 비싼 제품으로는 다음과 같다.

Dalmore 64 Trinitas **$160,100**

Macallan 1926 Fine and Rare **$75,000**

Glenfiddich 1937 **$71,700**

Dalmore 62 Single Highland Malt Scotch **$58,000**

세계에서 가장 작은 위스키
1.3ml 용량의 마이크로 미니어처 제품으로 각종 몰트위스키를 담아 출시하고 있는데 스코틀랜드 위스키샵에 가면 쉽게 볼 수 있다.

세계에서 가장 큰 위스키 테이스팅 행사
2009년 1월 31일 벨기에 겐트 지역에서 열린 싱글몰트 테이스팅 이벤트에 1661명이 참여하는 행사가 열렸다.

병입된 제품 중에 가장 오래된 위스키
병입되어 출시된 지 가장 오래된 제품은 영국 북서부의 한 주류점에서 판매중인 넌즈 아일랜드 디스틸러리(Nun's Island Distillery) 제품이다. 이 제품은 한 노부인이 이 가게에 우연히 판매한 제품으로 출시된 시기는 19세기 후반으로 이 제품을 출시한 증류소는 1931년에 문을 닫은 증류소이다. 이 주류점에서는 이 제품을 10만 파운드(한화 1억 8천만 원)에 판매 중인데 아직까지 구매의사를 타진한 사람은 없다고 한다. 그러다 최근 이 가게 주인에게는 비통한 소식이 들렸다. 바로 남극에서 1896~7년에 맥킨레이사에서 생산된 것으로 추정되는 위스키가 발견된 것이다. 1908년 남극탐험을 떠났던 어니스트 새클턴 원정대가 남극탐험을 떠날 때 가져갔다가 고립되면서 남극에 놔두고 돌아온 제품인데 보관 상태가 최상이어서 다시 한 번 놀라움을 선사했다. 현재 맥킨레이사를 소유한 화이트 앤 맥케이의 리차드 패터슨은 이 위스키를 추출해서 과거 위스키 맛을 복원하여 제품을 출시했다.

위스키 별별 랭킹
- 글렌모렌지 증류소는 스코틀랜드에서 가장 긴 증류기를 가졌다.
- 페이머스 글라우스는 스코틀랜드 내에서 가장 많이 팔리는 위스키이다.
- 브룩라디 증류소는 스코틀랜드에서 가장 서쪽에 위치한 증류소이다.
- 블라드녹 증류소 스코틀랜드에서 가장 남쪽에 위치한 증류소이다.
- 하이랜드 파크 증류소는 세계에서 가장 북쪽에 위치한 증류소이다.
- 글렌위기 증류소는 스코틀랜드에서 가장 동쪽에 위치한 증류소이다.
- 풀트니 증류소는 하이랜드에서 가장 북쪽에 위치한 증류소이다.
- 스트라스아이라 증류소는 가동된 지 가장 오래된 증류소이다(1786년).
- 보모머 증류소는 아이라에서 가장 오래된 증류소이다.
- 토마틴 증류소는 스코틀랜드에서 가장 높은 고지대에 위치한 증류소이면서 생산량이 가장 대용량인 증류소이다.
- 에드라도 증류소는 스코틀랜드에서 가장 작은 규모의 증류소이다(단 3사람만 근무).
- 글렌파클라스 증류소에서는 한때 알코올 도수 60%짜리 글렌파클라스 105을 출시하여 세계에서 가장 도수가 높은 몰트위스키를 생산했다.
- 글렌피딕은 전 세계에서 가장 많이 팔리는 싱글몰트 위스키이다.
- 조니워커 레드는 전 세계에서 가장 많이 팔리는 스카치위스키이다.
- 조니워커 블랙은 전 세계에서 가장 많이 팔리는 12년급 위스키이다.

- 제임슨은 아일랜드를 제외하고 세계에서 가장 많이 팔리는 아이리시위스키이다.
- 존파워즈는 아일랜드에서 가장 많이 팔리는 아이리시위스키이다.
- 코레라인(Coleraine)은 아일랜드에서 가장 오래된 몰트위스키 증류소이자 전 세계에서 유일하게 아일랜드인이 소유하고 있는 증류소이다.
- 세계에서 가장 높은 고산지대에 위치한 증류소는 볼리비아에 위치해 있다.

용어 해설 (가나다 순)

그레인위스키(Grain whisky) 1830년대 발명된 연속식 증류기를 이용하여 증류한 위스키로서 약 10%의 몰트와 90%의 곡물(보리, 옥수수, 밀 등)을 혼합한 원료로 제조. 알코올 농도 85% 이상으로 증류하며 오크통에서 숙성시킨다. 몰트위스키에 비해 향이 단조롭고 맛이 가볍다.

노즈(Nose) 향을 맡는 것. 위스키 잔을 코로 가져갈 때 휘발성이 강한 향 성분을 맡는 것과 코로 숨을 들이마실 때 나오는 성분을 종합하여 평가함.

독립병입자(Independent Bottler) 자신들이 직접 위스키를 생산하지 않고 증류소에서 위스키 원액을 구입하여 개별적으로 숙성 병입 판매하는 회사. 이에 대조적인 용어로 증류소에서 직접 제품을 출시시키는 것을 공식병입(Offical bottling)이라고 한다.

드라이(Dry) 단 맛이 없는 상태.

라운드(Round) 향과 풍미가 적절하게 밸런스를 이루고 있을 때 모나지 않고 둥근 느낌.

매링(Marring) 다른 통에서 숙성된 원액을 혼합(블렌딩)한 후 다시 오크통 속에 넣어 서로 잘 혼합되도록 추가 숙성시키는 것.

몰트(Malt) 보리를 발아시킨 후 건조한 것, 엿기름.

몰트위스키(Malt Whisky) 몰트만 사용해 만든 위스키로서 양파 모양의 단식 증류기로 2회 증류하여 제조함. 증류소마다 고유의 향과 맛을 자랑함.

몰티(Malty) 몰트의 향, 약간 구운 듯한 구수한 향.

몰팅(Malting) 보리를 몰트로 만드는 과정. 보리를 물에 담가 싹을 틔운 다음 더 이상 싹이 자라지 않도록 건조시키는 단계까지의 제조 공정.

바디(Body) 입 안에서 느껴지는 꽉 차는 정도. 무게감을 말함. 보통 Light, Medium, Full 등으로 표현.

버번 오크캐스크(Bourbon Oak Cask) 아메리칸위스키를 숙성시켰던 통.

블렌디드위스키(Blended whisky) 몰트위스키와 그레인을 혼합한 위스키.

블렌디드 몰트위스키(Blended Malt whisky) 과거 Vatted Malt whisky 혹은 Pure Malt whisky라는 단어를 2005년에 블렌디드 몰트위스키라는 용어로 통합시켰다. 싱글몰트위스키와 달리 2개 이상의 다른 증류소에서 생산된 원액을 블렌딩하여 출시한 제품.

빈티지 위스키(Vintage Whisky) 특정 해에 증류시킨 원액만으로 병입한 제품.

싱글몰트위스키(Single Malt Whisky) 한 증류소에서 생산된 원액으로만 병입해 출시한 제품.

싱글캐스크위스키(Single Cask Whisky) 다른 통의 원액과 혼합하지 않고 오직 한 통의 원액으로만 병입해 출시한 제품. 아메리칸위스키의 Single Barrel 제품과 같은 의미.

여운(Finish) 위스키를 마셨을 때 입과 목에 남는 느낌, 길게 남는 느낌을 링거링 테이스트(Lingering taste)라 함.

오일리(Oily) 위스키의 질감이 매끈한 경우를 가리킨다.

오크(Oak) 졸참나무의 일종. 때로는 오크통(Oak Cask)의 줄임말로 사용.

우드(Wood) 원래 의미는 나무이지만 위스키에서는 오크통의 의미로 사용된다. 예를 들어 Double Wood라고 하면 두 가지 다른 종류의 오크통에서 숙성시킨 것을 말함.

우드 피니시(Wood Finish) 기존 통에 숙성시키고 있던 위스키 원액을 다른 종류의 오크통으로 옮겨서 추가 숙성시키는 것을 말한다. 예를 들어 Sherry Wood Finish는 버번오크통에서 숙성시켰던 원액을 셰리오크통으로 옮겨 일정 시간 추가시킨 것을 말함.

셰리(Sherry) 스페인의 특산물인 강화와인이다. 와인을 만든 후 높은 도수의 브랜디(Brandy)를 넣어 알코올 도수를 높인 와인. 보통 500L 버트(Butt) 통에서 숙성함.

캐스크 스트랭스(Cask Strength) 위스키 숙성통 속의 원액에 물을 첨가하여 희석시키지 않고 그대로 병입한 제품을 말한다.

포트(Port) 포르투갈 특산 와인으로 와인에 높은 도수의 브랜디(Brandy)를 넣어 알코올 도수를 높인 와인으로 단맛이 강해 대부분 디저트 와인으로 마신다.

풍미(Palate) 혀와 입천장, 그리고 목으로 느끼는 맛을 통칭

피트(Peat) 이탄(泥炭)이라고 하며 주로 한랭지, 고소 한랭 습지에 많이 분포되어 있다. 식물 등 유기물질이 지하에서 지압, 지열 작용을 받아 퇴적한 초기 탄. 스코틀랜드 전역에 분포되어 있음. 몰팅하는 과정에서 보리를 건조시킬 때 석탄과 같이 사용되며 스카치위스키에만 느낄 수 있는 특징을 만들어낸다.

피티(Peaty) 피트의 영향을 받아 위스키에서 피트의 느낌을 강하게 받는 경우 사용된다. 예를 들어 Heavy Peat Whisky 라고 한다면 피트향이 강한 위스키를 말한다. 나무 탄 내 (smoky)와 유사함.

EPILOGUE
이야기가 있는 술, 위스키

이십대 우연히 마시게 된 위스키 한잔! 그런데 마시면 마실수록 위스키마다 그 맛이 미묘하게 다르다는 사실을 깨닫게 되면서 어떤 요인이 이런 섬세한 차이를 만들어내는지 궁금했습니다. 순전히 호기심으로 시작된 위스키 공부였습니다. 그러나 막상 위스키 공부를 시작하면서 보니 국내 위스키 자료들의 수준은 너무 미약하거나 그나마도 오류가 많은 부적합 자료들이 많았습니다. 아마도 이때부터 언젠가 나 같은 위스키 입문자들을 위해 정확한 위스키 책을 집필하겠다는 꿈을 꾸었던 것 같습니다. 그리고 그때부터 조금씩 위스키 관련 자료들을 수집하여 모아두기 시작했습니다. 또 수많은 위스키들을 시음하면서 위스키 이론과 실제에 대한 나름의 탐구와 경험을 축적해나갔습니다. 위스키에 조금씩 눈뜨면서 저와 비슷한 위스키 애호가들을 많이 만나게 되었고, 그들과의 인연은 저를 더욱 더 깊은 위스키의 세계로 빠져들게 했습니다. 이렇게 책까지 출간하게 되다니, 호기심과 취미에서 시작된 위스키에 대한 애정이 이제는 제 삶에서 없어서는 안 될 중요한 부분으로 자리 잡은 것만은 확실한가 봅니다.

저보다 먼저 위스키 책을 출간하신 선배 저자님들께 부끄럽지만, 위스키를 좋아하거나, 특히 싱글몰트 위스키를 시작하시는 분, 그리고 위스키 관련 업종에 종사하시는 분들께 조금이나마 현실적인 도움이 되었으면 하는 마음으로 이 책을 출간하게 되었습니다. 스카치위스키의 역사와 위스키 제조과정을 최대한 자세히 소개하고자 했고, 직접 스코틀랜드의 주요 증류소들을 탐방하여 정확한 정보들을 국내 독자들에게 최초로 선보이고자 했습니다. 무엇보다 위스키를 밀실 접대문화의 상징으로 바라보는 한국 사람들의 왜곡된 시선에 대해 제대로 된 위스키 음주문화를 전달하고 싶었습니다.

　어두운 조명 아래 조용한 음악이 흐르는 분위기 좋은 바에서, 잠들기 전 침대 위에서 책을 읽으면서, 사랑하는 사람과 따뜻한 시선을 마주하면서, 친구들과 정다운 시간을 보내면서 위스키 한잔을 마시며 느끼고 교감하고 싶은 분들. 이 책이 그분들에게 위스키 한잔이 지닌 의미와 이야깃거리를 제공해드리는 역할을 할 수만 있다면 저로서는 큰 행복일 겁니다.

　술에 강한 유전자를 물려주신 아버님, 하라는 공부는 안하고 엉뚱한 공부를 해도 큰마음으로 이해해주신 어머님, 동생 성인이, 김완근 대표님, 싱글몰트 코리아의 유용석 대표님, 에드링턴 코리아의 김주호 대표님, 김태호 부장님, 윌리엄 그랜츠 앤 선즈 코리아의 박준호 대표님, 선보주류교역의 김순종 대표님, 디아지오 코리아의 김혜자 차장님, 페르노리카 코리아의 송현귀 이사님, 전 모엣헤네시코리아 프랭크 브라야 대표님 외 주위 많은 분들께 고마움을 전합니다.

2013년 유성운

단 한 병에 담겨진 역사적인 이야기. 싱글몰트 위스키 더 글렌리벳

왕이 선택한 위스키, 더 글렌리벳

왕을 위해서 만든 것은 아니었을 것이다. 다만 그 잔을 든 사람 중 한 명이 왕이었을 뿐.

위스키의 천국 스코틀랜드에서도 위스키가 불법이던 시절이 있었다. 19세기 초엽, 스코틀랜드는 위스키 제조를 왕실 권위의 걸림돌로 간주해 글렌(계곡)에서의 어떠한 증류도 허용치 않았다. 미국에서 악명을 떨치기 100년 전에 이미 본고장인 스코틀랜드에서부터 금주법이 시행되고 있었던 것이다. 서슬 퍼렇던 악법을 무너뜨린 이는 놀랍게도 잉글랜드의 왕 조지 4세(George IV)였다. 그가 스코틀랜드의 수도 에든버러를 방문한 자리에서 가장 먼저 한 어떤 요청이 금주법의 사슬을 풀어헤치는 시발점이 된 것이다.

당시 스코틀랜드와 잉글랜드는 사이가 좋지 못했다. 1746년의 컬로든 전쟁 이후 급속도로 악화돼 19세기 초반에는 앙숙의 수준을 넘어 적대국 관계였다고 해도 지나치지 않을 정도였다. 조지 4세가 1822년에 직접 하이랜드 전통의상까지 차려입고서 에든버러를 방문한 것은, 그처럼 살벌하던 양국관계를 해소하려는 화해의 제스처였다. 스코틀랜드 시민들 또한 거리를 가득 메워 다소 뚱뚱한 이 적대국의 왕을 열렬히 환영했다. 그만큼 중요하고 긴장감 넘치는 그 환영식 자리에서 조지 4세가 시종들에게 가장 먼저 요청한 것은 "글렌 리벳을 맛보고 싶다"는 것이었다.

조지 4세는 장점과 단점이 분명한 왕이었다. '술과 여자를 지나치게 좋아했다'고 역사책에 기록될 만큼 방탕했지만, 그런 결함을 메울 수 있을 만큼 지적 능력이 뛰어났고 정치적으로도 공평했다. 브리태니커는 '특히 예술과 명품에 대한 안목이 날카로웠

다'고 평가하고 있기도 하다. 스코틀랜드 왕실을 당황케 한 그의 첫 번째 요청은 그 날카로운 안목의 결과였다. 금주법이 시행되고 있다는 사실을 알면서도 글렌 리벳을 맛보고 싶다고 말한 것은, 스코틀랜드가 싱글몰트 위스키의 천국이며 그 중에서도 글렌 리벳이 가장 뛰어나다는 사실을 누구보다 잘 알고 있었기 때문이었다. 외교적 결례를 무릅쓰면서 느닷없이 위스키 한 잔을 요청할 만큼 명품 위스키를 맛보고 싶다는 조지 4세의 소망이 간절했던 것이다. 그것은 왕이기에 용서받을 수 있는 요구였고, 왕이기에 이룰 수 있었던 소망이었다.

시종들은 뜻밖의 요청에 당황했지만, 사실 에든버러에서 글렌 리벳을 구하기란 그리 어려운 일이 아니었다. 스코틀랜드의 지역유지고 글렌 리벳을 모르는 이가 드물었기 때문이었다. 그렇게 찾아낸 이 싱글몰트 위스키의 우유만큼 부드러운 맛과 풍성한 향은 당연하게도 조지 4세를 매우 흡족하게 했고, 이후로 왕이 가장 사랑하는 위스키가 글렌 리벳이라는 사실은 공공연한 비밀이 됐다. 엘리자베스 그랜트가 아버지의 지하 저장고에서 꺼내놓은 글렌 리벳이라는 싱글몰트 위스키 한 잔이 잉글랜드와 스코틀랜드 사이의 긴장을 완화하는 데 큰 공을 세운 셈이다. 그 업적과 가치를 인정받아 이후 글렌 리벳은 스코틀랜드 왕실이 합법으로 인정하는 유일한 위스키가 됐다.

어떤 위스키도 뚫지 못한 금주법이라는 높디높은 벽을 글렌 리벳은 뛰어넘었고, 그로써 금주법의 사슬이 와해되는 계기가 된 것이다. 더불어 엘리자베스 그랜트의 아버지는 인도 정부에서 고위 관료의 자리에 오르기도 했다. '왕에게 걸맞은 단 하나의 위스키(the only whisky fit for a king)'에 내리는 정당한 보상이었다.